U0136069

臺灣史研究名家論集

（二編）

尹章義　王見川　吳學明

李乾朗　周翔鶴　林文龍

邱榮裕　徐曉望　康　豹

陳小沖　陳孔立　黃卓權

黃美英　楊彥杰　蔡相輝

蘭臺出版社

作者簡介（依姓氏筆劃排序）

尹章義　社團法人臺灣史研究會理事長、財團法人福祿基金會董事、財團法人兩岸關係文教基金會執行長。中國文化大學民國 106 年退休教授，輔仁大學民國 94 年退休教授，東吳、臺大兼課。出版專書 42 種（含地方志 16 種）論文 358 篇（含英文 54 篇），屢獲佳評凡四百餘則。

　　　　赫哲人，世居武昌小東門外營盤（駐防），六歲隨父母自海南島轉進來臺，住臺中水湳，空小肄業，四民國校、省二中、市一中畢業，輔仁大學學士，臺灣大學碩士，住臺北新店。

王見川　1966 生，2003 年 1 月取得國立中正大學歷史所博士學位。2003 年 8 月至南臺科技大學通識教育中心任助理教授至今。研究領域涉及中國民間信仰(關帝、玄天上帝、文昌、媽祖)、預言書、明清以來民間宗教、近代道教、佛教、扶乩與慈善等，是國際知名的明清以來民間宗教與相關文獻專家。著有《從摩尼教到明教》(臺北新文豐出版公司，1992)、《臺灣的齋教與鸞堂》(臺北南天書局，1996)、《漢人宗教、民間信仰與預言書的探索：王見川自選集》(臺北：博揚文化公司，2008)、《張天師之研究：以龍虎山一系為考察中心》(臺北：博揚文化公司，2015)等書。另編有《明清民間宗教經卷文獻》、《中國預言救劫書彙編》《臺灣宗教資料彙編：民間信仰、民間文化》、《中國民間信仰、民間文化資料彙編》、《明清以來善書叢編》等套書。

吳學明　國立臺灣師範大學歷史學碩士、博士，現任國立中央大學歷史研究所教授，曾任國立中央大學客家社會文化研究所所長、客家研究中心主任等職。主要研究領域為臺灣開發史、臺灣客家移墾史、臺灣基督教長老教會史與臺灣文化史，關注議題包括移民拓墾、北臺灣隘墾制與地方社會、南臺灣長老教會在地化歷程等。運用自民間發掘的族譜、契約文書等地方文獻，從事區域史研究，也對族群關係、寺廟與社會組織等底層民眾行動力進行探討。著有《金廣福墾隘與新竹東南山區的開發（1835-1895)》、《頭前溪中上游開墾史暨史料彙編》、《金廣福隘墾研究》、《從依賴到自立──臺灣南部基督長老教會研究》、《變與不變：義民爺信仰之擴張與演變》、《臺灣基督長老教會研究》

與學術論文數十篇，並着編《古文書的解讀與研究》（與黃卓權合編著）、《六家林氏古文書》等專書。

李乾朗　中國文化大學建築及都市設計系畢業，現任國立臺灣藝術大學古蹟藝術修護學系客座教授。致力於古建築田野調查研究，培養古蹟維護的專業人才，並積極參與學術研討會發表研究成果。曾出版了《臺灣建築史》、《古蹟入門》、《臺灣古建築圖解事典》、《水彩臺灣近代建築》、《巨匠神工》等八十餘本與傳統建築或近代建築相關之個人著作，同時也主持多項古蹟、歷史建築的調查研究計劃，出席各縣市政府之古蹟評鑑會議或文化資產議題會議，盡其所能地為臺灣古建築的保存與未來發聲。2011 年榮獲第十五屆臺北文化獎，2016 年榮獲第三十五屆行政院文化獎。

周翔鶴　廈門大學臺灣研究院歷史研究所副教授。

林文龍　南投竹山人，現寓彰化和美。1952 年生，臺灣文獻館研究員。喜吟詠，嗜藏書，旁及文房雅玩。近年，以科舉與臺灣書院研究為重點。著《臺灣的書院科舉》、《彰化書院與科舉》、《臺灣科舉家族──新竹鄭氏人物與科名》，以及《掃籜山房詩集》、《陶村夢憶雜詠》等集。別有書話《書卷清談集古歡》，含〈陶村說書〉、〈披卷餘事〉二編。

邱榮裕　臺灣省桃園縣中壢市人，1955 年生，臺灣省立臺北師專、國立臺灣師範大學、日本立命館大學文學碩士、博士。歷任國小、國中教師、臺灣師範大學專任助教、講師、副教授，全球客家文化研究中心主任；兼任中央大學客家學院副教授、臺灣大學客家研究中心特聘副研究員、中華民國斐陶斐榮譽學會榮譽會員等；曾任國立臺灣師範大學校友總會秘書長、臺灣客家研究學會第六屆理事長、考試院命題暨閱卷委員、客家委員會學術暨諮詢委員、臺北市客家事務委員會委員等。
學術專長領域：臺灣史、客家研究、文化資產與社區。專書有：《臺灣客家民間信仰研究》、《臺灣客家風情：移墾、產業、文化》、《臺灣桃園大溪南興庄纘紳公派下弘農楊氏族譜》、《傳承與創新：臺北市政府推展客家事務十週年紀實（民國 88 年至 98 年）》、《臺北市文獻委員會五十週年紀念專輯》等，並發表相關研究領域學術研討會論文數十篇。

徐曉望　生於 1954 年 9 月，上海人。經濟史博士。現為福建社會科學院歷史研究所研究員，閩臺文化中心主任。2000 年獲評國務院特殊津貼專家，2012 年獲評福建省優秀專家，2016 年獲評福建省文史名家。廈門大學宗教研究所兼職教授，福建師範大學歷史系兼職教授，福建省歷史學會副會長。2006 年被聘為福建師範大學社會歷史學院博士導師。主要研究方向為明清經濟史、福建史、海洋史等。發表專著 30 餘部，發表論文 300 餘篇，其中在《中國史研究》等核心刊物上發表論文 100 餘篇，論著共計 1000 多萬字。主要著作有：主編《福建通史》五卷本 186 萬字，《福建思想文化史綱》40 萬字，個人專著有：《福建民間信仰源流》《閩國史》《福建經濟史考證》《早期臺灣海峽史研究》《媽祖信仰史研究》《閩商研究》《明清東南山區經濟的轉型——以閩浙贛邊山區為核心》等；近著有：《福建文明史》《福建與東南：海上絲綢之路發展史》等。獲福建省社會科學優秀著作一等獎一次，二等獎三次，三等獎二次。

康　豹　1961 年在美國洛杉磯出生，1984 年耶魯大學歷史系學士，1990 年美國普林斯頓大學東亞系博士。曾經在國立中正大學歷史研究所與國立中央大學歷史研究所擔任過副教授和教授。2002 年獲聘為中央研究院近代史研究所副研究員，2005 年升等為研究員，並開始擔任蔣經國國際學術交流基金會研究室主任。2015 年升等為特聘研究員。研究主要集中在近代中國和臺灣的宗教社會史，以跨學科的方法綜合歷史文獻和田野調查，並參酌社會科學的理論。

陳小沖　1962 年生，廈門大學歷史系畢業。現為兩岸關係和平發展協同創新中心文教平臺首席專家，廈門大學臺灣研究院歷史研究所所長、教授，《臺灣研究集刊》常委副主編。出版《日本殖民統治臺灣五十年史》等多部專著及臺灣史學術論文數十篇。主持或參加多項重大科研課題。主要研究方向：海峽兩岸關係史、殖民地時期臺灣歷史。

陳孔立　1930 年生，現任廈門大學臺灣研究院教授、海峽兩岸和平發展協作創新中心學術委員會委員。曾任廈門大學臺灣研究所所長、中國社會科學院臺灣史研究中心副理事長、中國史學會理事。主要著作有：《臺灣歷史綱要》（主編）、《簡明臺灣史》、《臺灣歷史與兩岸關係》、《臺灣史事解讀》,《臺灣學導論》、《走近兩岸》、《心繫兩岸》、《臺灣民意與群體認同》等。

黃卓權　1949 年生於苗栗縣苗栗市，現籍新竹縣關西鎮。現任客委會諮詢委員、新竹縣文獻委員、國立交通大學客家文化學院客座專家、《關西鎮志》副總編纂。專長臺灣內山開墾史、客家族群史、清代地方制度史。發表研究論著約百萬言，主編「新竹研究叢書」及文史專輯等十餘冊。主要著作:《苗栗內山開發之研究》、《跨時代的臺灣貨殖家:黃南球先生年譜 1840-1919》、《進出客鄉:鄉土史田野與研究》、《古文書的解讀與研究》上、下篇（與吳學明合著）等書;出版詩集《人間遊戲:60 回顧詩選》、《笑看江湖詩選》二冊;參與編撰《新竹市誌》、《獅潭鄉志》、《大湖鄉志》、《北埔鄉志》等地方誌書。

黃美英　政治大學宗教研究所博士生、法鼓佛教學院碩士（主修:佛教史、禪學）。清華大學社會人類學研究所碩士（主修:歷史人類學、宗教人類學、族群史）。臺灣大學中國文學系畢業、臺灣大學考古人類學系肄業。中央研究院民族學研究所研究助理、國立暨南國際大學歷史學系兼任講師。相關學術著作《臺灣媽祖的香火與儀式》、《千年媽祖》及論文二十多篇，主編十多冊書籍。

楊彥杰　男，廈門大學歷史系畢業，長期從事臺灣史和客家研究。歷任福建社會科學院研究員兼臺灣研究所副所長、科研組織處處長、客家研究中心主任、中國閩臺緣博物館館長等職，2014 年退休。代表作:《荷據時代臺灣史》、《閩西客家宗族社會研究》。撰著或主編臺灣史專題、客家田野叢書十餘種，發表論文百餘篇。

蔡相煇　中國文化大學史學研究所博士，歷任任國立空中大學人文學系主任、圖書館館長、總務長等職。現任臺北市關渡宮董事、臺南市泰安旌忠公益文教基金會董事、北港朝天宮諮詢委員、中華媽祖交流協會顧問等職。
　　　　　著有:《臺灣的王爺與媽祖》（1989）、《臺灣的祠祀與宗教》（1989）、《北港朝天宮志》（1989、1994）《臺灣社會文化史》（1998）、《王得祿傳》（與王文裕合著）（1998）、《媽祖信仰研究》（2006）、《關渡宮的歷史沿革》《關渡宮的祀神》（2015）、《天妃顯聖錄與媽祖信仰》（2016）等專書及論文篇多。

均屬於「臺灣史研究」的「學科帶頭人」、「首席學者」一類的人物。

　　臨末，作為學者和讀者，我要對出版《臺灣史研究名家論集》的蘭臺出版社與籌劃總主編卓克華教授表達敬意。為了學術進步自甘賠累，蘭臺出版社嘉惠學林、功德無量也。

汪毅夫

2017 年 7 月 15 日記於北京

《臺灣史研究名家論集》──編後記

　　《臺灣史研究名家論集》〈二編〉就將編校完成，出刊在即，蘭臺出版社編輯沈彥伶小姐，來電囑咐寫篇序，身為整套論集叢書主編，自是不容推辭。當初構想在每編即將出版時，寫篇序，不過（楊）彥杰兄在福州一次聚會中，勸我不必如此麻煩，原因是我在《初編》中已寫過序，將此套書編集成書經過、構想、體制，及對現今研究臺灣史的概況、隱憂都已有完整交待，可作為總序，不必在每編書前再寫篇序，倒不如在書後寫篇〈編後記〉，講講甘苦談，說說些有趣的事兒，這建議非常好，正合我意，欣然同意！

　　當初以為我這主編只要與眾位師長、好友、同道約個稿，眾志成城，共襄盛舉就好了，沒想到事非經過不知難，看似簡單不過的事兒，卻曲折不少。簡言之，有三難，邀稿難，交稿難，成書更難。此話怎說？且聽我一一道來：

　　一、邀稿難：這套論集是個人想在退休前精選兩岸臺灣史名學者約40-50 位左右，將其畢生治學論文，擇精編輯，刊印成書，流傳後世，以顯現我們這一代學人的治學成績。等到真的成形，付諸實踐，頭一關便遇到選擇的標準，選誰？反過來說即是不選誰？雖然我個人對「名家」的標準指的是有「名望」，有「資望」，尤其是有「重望」者，心中雖有些譜，但真的擬定名單時，心中卻忐忑不安，擔心得罪人。一開始考慮兩岸學者比例，以三分之二、三分之一為原則，即每編 15 位學者中，臺灣學者 10 人，大陸學者 5 人，大陸學者倒好處理，以南方學者為主，又集中在廈門大學。較困難的是北方有那些學者是研究臺灣史的？水平如何？不過，幸好有廈大諸師友的推薦過濾，尚不構成困擾。較麻煩的反倒是臺灣本地學者，列入不列入都是麻煩，不列入必定會得罪人，但列入的不一定會答應，一則我個人位卑言輕，不足以擔此重任，二則有些學者謙虛客套，一再推辭，合約無法簽定，三則或已答應交給某出版社出版，不便再交給蘭臺出版社，四則老輩學人已逝，後人難尋，難以

簽約。最遺憾是有些作者欣然同意，更有意趁此機會作一彙編整理，卻不料前此諸多論文已賣斷給某出版社，經商詢該出版社，三番兩次均不答應割愛，徒呼奈何。此邀稿難。

　　二、交稿難：我原先希望作者只要將舊稿彙整擇精交來即可，以15 萬字為原則，結果發現有些作者字數不足，必須另寫新稿，但更多的作者都是超過字數，結果守約定的學者只交來 15 萬字，因此割愛不少篇章，不免向我訴苦，等出版社決定放寬為 20 萬字時，已來不及編輯作業，成為一大憾事。超過的，一再商討，忍痛割捨才定稿。更有對昔年舊稿感到不滿，重新添補，大費周章，令我又佩服又慚愧。也有幾位作者真的太忙，拖拖拉拉，一再延遲交稿，幸好我記取《初編》經驗，私下有多約幾位作者，以備遞補，遲交的轉成《三編》、《四編》。但最麻煩的是有一、二位作者遲遲不簽合約，搞得出版社不敢出版，以免惹上著作權法的法律問題。

　　三、成書難：由於不少是多年前的舊稿，作者雖交稿前來，不是電子檔，出版社必須找人重新打字，不免延擱時間。而大部份舊稿，因是多年前舊作，參考書目，註釋格式，均已改變，都必須全部重新改正，許多作者都是有年紀的人，我輩習慣又要親自校對，此時已皆老眼昏花，又要翻檢原書，耗費時日，延遲交稿，所在皆是。而蘭臺出版社是一家負責任且嚴謹的公司，任何學術著作都要三校以上才肯出版，更耗費時間。

　　不可思議的在《二編》校對過程，有作者因年老不慎跌倒，顱內出血；或身體有恙，屋漏偏逢連夜雨，居然又逢車禍；或有住家附近興建大廈，整日吵雜，無法專心校對，又堅持一定要親自校對……等等，各種現象都有，凡此都造成二編書延遲耽擱（原本預計九月底出版），而本論集又是以套書形式出版，只要有一本耽誤，便影響全套書出版。

　　邀稿難，交稿難，成書更難，這是我個人主編《臺灣史研究名家論集》最大的切身感受，不過忝在我個人自願擔負此一學術工程的重大責任，這一切曲折、波折都是小事，尤其看到即將成書的樣稿，那心中的

喜樂是無法言宣的，謝謝眾位賜稿的師友作者，也謝謝鼎力支持，不計盈虧的蘭臺出版社負責人盧瑞琴女士。

卓克華

106 年 12 月 12 日 於三書樓

楊彥杰

臺灣史研究名家論集

（二編）

蘭臺出版社

陸移民與閩臺區域歷史」共 5 篇，既有探討金門與大陸的人口移動和商業貿易關係，也有探討崇武港口的地位作用以及清末臺灣東部山地的開發等，金門與崇武都是通往臺灣的重要節點，要深入理解清代閩臺區域歷史的發展，離開這些節點和相關史事的研究是不可想像的，其實這方面需要探討的問題還很多，今後仍有繼續發展的空間。第四部分「許壽裳與臺灣省編譯館」共有 5 篇，這是臺灣光復以後社會文化重建的重要課題，我因有幸參加了與許雪姬、黃英哲一起整理《臺灣省編譯館檔案》的工作（福州：福建教育出版社，2010），因而涉足了這一領域，其中還有一篇談日據時期對荷據臺灣史的研究，正好可與許壽裳如何對待日本文化遺產的討論相呼應，故附於編末。

　　臺灣史研究涉及的面向頗為複雜。歷史上臺灣曾經歷兩次外國殖民統治，與大陸沿海各地以及周邊地域都有不同程度的關係，因此研究臺灣歷史就不能僅限於臺灣本島，要儘量拓寬視野從各個角度加以觀察和思考，這也是本書編輯的出發點。當然，學術研究是無止境的。正如我在 1995 年《臺灣歷史與文化》的前言所說：「我相信在科學研究的道路上不會有平坦的道路可走。堅持真理，修正錯誤，是我的信條。只有堅持實事求是的原則，勤于思索，嚴於砥礪，才能使學業日益精進。」本書收錄的文章除了個別出版前作了修訂之外，其餘都原文照錄，有個別修訂的部分也只是增加史料而不改變原來的論點，這是需要說明的。

　　最後，我要感謝克華兄邀我進入這個出版個人專集的行列，他的熱情、毅力令人感動。還要感謝蘭臺出版社高雅婷女士，她的熱心、誠懇和堅守十分難得，沒有她的遠見，要出版這樣的學術系列也是不可能的。本書如有不妥之處，敬請大家批評指正！

楊彥杰

2016 年 12 月 12 日於廈門

而且有的也開始實施了，如在澎湖增築城堡、開挖戰壕，改原來的遊兵巡汛為長期派兵輪番戍守等。但沒過幾年，明朝在澎湖的防守又陷入困境，幾乎恢復原狀。當時蔡獻臣有議論云：「今未十年，而兵僅存其半矣，毋亦為餉少乎？然主帥既不能數履，而裨帥亦多偷安內地，而僅以二三兵船哨往。其無三分之一，誠不可問」。[11] 前引 1629 年荷蘭人的考察報告提到：「（據說）上述那些碉堡，一年住用六個月，棄置六個月」，剛好與蔡獻臣的議論可以相印證，表明此時明朝軍隊對澎湖的戍守已經大打折扣了。

當時荷蘭人重新回到澎湖考察在 1629 年 12 月上旬，這表明明軍改為半年戍守似乎在此之前，而且是在南季風盛行的時候，因為只有這個時段才有荷蘭船隻從南邊上來。而明朝軍隊的季節性巡哨其實是沒多少用處的，好不容易修建起來的工事和增加的武器、彈藥等都成了一堆擺設。荷蘭人說：「在那些戰壕裡面，有八門荷蘭炮，一門中國炮和三門手炮，都已經因天氣而腐蝕生鏽。在這裡也沒有看到人，一切看起來都很荒涼破落……那些碉堡和房子已經那麼荒廢，那麼雜草叢生，好像已經五十年沒有人來過了。」這些記載從另一個側面可以彌補中國史料記載的不足，讓我們看到當年明朝軍隊對澎湖防備的情況。

正是由於明朝政治的腐敗，在荷蘭人退據臺灣以後沒過幾年，澎湖再次成為表面的「重鎮」而似有若無了。而荷蘭人正是利用了這樣的機會，從大員又回到澎湖，並不時對它加以窺伺和佔用。

二、荷蘭人對澎湖的窺伺佔用

由於明朝政府疏於防守，因此在荷蘭人佔據臺灣期間，澎湖的地位顯得十分微妙。荷蘭人常到澎湖活動，海上武裝集團也以這片島嶼為據點，而鄭芝龍、鄭成功父子同樣與澎湖有著密切關係。澎湖成為各派各

11　蔡獻臣《論澎湖戍兵不可撤》，載《清白堂稿》卷三，廈門：廈門大學出版社，2012 年，第 61 頁。

種政治勢力相互爭逐的焦點，其中荷蘭人、鄭氏這兩股勢力最為重要。

　　荷蘭人對澎湖的再度窺伺，實際上從據臺初期就已經開始。1629年 12 月，臺灣長官普特曼斯率領艦隊到澎湖考察，隨後又帶船出發前往大陸謀求通商。次年 4 月，再次派人對臺灣、澎湖的海岸、島嶼進行了深入探測。《熱蘭遮城日誌》載：1630 年 4 月 6 日，兩艘荷蘭戎克船從大員出發，「要去確實調查從大員向北直到 16 至 20 哩處的這個福爾摩沙島的海岸，以及澎湖最北邊到最南邊的諸島，並探測這些地方的水深，要把這些地方的淺灘、沙洲、明礁、暗礁、海灣、河流等等測繪成地圖，使人知其形勢」，以便今後更好地利用。[12]

　　荷蘭人對澎湖的窺伺佔用，主要表現在以下幾個方面：

（一）把澎湖作為荷蘭船隻避風、修理的場所

　　荷蘭人為了迫使明朝政府開放通商，在佔領臺灣以後，經常派船隻到大陸沿海活動。船隻從臺灣航向大陸，或者從大陸駛往臺灣，澎湖是最佳的停靠點。清人在相關文獻中對此都有記載：「臺郡往來船隻，必以澎湖為關津，從西嶼頭入，或寄泊嶼內、或媽宮、或八罩、或鎮海嶼，然後渡東吉洋，凡四更。船至臺灣，入鹿耳門。行舟者皆以北極星為准；黑夜無星可憑，則以指南車按定子午格巽向而行。倘或子午稍錯，南犯呂宋或暹羅或交趾，北則飄蕩莫知所之。此入臺者平險、遠近之海道也。」[13]因此，荷蘭船隻橫渡臺灣海峽，常以澎湖為碇泊地，尤其是海上遇風，或者船隻需要維修時，更是經常寄泊在嶼內、媽宮港等處。

　　1630 年 6 月中旬，荷蘭船隻新港號從大陸返回臺灣，「因天氣惡劣，曾於澎湖停留八、九天」。次年 10 月 27 日，臺灣長官普特曼斯率 4 艘快艇出航前往大陸沿海通商，當晚到達澎湖八罩島避風。1632 年 8 月 17 日，普特曼斯再次乘船前往澎湖，「晚上就來到廟灣（Kerckbaey，按即媽宮港）跟那五艘快艇泊在一起」。8 月 20 日，率 4 艘快艇、2 艘戎

---

[12]　《熱蘭遮城日誌》第一冊，第 24—25 頁。
[13]　光緒《澎湖廳志》卷一，封域・道里（島嶼附）・附考。

克船航往大陸找海盜劉香。1633 年 3 月 15 日，大員議會決議：「快艇 Kemphaen 號一旦卸貨完畢，可以出航，就要立即偕同戎克船打狗號與淡水號去澎湖，無論該地官員願不願意，都要去廟灣停泊，以確保整備裝修，並載運石頭回來此地」。5 月 28 日，「戎克船淡水號、打狗號與 Conpan 號出航前往澎湖，要去那裡清洗，烙標記並用石頭替代沙子壓艙，然後要偕同快艇 Kemphaen 號前往南澳等候從爪哇來的船隻」。[14]

當時，澎湖一帶常有「海盜」出沒，前面提到的「該地官員」可能指的就是劉香集團，或者明朝某個地方官吏，因此荷蘭人對從巴達維亞（或稱爪哇）來的荷蘭船隻經常採取保護措施，派船到澎湖或其他地方等候。如 1630 年 7 月 14 日，「快艇 Wieringen 號與 Assendelft 號以及戎克船新港號出發前往澎湖，要去那裡等候從爪哇來的大船」。8 月 13 日，臺灣長官及議會決議：「要派快艇 Wieringen 號、Assendelft 號與戎克船新港號，再去澎湖，要去那裡等候從爪哇來的船，等到這個月底。」[15]但是另一方面，荷蘭人在澎湖也經常幹起海盜行徑，他們借助這個群島為掩護，搶劫從馬尼拉貿易回來的商船，以破壞西班牙人與中國商人的貿易。如 1633 年 8 月 18 日，荷蘭戎克船澎湖號受普特曼斯派遣，與另外 3 艘戎克船一起從漳州河出發，「要去澎湖最南邊的島嶼下面等候奪取從馬尼拉回航的船隻」，後來因遇強烈風暴而未果。[16]

（二）把澎湖作為大員以外的另一個重要港口，開展　　　轉口貿易

荷蘭人據臺初期，臺灣海峽並不平靜。特別是 1628 年鄭芝龍勢力興起以後，大陸東南沿海相繼出現了李魁奇、鐘斌、劉香等股勢力，他們與鄭芝龍爭奪制海權，同時與明朝政府、荷蘭殖民者既聯合又對抗，局勢錯綜複雜。[17]此時荷蘭人一方面派船到大陸沿海活動，另一方面千

14　以上見《熱蘭遮城日誌》第一冊，第 29、59、71、84、91 頁。

15　《熱蘭遮城日誌》第一冊，第 31、33 頁。

16　《熱蘭遮城日誌》第一冊，第 96、98 頁。

17　參見楊彥杰《荷據時代臺灣史》第二章第二節，南昌：江西人民出版社，1992 年。

方百計吸引商人到臺、澎貿易，以期獲得他們所需的中國商品。1630
年，荷蘭人已經決定，要把澎湖當作他們大型商船的一個中轉站，以取
代泉州圍頭灣的地位。當年 8 月 28 日《熱蘭遮城日誌》載：「快艇 Bommel
號從巴達維亞來到（大員）港外，於是長官普特曼斯閣下和議會按照上
次決議，命令她立刻前往澎湖，去那裡卸貨。並決議，下席商務員戴卡
要儘快帶信去給鐘斌，這封信裡，要清楚地勸他履行他的諾言，否則，
一旦時間允許，我們將採取必要的手段。也決議，要把從日本航來的船
隻的連絡站，從圍頭灣改為澎湖群島中的那個大島（Groote Eylant）下
面」。[18]

　　荷蘭人之所以要把來往船隻的聯絡點放在澎湖，一方面是由於澎湖
港灣水深開闊，可以讓大型荷蘭船隻安全停靠；另一方面明朝政府及鄭
芝龍強烈反對荷蘭人直接到大陸沿海通商，如果繼續在圍頭灣停靠，不
僅買不到商品，也會遭遇不測。1632 年 11 月，鄭芝龍手下的兩名商人
Gampea 和 Bindiock 就曾對前往大陸貿易的荷蘭人說：「由於中國官吏
在廈門、海澄和安海（Oahay）等處嚴密監視，所以他們不能再出來了，
因此建議我們（指荷蘭人），不要帶領快艇繼續留在這裡了，要離開此
地前往澎湖，他們將用戎克船運很多貨物去那裡，只要我們有多少資
金，他們就會運那麼多貨物去跟我們交易」。[19]

　　事實上，荷蘭人從 1631 年開始，就一直試圖開闢澎湖這個新的貿
易據點。1631 年 4 月 12 日《熱蘭遮城日誌》載：「長官閣下與議會決
議，要派快艇 Wieringen 號與 Assendelft 號載一萬兩千里爾及一千擔胡
椒去澎湖，要去裝載從漳州河用戎克船運過來的所收購的商品，並去送
交為要在那裡進行交易所要求的或所需要的資金，或者嗣後那些快艇自
己前往中國」。[20]但往後幾年，荷蘭人在澎湖的貿易並不順利，這主要是
因為大陸沿海一帶動盪不安，商船不敢出海。1635 年以後，最後一個
海上集團劉香的勢力被鄭芝龍剿除，荷蘭人在臺、澎的轉口貿易才迅速

---

[18]　《熱蘭遮城日誌》第一冊，第 35 頁。
[19]　《熱蘭遮城日誌》第一冊，第 77 頁。
[20]　《熱蘭遮城日誌》第一冊，第 44 頁。

發展起來。荷蘭人每年在夏季風開始後，就要派出船隊從巴達維亞航向臺灣，抵達時大部分船隻都停靠在澎湖，只有少數吃水較淺的駛入大員港。此時，在臺灣的荷蘭人就要派出快艇、戎克船運載日本所需的貨物前往澎湖，在那裡卸下從巴城運來的貨物，並裝上新的商品，大船從澎湖出航駛往日本。每年冬季風開始後又從日本返航，同樣停泊澎湖經過一番的裝卸以後，再返回巴達維亞。當時，荷蘭人在大員、澎湖（主要是大員）大量收購中國商品，再通過船隻的往返運送把大員和澎湖聯繫起來，澎湖實際上發揮著很重要的貨物裝卸、轉運作用。有關這方面的記載甚多，以下僅以 1634 年為例引錄幾則：

> 1634 年 7 月 15 日，派快艇 Bredamme 號與 Oudewater 號出航前往澎湖。
>
> 7 月 17 日，「這幾天忙著裝貨到快艇 Kouckercke 號、Wieringen 號與 Venloo 號上，以便天氣許可時要立刻派往澎湖（要去把要送往日本的貨物裝上快艇 Bredamme 號，並留在那裡一段時間以便進行交易）」。
>
> 7 月 21 日，「又決議，快艇 Kouckercke 號、Venloo 號與 Wieringen 號，為要進行貿易，必須留在澎湖直到最後一艘船準備好可出航前往日本，並且為要在澎湖貿易，她們要帶五萬里爾去；又決議，上席商務員特勞牛斯要跟這些快艇一起去澎湖，去進行貿易，並去派船前往日本；並決議，要雇用小戎克船，如果可能就臨時雇用一個月或十五天，運鹿皮去澎湖，以免像上個季節那樣……遭受嚴重損失」。
>
> 8 月 6 日，「今天有七艘小戎克船載著鹿皮出航前往澎湖」。8 日，「快艇 Veenhuysen 號偕同一艘載著鹿皮的戎克船出航前往澎湖」。9 日，「昨天運來的絲質布料，今天由長官閣下收購，並準備於最近運往澎湖（以便裝船運往日本）」。
>
> 9 月 2 日，獲悉「（中國商人）Hambuan 與 Jocksum 的戎克船都抵達澎湖，運來約六十擔絲、一批砂糖與冰糖、明礬及微量的絲質布料，因此 Bruyn 閣下與其議會決議，增派快艇 Veenhuysen 號載那些貨物前往日本」，該快艇於 8 月 28 日出航。

10 月 3 日，快艇 Bleyswijck 號、Couckercke 號與 Wieringen 號前
往澎湖，「要去送貨給 Bueren 號運往巴達維亞」。[21]

以上所引僅是 1634 年的記載，1635 年以後轉口貿易進入高峰期，
相關的記載更多，直至荷蘭人在臺灣失敗前夕，有關這方面的記載從未
間斷。當時荷蘭人利用的港灣，一處是澎湖媽宮港，另一處是大員口外
北邊的礁石區或南邊的碇泊點，而大員港內由於航道太淺，大型船隻重
載無法航行。荷蘭人大約每年 7—10 月間，都會派出不少船隻來往於
臺、澎之間，為南來北往的大船運送貨物，有時還在澎湖直接貿易。為
了保證貿易及裝卸貨物的順利進行，大員議會往往會派一名上席商務員
前往澎湖，有時臺灣長官親自前往，坐鎮指揮（如 1635 年），可見澎湖
在荷蘭人轉口貿易中的重要地位。

（三）把澎湖作為原材料、牲畜等物資的供給地

澎湖沒有什麼特別的物產，但卻為荷蘭人在臺灣築城提供了大量石
頭。前引 1629 年 12 月的考察記錄說：「我們泊船在這裡的期間，都繼
續不斷地裝載石頭，要載回去建造大員的城堡」。這是有關從澎湖運石
頭回臺築城的較早記載。荷蘭人佔領臺灣以後，就開始在大員建造城
堡，此後又在北線尾建造「熱堡」（Zeeburg），在熱蘭遮城附近高地建
造烏特列支圓堡（Ronduit Utrecht），1634 年鑒於魍港地理位置的重要，
又決定在那裡建造韋利辛根堡（Vlissingen）等等。荷蘭人建造這些城
堡的石頭，大都是從澎湖取得的。因此，每年在貿易繁忙的季節（7—
10 月份）過去以後，荷蘭人的船隻便忙於前往澎湖運載石頭。1633 年
4 月 14 日，荷蘭戎克船打狗號從澎湖運石頭回到大員。16 日，該船又
出航前往澎湖運石。26 日，戎克船雞籠號從澎湖運載石頭返抵大員。5
月 5 日，戎克船 Conpan 號載食物去澎湖給快艇 Kemphaen 號及戎克船
淡水號與打狗號。6 日，戎克船淡水號從澎湖載石頭回來。7 日，打狗

---

[21]　以上見《熱蘭遮城日誌》第一冊，第 171、172、175—176、179、183—184 頁。

號從澎湖載石頭抵臺。1634 年 3 月 15 日，快艇 Bleyswijck 號從澎湖運載石頭抵達大員。1639 年 3 月 23 日，「快艇 Cleyn Bredamme 號再度出發前往魍港，要從那裡去澎湖載大石頭來固定 Vlissingen 碉堡的沿岸土地，現在在那裡天天積極地進行這工程」[22]等。直至 1640 年代以後，荷蘭人仍然不時派遣船隻到澎湖運石，用以修築大員等地的城堡。如 1644 年 2 月 9 日，荷蘭平底船 Meerman 號從澎湖運載石頭返抵大員，要「加強我們要塞的建築」。26 日，快艇 Breskens 號從澎湖載石返回。3 月 7 日，又派遣這艘船到澎湖運石，用來修理熱蘭遮城。1646 年 4—6 月間，荷蘭船隻在澎湖、大員間來回行駛，有許多都是運載石頭的。[23]

　　除了運石之外，荷蘭人還從澎湖運載牛隻到臺灣。《巴達維亞城日記》載：1640 年 12 月 6 日，「從澎湖島輸入很多農用的牝牛和牡牛，它們的數量大為增加，公司和個人飼養的已超過 1200 頭至 1300 頭。」[24]當時荷蘭人在臺灣設有「牛頭司」，分南北兩路，「取其牡者，馴狎之；闍其外腎，以耕。其牝則縱諸山，以孳生。」[25]1661 年 4 月 5 日《熱蘭遮城日誌》載：為了改善與蕭壠人的關係，「我們令 Box 先生要把他的牛和其他荷蘭人的牛，以及數量已經繁殖相當多的福爾摩沙人的牛，移到蕭壠溪，即含西港（Hamsackam）溪的對岸，或距離那些農田 14 到 20 日路程以上的其他地方去飼養。」[26]這些牛隻既有荷蘭人飼養的，也有在臺漢人飼養的。除了在臺灣本地繁殖之外，其中有相當一部分都是從澎湖輸入，特別是 1645 年以後至 1650 年代初，臺灣土地的開發急速發展，需要大量牲畜，從澎湖運入牛隻的記載也明顯增多。如 1645 年 4 月 17 日，有兩艘戎克船從澎湖抵達大員，運載 25 人、26 頭牛、10

---

[22]　《熱蘭遮城日誌》第一冊，第 87-89、150、426 頁。

[23]　參見《熱蘭遮城日誌》第二冊，臺南：臺南市政府，2002 年，第 235、238、243-244、527-548 頁。

[24]　村上直次郎譯注、中村孝志校注《バタヴィア城日誌》第三冊，東京：平凡社，1975 年，第 34 頁。

[25]　唐贊袞《台陽見聞錄・野牛》。

[26]　《熱蘭遮城日誌》第四冊，臺南：臺南市政府，2011 年，第 401 頁。

隻豬。19 日，有兩艘船從大員航往澎湖，「要去載牛」。[27]僅 1645 年 4 月 17 日至 10 月 17 日半年之內，從澎湖運往大員的牛就有 76 頭；1646 年 3 月 23 日至 7 月底四個月內，又有至少 47 頭牛運抵大員；1647 年 3 月 20 日至 5 月 19 日兩個月，計有 198 頭牛從澎湖輸入；1648 年 3 月 1 日至 7 月 24 日四個月內，輸入大員的牛達到 277 頭；1650 年 3 月 13 日至 10 月 8 日，輸入 271 頭；1651 年 3 月 1 日至 9 月 27 日，還有 96 頭輸入大員。統計以上這些年份的不完全記載，至少有 965 頭牛以及為數不少的山羊、豬、雞等牲畜家禽被從澎湖運抵大員（參見附錄表 1）。

　　如此大量的牛隻以及各種家畜從澎湖運入，一方面說明當時澎湖的飼養業已有一定程度的發展，但並不表明澎湖本地產有如此眾多的牛群，而是從另一個側面說明澎湖作為大陸與臺灣連結的中轉基地，在人員和物質的輸送方面也發揮著獨特的作用。特別是在清軍入閩以後，閩南沿海動盪不安，加上乾旱等自然災害的影響，有不少災民紛紛攜帶牛隻、農具等渡臺，有些人就在澎湖停留下來，有的是直接航抵臺灣。如 1647 年 3 月至 5 月，從澎湖輸入大員的牛 198 頭，而這年 6 月至 12 月，則有 91 頭牛和 2700 多人直接從大陸沿海抵達大員，這兩段時間剛好前後銜接，輸入臺灣的牛隻總計達將近 300 頭（參見附錄表 2）。

　　荷據時期澎湖成了向臺灣輸送牛隻的中轉站和蓄養基地，1646 年 3 月 23 日，從澎湖航抵大員的一艘戎克船運載 22 人，另外還有「22 隻牡牛和幾隻小牛」，[28]這些小牛顯然是準備運抵臺灣繼續飼養的。而且這些輸入的牛似乎黃牛較多，而水牛少見，至少開始時是這樣的。如 1645 年 5 月 20 日運抵大員的 7 頭牛中，有 2 頭被特別注明是「水牛」，[29]說明此時荷蘭人對於這種罕見的牛也格外注意。荷蘭人經常從澎湖直接購買牛，有的直接運抵臺灣，有的則在澎湖本地食用。1654 年 8 月 29 日，在大員的荷蘭人對載糖前往澎湖的 Witte Lam 號船發出指令，命令他們在停留澎湖期間，大員「不能供應他們五花肉，他們必須自行買牛屠宰，

---

[27]　《熱蘭遮城日誌》第二冊，第 399、400 頁。

[28]　《熱蘭遮城日誌》第二冊，第 507 頁。

[29]　《熱蘭遮城日誌》第二冊，第 413 頁。

這樣可以節省荷蘭的肉和五花肉（Hollants vleesch en speck）。」[30]1646年 9 月 17 日，荷蘭平底船 Capelle 號從澎湖航往淡水，中途遇到暴風又折回大員，荷蘭人說：「因惡劣的天氣，又喪失了 12 頭牛」。[31]這些牛就是荷蘭人準備從澎湖直接送往淡水的。1647 年 8 月 20 日，又有 40 頭牛從大員運往雞籠飼養。[32]1648 年 4 月 2 日，有 9 頭小牛被送往卑南。[33]

　　由此可見，由於明朝政府疏於防守，澎湖實際上很長時期又被荷蘭人窺伺佔用，他們把澎湖當成船隻避風、維修、攔截對方船隻以及開展貿易、裝卸大船貨物的重要基地，同時又從澎湖運載石頭到臺灣築城，並輸入大量的牛隻等生產生活資料。澎湖由於地處大陸與臺灣之間，地理位置重要，因此荷蘭人據臺時期這裡實際上成為荷蘭人可資利用的一個重要港灣和海上基地。

三、鄭芝龍時期澎湖的複雜局勢

　　荷蘭人對澎湖的佔用是處心積慮的，但是另一方面，他們也清楚知道澎湖屬於明軍的汛地，過於刺激的舉動可能會引起麻煩。1635 年 8 月下旬，荷蘭人派艦船從巴達維亞運載 400 名士兵停靠在澎湖，艦隊指揮官曾要求讓這些士兵就在澎湖登陸。可是，大員議會經過考慮後認為：「他（指揮官）本月 27 日來信請求讓那些士兵在澎湖登陸上岸，因幾個原因，避免中國大官們的怒氣，維護貿易，認為不可答應這個請求」，於是命令該指揮官「用最近要來此地（指大員）的船隻運三百個士兵來此」。[34]荷蘭人之所以會有所顧慮，主要是由於明朝政府對澎湖作為軍事要地的意義仍很敏感。

---

[30]　《熱蘭遮城日誌》第三冊，臺南：臺南市政府，2003 年，第 392 頁。
[31]　《熱蘭遮城日誌》第二冊，第 586 頁。
[32]　《熱蘭遮城日誌》第二冊，第 667 頁。
[33]　《熱蘭遮城日誌》第三冊，第 28 頁。
[34]　《熱蘭遮城日誌》第一冊，第 214 頁。

鄭芝龍勢力崛起後，臺灣海峽逐漸成為鄭氏的勢力範圍，特別是在
1635 年相繼剿除李魁奇、劉香等海上武裝集團之後，鄭芝龍已成為明
朝軍隊的一名將領，因此他對澎湖的防守就負有直接的責任。1639 年，
鄭芝龍曾經派軍隊到澎湖巡視。據當年 7 月 2 日《熱蘭遮城日誌》記載：
中國商人 Jocsim 派遣他的文書前來報告：「十六天以前，在中國沿海傳
說，有海盜在澎湖打劫要來此地的戎克船，因此都督一官（即鄭芝龍）
派 3 艘戎克船載著中國士兵前往該處。他們回去以後，聽說，沒有看到
海盜，因此上述 Jocsim 的戎克船乃出航，要航來此地」。[35]鄭芝龍對澎
湖的巡防，一方面顯示明朝軍隊仍把澎湖地區視為要地，另一方面鄭芝
龍與渡臺貿易有著相當密切的關係，保護航海安全不僅是他的職責所
在，同時也是他的經濟利益使然。

澎湖由於此處海上，接近臺灣又與大陸沿海聯繫緊密，島嶼港口眾
多，因此這裡常有海上勢力出沒，這對於荷蘭人以及鄭芝龍勢力都是認
為必須打擊的對象。1643 年底，荷蘭人又發現澎湖出現了「海盜」。當
年 12 月 19 日《熱蘭遮城日誌》載：商人 Jocksim 寫信來報告，安海已
經有兩艘船準備載貨來大員，「但是因澎湖人寫信給官員一官〔鄭芝龍〕
說，那裡盤踞著 7 艘海盜船，因此擔心遭受損失，在驅除那些海盜船以
前，不敢出航」。[36]這些「海盜船」就是屬於當時很有名的 Kinwangh（或
作 Kunwangh）集團。荷蘭人接到報告後，立即派遣船隻到澎湖去追剿，
結果發現這個集團至少有十幾艘船，與荷蘭人對抗周旋於澎湖各島以及
臺灣的二林、笨港、魍港之間。於此同時，鄭芝龍也從大陸派船到澎湖。
據前往追剿的荷蘭高級舵手 Sijmon Comelissen 報告：他們「在澎湖也
看到官員一官派來追擊這些海盜船的一艘戎克船，該船的中國人曾告訴
他說，上述官員〔一官〕為此目的派了 5 艘戎克船來，跟那艘最大的海
盜船戰鬥，因為遭遇很大的抵抗，只好放棄航離該船。」[37]1644 年初，
荷蘭人把這股海上勢力打散，並抓獲了 Kinwangh 及其幾個同夥，4 月 2

---

[35]　《熱蘭遮城日誌》第一冊，第 442 頁。
[36]　《熱蘭遮城日誌》第二冊，第 222 頁。
[37]　《熱蘭遮城日誌》第二冊，第 234 頁。

日將他們處死。[38]

　　Kinwang 雖然被抓，但他們的勢力還在。6 月 10 日，荷蘭人又接獲報告，有 8 艘「海盜船」從魍港航向澎湖，隨即派遣船隻前去追趕，殺了 84 人而回。7 月 3 日，荷蘭人再派船出發，在澎湖沒有發現蹤跡，接著趕往臺灣中部 Betgielem 稍北的地方，在一條河裡發現有 13 艘「海盜船」在那裡聚集，經過一番戰鬥，把所有「海盜船」都燒毀，並殺死和抓獲一些成員，這股海上勢力基本被打垮。在此過程中荷蘭人得知，這些新起的的「海盜」其實是 Kinwangh 部下一個叫作 Twacan 的人所領導，其中有 4 艘船大約在 6 月底航往大陸沿海，在「金門附近擱淺，船上所有的人都被捉了」。[39]另外，鄭芝龍的部下還派船前往澎湖去加強防衛。「金門的官吏，為要消除海盜，並防止海盜再回來澎湖，派了 12 艘戎克船去停留在澎湖」。[40]因此，這股海上勢力被剿除，其實是鄭芝龍與荷蘭人合作，雙方派遣船艦圍追堵截，最後在臺灣中部把他們打垮的。1645 年 3 月，Twacan 在二林被荷蘭人捉獲，4 月 7 日於大員被殘酷處死。[41]

　　這起「海盜」事件是荷據時期發生在臺澎地區一次較有規模的海上造反行動。荷蘭人後來在 Twacan 及其部下的戎克船內發現了幾張文件，裡面講述了從 Kinwangh 到 Twacan 在臺澎地區的活動軌跡，以及他們的策略和提出的目標：

> Kinwangh（活著時）是海盜的首領，他在澎湖曾經貼出一道告示，內容為，所有原住民都要向他繳納他對他們所要求的捐獻，不遵守的人，將以燒毀他們的房屋並逐出該地作為處罰。Kinwangh 被荷蘭人的戎克船趕跑，逃往南方（他的同伴不知道他的下落）以後，Twacan 貼出告示，通告所有澎湖群島的人，他們都要來他那裡，說明他們的專長行業，他將雇用他們，並按照下列規定

---

[38]　見《バクヴィア城日誌》第二冊，東京：平凡社，1972 年，第 290-291 頁；《熱蘭遮城日誌》第二冊，第 255 頁。

[39]　《熱蘭遮城日誌》第二冊，第 307 頁。

[40]　《熱蘭遮城日誌》第二冊，第 305 頁。

[41]　參見《熱蘭遮城日誌》第二冊，第 282-283、392 頁。

發給工資……他離開澎湖，來到 Betgierem〔馬芝遴〕以後，把
這告示送到福爾摩沙所有的地方，要盡可能地召集很多中國人去
他那裡，答應他們將會給予好的報酬，說：「我們要在荷蘭人那
裡做什麼，在那裡我們沒有自由，什麼都要繳納什一稅，必須繳
納人頭稅，沒有他們的許可也不得去打獵，或做其他事情。來這
裡，我要保護你們，如有原住民要找你們的麻煩，我會處死他
們」。[42]

　　鄭芝龍之所以參與荷蘭人的圍剿行動，一方面他是福建沿海的軍事
首領，有責任維護臺灣海峽的航行安全，另一方面控制海峽也是為了謀
求其自身的利益。鄭芝龍當時並沒有在澎湖駐軍，但澎湖的防衛顯然是
他的職責所在。澎湖一出現某些狀況，當地居民就「寫信給官員一官」，
而他所派遣的軍隊來自金門，似乎說明當時澎湖的防務主要由「金門官
吏」在負責。

　　除了必要時派遣兵船前往澎湖外，鄭芝龍對澎湖的管控還包括定期
到那裡收稅，以及派船巡航等方面。有關鄭氏收稅的問題我們在下節還
會談到，這裡先舉兩例看鄭芝龍對澎湖的巡航管控。1644 年 9 月 3 日，
有一艘暹羅戎克船在澎湖擱淺，沒過幾天就有「一個中國官吏帶 2 艘戎
克船從中國航抵澎湖，要來把他們載去中國」。後來荷蘭人出面干涉。「該
官員回答說，是從中國被派來載上述暹羅人去那裡的，但並不是要違背
他們的意願做的。由於上述戎克船已經觸怒上述官員，他遂禁止他們汲
水等事情」。[43]顯然，這個被派來的官員在澎湖具有很大權威。1645 年 6
月，一艘船隻運載硫磺在澎湖損壞。18 日，荷蘭人派遣另一艘戎克船
船要去轉運那批硫磺，卻無功而返。他們回到大員報告說：「到那裡以
後，看見幾艘戎克船奉金門官吏的命令，不但運走那些硫磺，也把那船
主帶去中國了，上述大員的戎克船隻好空手回來。」[44]鄭芝龍從金門派
船到澎湖巡航，運走需要扣留的船貨及人員，正是體現對他澎湖的掌控

42　《熱蘭遮城日誌》第二冊，第 308-309 頁。
43　《熱蘭遮城日誌》第二冊，第 337 頁。
44　《熱蘭遮城日誌》第二冊，第 427 頁。

等人來完成的。1648 年，有一名重要商人 Jan Soetekauw（又作 Sitsick、Sisick 等）在臺南去世，他的遺產就是由「幾個中國人頭家」Boijcko、Thoqua、Samsiack、Kejagnh「按照中國的法律與習慣」來處理的，此時參與遺產分配的還有死者的父親、兄弟、妻子和兒子。[41] 在荷據初期，還有一個重要商人 Bendjock，他的兒子即是另一個商人 Jocksim 的「船長」。[42] 這些人相互連結，又互為關照，以他們為首組成的臺灣漢人社會，不論是社會組織或者民情風俗習慣，都沿襲著原鄉的文化傳統，同鄉或親屬關係在臺灣漢人社會組織中發揮著重要作用。從這個意義上說，當時臺灣的漢人社會就是閩南傳統社會的「翻版」。

閩南人素有合作經商的傳統。臺灣《熱蘭遮城日誌》記錄的第一個「公司仔」的案例發生於 1643 年，即由 Itya 和 Sisia 兩個「船主」合作貿易的，顯示「公司」體制在臺灣首先出現於海上貿易領域，而且與閩南人的經商習慣有關。這時候在東南亞的暹羅、廣南貿易中也有「公司」存在。以後隨著大陸移民日益增多，臺灣土地的開發迅速擴展，進入 1650 年代以後「公司仔」的記載明顯增多，已經從海上貿易擴展到土地經營尤其是蔗糖生產，以及贌稅承包等領域。這是商人合作業務不斷拓展的足跡，同時也從另一個側面反映 1650 年代以後臺灣漢人社會急速成長在社會組織上的新變化。

「公司」體制在臺灣蔗糖生產領域的運用是最有代表性的。大商人、大墾主從荷蘭人手中承攬了大片土地，然後招募勞動力進行墾殖。由於蔗糖生產具有強烈的商品經濟性質，因此在這個領域中，金錢核算、商業利益是最重要的。儘管荷蘭人為了壟斷貿易，三番五次申令禁止砂糖輸出（個別年份除外），但偷運砂糖出口的例子仍屢見不鮮。

> 因為此地的赤崁農地，現在正在每天生產大量的糖，我們曾聽他們說過，有中國人用各種辦法偷運一部分的糖去中國，或是用舢板偷偷運去交給專程為此而停泊在港外的戎克船，或是運去澎湖

---

[41] 《熱蘭遮城日誌》第三冊，第 400 頁。
[42] 《熱蘭遮城日誌》第二冊，第 245 頁。

　　　轉交，然後運去中國，就像 1653 年 7 月曾經發生的那樣。[43]

　　這種偷運的方式與我們在清朝史料中經常讀到的私渡偷運的方式完全一樣。從事這種偷運的其實就是某些大商人或墾主。他們不僅運糖，也運送荷蘭人管制的米。1648 年 5 月，荷蘭人發現一艘屬於 Sisia 的戎克船要航往淡水，卻停靠在魍港，三天兩頭出去，在沒有惡劣天氣的情況下又回到港內，「因此確信，他們是私藏米去海上交給其他船隻的，而且所載的貨物也跟通行證不完全符合」。[44]這些偷運米、糖的商人之所不顧荷蘭人的禁令，最根本原因就是商業利益所驅使。荷蘭人從公司自身的利益出發實行管制，但閩南商人到臺灣也是為了追逐商業利潤，這兩者是很難協調的。因此荷蘭人在與漢人「頭家」合作的過程中，一方面希望通過他們去掌控漢人，另一方面也一直對他們保持著警惕性，特別是 1650 年代以後隨著漢人社會的發展，荷蘭人的危機感越來越強，1660 年 3 月鄭成功即將率軍渡臺的消息盛傳，荷蘭人就乾脆把 11 個最重要漢人的「動產和不動產」都扣押起來，直至第二年 3 月 28 日才予歸還，足足扣了一年有餘。[45]

　　漢族商人在臺灣承墾土地，種植水稻和甘蔗，往往採取分塊出佃或自己投資經營等方式，由此形成了各種複雜的土地經營模式和社會關係。在甘蔗種植領域，商人「公司」雇傭工人管理蔗園，甘蔗收成時，又通過資金借貸等方式與各種糖廍建立聯繫，最終把砂糖回收到荷蘭人那裡。前引 1655 年荷蘭人禁止砂糖以他人名義私相交售的規定，指出那時企圖拖延債務的有兩類人：一類是「有些公司的人（這些人我們很認識）」，他們「須用糖償還所收取的商品」，這些人很顯然就是指漢人頭家、大商人；另一類是向這些大商人「預領金錢的公司仔」，即糖廍主。1657 年，由於私售賴帳之風仍屢禁不止，荷蘭人又出臺了更加嚴厲的措施，此時提到了「農夫、蔗農制糖者或其他有關的人」。該公示

---

[43]《熱蘭遮城日誌》第四冊，第 53 頁。
[44]《熱蘭遮城日誌》第三冊，第 43 頁。
[45]《熱蘭遮城日誌》第四冊，第 396 頁。

云：

> 以後任何人，無論是農夫、蔗農制糖者或其他有關的人，在這公
> 示公告之後，典押的糖，未經該債務者事先向該債權者或其他擁
> 有該權利者知會以前，都不得轉讓、出售或暗中用別人的名義交
> 給公司，有違此令者，每擔糖將罰款 2 里爾……並且，為使債權
> 者更有保障，更能安心，還決定，要命令那些債務者，如果債權
> 者，為避免他們典押的糖被賣出去，而想要派他的僕人用自己的
> 費用將糖運去他們的屋裡或農地上，他們必須接受這種作法。因
> 為這樣做，對公司有益處，對這社會的安定繁榮更是有此須要。
> [46]

　　可見當時在蔗糖生產領域資金借貸和糖的抵押、轉讓、出售等情況
非常複雜。這裡的「農夫」不是指一般農民，而是那些最重要的「公司」
商人，他們從事土地經營，常被稱作「農夫」或「重要的農夫」。當然，
這其中可能還包括一些購買或租佃土地耕種的「農民」。如 1651 年巴達
維亞總督就稅：那些擁有大片土地的「中國人使用公司土地而不繳一分
錢，甚至將其出賣從中取利」。[47]可見此時確有大墾主出售土地的情況。
而「蔗農制糖者」就是指實際從事榨蔗制糖的廍主。除此之外還有「其
他有關的人」，可能是指在融資過程中形成的各種錯綜複雜的債權、債
務關係人。[48]

　　1657 年的告示中已經不再提「預領金錢的公司仔」，而改稱「蔗農
制糖者」，這是很值得注意的。它似乎暗示，在荷據時期臺灣的蔗糖生
產除了「公司廍」之外，還有其他經營模式。連橫《臺灣通史》說清代
臺灣有「公司廍」、「頭家廍」和「牛奔廍」三種類型。我以為這三種糖
廍有可能在荷據時期都已經出現了。韓振華先生在其論文中曾經談到，

---

[46]《熱蘭遮城日誌》第四冊，第 179 頁。

[47]程紹剛譯注《荷蘭人在福爾摩莎》，臺北：聯經出版事業公司，2000 年，第 339 頁。

[48]荷據時期，不僅在蔗糖生產領域，在稻米生產中也存在著資金借貸，這使荷蘭人經常感到十
　　分頭痛。1648 年，大員「稻米的價格越來越高漲，其原因，相信，一部分是被幾個有財力
　　的中國人以放高利貸的方式炒高起來的」，因此決定對稻米限價。參見《熱蘭遮城日誌》
　　第三冊，第 67 頁。

荷據時期臺灣存在許多「牛奔廍」，這些「牛奔廍」為幾個蔗農聯合而設，每個蔗農大致擁有 9 名雇工。[49]考慮到荷據時期臺灣確有一些人自己購買或佃耕土地，這種由幾個蔗農聯合而設的「牛奔廍」就一定存在。他們所需資金也可以向大商人預借，或者通過其他關係人又轉手借貸，但所生產的砂糖最終都回到荷蘭人那裡，他們並沒有納入「公司」體系。至於「頭家廍」，那是以「頭家」名義獨資設立的糖廍，只要有一定財力，自己設立糖廍榨蔗制糖肯定存在。

但不管是哪種經營形式，都必須招募工人種蔗制糖，因此在荷蘭文獻中「鄉村的農業工人」非常普遍。他們的勞動是按日計酬的，因而也稱為「日酬工」。據韓家寶（Pol Heyns）研究，這些沒有技術的底層工人每天工資是 1/8 里爾，合 6 個 stuijvers（以 1 里爾=48 個 stuijvers 計），每個月要繳納 14 個 stuijvers 的人頭稅，稅率為 9.7%。[50]不過，這些最底層的工人並不是每天都會領到工資。在開始勞作時，雇主們只會發給他們每月 10-12%的工資，即生活費，其餘要等收成以後再結算。如果雇主歉收或出現意外，這些工人的貧困命運就可想而知了。1651 年 10月 24 日，巴城特使 Willem Verstegen 和大員議會致信巴城總督和東印度參事會說：

> 普通的中國人十分貧困……因此已經導致一些人又返回他們原來的住所……這是當然的。因為這些窮苦的砂糖種植者赤手空拳，無事可幹。或從他們主人那裡每月領取百分之十至十二的工資，至收成時無任何補償，以致打著赤腳進入教堂；或上山拾柴煮粥；或被迫幹一些雜活……現在一無所有，使得他們失去興趣，回到原來居住的地方。[51]

除了砂糖業的工人外，那些到原住民村社進行貿易的人員也是由

---

[49]見韓振華《荷蘭東印度公司時代巴達維亞蔗糖業的中國人雇工》，《南洋問題》，1982 年第 2 期。

[50]韓家寶（Pol Heyns）著、鄭維中譯《荷蘭時代臺灣的經濟、土地與稅務》，第 143-145 頁。

[51] 1651 年 10 月 24 日，巴城特使 Willem Verstegen 和大員議會致巴城總督和東印度參事會的信，殖民地檔案 VOC.1183，f.853v-854r。

「公司」雇傭而來的。前引承瞨虎尾壠的社商資料說：他們不願意繼續在那裡多留一個月，「因為這樣可以節省他們的人員公司仔的稅金和船隻費用」。[52]這裡的「公司仔稅金」即指他們的人頭稅。這些人的人頭稅是必須按月繳納的，否則沒有居留證就要被驅離和處罰。因而從這條資料看，那些從大陸招募來的「公司仔」與蔗糖生產的工人一樣，他們只先支取一些生活費，每月的人頭稅由「公司」代繳，如果他們無事可幹多留一個月，那麼「公司」就要為此多付一個月的「稅金」。

　　由於這些制糖和瞨社的「公司仔」都是由「公司」雇傭的底層「工人」或「人員」，因此他們與雇主的關係就變得非常敏感，而且是直接的金錢關係。1654 年，荷蘭人發現他們經常使用的荷蘭銀元（rijksdaalders）等貨幣一直在貶值，兩岸之間形成了明顯的落差，[53]導致這些貨幣被「不斷偷運出口」，因此荷蘭人決定「讓丁銀以一兩匯兌69 個 stuivers 流通使用」。但這個決定一作出，立即引起一連串的反彈：

> 中國人的頭家強烈抗議，要求最高只能以一兩丁銀匯兌 66 個 stuivers。這也造成那些為頭家工作的工人新的反抗，因為在這情況下，他們必須從他們的工資中被扣去 3 個 stuivers。[54]

　　「中國人的頭家」和他們的「工人」兩種截然不同的意見，完全是由於他們的地位決定的。對於漢人頭家來說，他們在投資土地的同時也開展包括兩岸貿易在內的各種活動，在大員的日本丁銀升值過多，也就意味著貿易使用的里爾、荷蘭銀元（兩者約略等值）對 stuivers 的兌換率比大陸市場要高，這樣在商業活動中包括對工人支付工資就可能利益受損。而從大量的工人來說，他們的工資是最終結算的，計算標準是每日 1/8 里爾，當然希望它的價值越高越好。

---

52 《熱蘭遮城日誌》第四冊，第 193 頁。
53 1653 年底，在大員 1 個荷蘭銀元（rijksdaalders）=51 個 stuivers，但是運到大陸每個荷蘭銀元可以「多得 7 個 stuivers」，兩岸兌換之間，荷蘭銀元大約貶值 14%。見《熱蘭遮城日誌》第三冊，第 289 頁。
54 《熱蘭遮城日誌》第三冊，第 289 頁。

四、結語

本文探討了荷據時期臺灣漢人的「公司仔」和「公司」形態，以及由此觀察臺灣漢人社會的某些側面。從荷蘭人保留下來的資料看，當時臺灣漢人的「公司」最早出現在海上貿易領域，時間不晚於 1643 年。而進入 1650 年代以後，又從海上貿易擴展到蔗糖生產以及贌稅承包等領域。荷據時期臺灣的三個主要經濟領域都出現了「公司」，這與當時臺灣的社會經濟活動主要由大商人勢力掌控有關，同時從某種意義上說也是漢人在臺灣島內逐步成長的結果。

劉序楓有分量的論文已經揭示了漢人傳統社會的「公司」最早出現在 17 世紀中期前後，他提出了兩個可靠個案是 1667 年屬於鄭氏官商的林寅官船和 1671 年臺灣鄭氏的胡球官船。[55]而本文的研究可以看出，其實在鄭成功勢力未崛起以前，臺灣漢人的海上貿易就已經有「公司」了。而且更重要的，在荷蘭人據臺末期，這種漢人「公司」已經擴展到土地經營的蔗糖生產以及贌稅承包等領域，尤其在贌稅承包領域存在「公司」這在以前的討論中還沒被涉及。

當然，17 世紀中期臺灣已經出現了不同領域的「公司」，這並不意味著本人認為漢人傳統社會的「公司」最早就是在臺灣出現的。因為在此同時，在暹羅、廣南的貿易中也有類似「公司」存在，很顯然它是產生於閩南人的海上貿易領域，然後隨著閩南商人的腳步擴散到臺灣以及東南亞地區的。閩南人的合作經商傳統為「公司」的產生提供了文化土壤，而葡萄牙、西班牙以及荷蘭等西方勢力的到來又為這地區的商人帶來了「公司」概念，由此「公司仔」一詞也在閩南人社會的日常口語中被大量使用。

臺灣在荷據時期的不同領域都出現了「公司」，這對我們重新認識和思考臺灣社會經濟史的變遷具有意義。在荷據以後，明鄭時期海上貿

---

[55]參見劉序楓《近代華南傳統社會中「公司」形態再考：由海上貿易到地方社會》，林玉茹主編《比較視野下的臺灣商業傳統》，第 232-233 頁。

易也有「公司」存在，是否在蔗糖生產以及村社貿易中同樣繼續存在著「公司」就值得關注，這方面希望今後有新的資料出現，以便與清朝的「公司」進行比對梳理。另一方面，通過對「公司」的考察讓我們認識到，儘管當時荷蘭人在臺灣實行了一整套殖民統治制度，但他們對閩南人社會的瞭解和掌握還是很不深入的，當時的漢人社會其實就是由大商人為主導、按照閩南人固有的文化傳統在組織和運作的。因此可以說，荷據時期臺灣漢人社會的組織和運作模式，從總體觀察，實際上是由兩種不同制度「複合」而成的。

1656-1657 年鄭成功海禁及其意義

進入 17 世紀 50 年代以後，鄭成功與荷蘭人的矛盾日益凸顯。1656-1657 年鄭成功下令封鎖臺灣海峽，禁止與大員的荷蘭人貿易，就是長期以來鄭、荷矛盾積累的一次集中表現，它距離鄭成功率軍收復臺灣只剩下不到四年，在鄭、荷關係史上具有不可忽視的意義。本文擬用中、荷雙方的檔案資料，就這個事件發生的原委、經過及其顯示的意義作一簡要探討。

一、鄭成功實行海禁的原因與經過

鄭成功與荷蘭人的矛盾主要表現在海上貿易等方面。鄭氏集團以海上貿易起家，從鄭芝龍開始，鄭氏船隻就經常穿行於臺灣海峽、日本乃至東南亞各地的廣闊海域。鄭成功要維持強大的軍事武裝，海上貿易是其重要的生命線。而荷蘭人在東亞各地擴張，他們的貿易港口、航線、商品種類等都與鄭氏集團相重疊，因而鄭、荷之間的貿易衝突不可避免。而這種衝突不僅僅是為了經濟方面的利益，更重要的是，它們都帶有強烈的政治意圖和軍事對抗色彩。

1653 年 10 月 21 日，鄭成功寫信給荷蘭人說：「數年來，我竭力與韃靼人作戰，耗費甚巨，我以為有必要派遣各類船隻前往巴達維亞、暹羅、日本、東京、大員以及其他地方貿易，將所得收入充作兵餉。」[1]1655年，鄭成功共派遣 24 艘商船前往東南亞各地，其中航向巴達維亞 7 艘、東京 2 艘、暹羅 10 艘、廣南 4 艘、馬尼拉 1 艘。[2]這些船隻有的在貿易結束後就直接返回大陸，有的又航向日本，從事中國→東南亞→日本→

---

[1] 1653 年 10 月 21 日，鄭成功致臺灣長官的信，殖民地檔案 1207 號，f.537-538。引自胡月涵（Johannes Huber）《十七世紀五十年代鄭成功與荷蘭東印度公司之間來往的函件》，載《鄭成功研究國際學術研討會論文集》，南昌：江西人民出版社，1989 年，第 292-317 頁。以下所引殖民地檔案均來自此文，不再詳注。
[2] 村上直次郎譯注、中村孝志校注《バタヴィア城日誌》（以下簡稱《巴城日記》日文本）第三冊，序說，東京：平凡社，1975 年。

中國的三角貿易。如 1654 年 11 月 3 日—1655 年 9 月 16 日，從各地駛入日本長崎的中國商船共有 57 艘，「幾乎全屬於國姓爺」，而其中有來自北大年的 3 艘、廣南 2 艘就是從事三角貿易的。[3]1656-1657 年底，又有 47 艘中國商船在長崎進港，「全部屬於國姓爺及其一夥」。其中來自安海的 28 艘、柬埔寨 11 艘、暹羅 3 艘、廣南 2 艘、北大年 2 艘、東京 1 艘，範圍幾乎遍及整個東南亞。它們運載了各種生絲、砂糖，以及其他種類繁多的絲織品、皮革、藥材、雜貨等等。[4]

鄭成功海上貿易的發展對荷蘭人形成了嚴重的威脅。1653 年，荷蘭駐巴達維亞城總督易人，新上任的總督約翰‧瑪茲克（Joan Maetsuycker）決定採取措施，限制鄭成功勢力的發展。因此，從 1653 年起鄭、荷之間的衝突事件日益增多。

這一年，荷蘭人開始派人前往廣東，謀求與清朝人通商，與此同時，又秘密策劃在海上搶劫鄭成功的船隻。同年 7 月，有一艘鄭成功商船從廣南返回廈門，當它駛至澳門附近海域時，就遭到兩艘到廣州貿易的荷蘭船隻的襲擊，船上貨物被搶劫一空。事後，荷蘭人又極力掩蓋事實真相，把它說成是「我們不知道總督閣下曾下過那個命令，假如再發生此類事情，係屬廣東長官（指華根納爾 Wagenaer 及其評議會）的誤會所致」。[5]鄭成功對此事極為憤怒，寫信給荷蘭人提出嚴重抗議。後來在鄭成功的壓力下，荷蘭人才歸還了少許貨物，與鄭成功開出的損失清單相距甚大。[6]

1654 年，荷蘭人又在巴林邦（Palembangh）海域搶劫了一艘鄭氏商船，共搶去胡椒 4 萬多斤，同時下令禁止中國船隻包括鄭成功的商船前往麻六甲及其附近地區貿易。鄭成功立即寫信給在臺灣的何斌等人讓他

---

[3]　1656 年 2 月 1 日，巴達維亞城總督的一般政務報告。引自岩生成一《關於近世日支貿易數量的考察》，《史學雜誌》，第 62 編，第 11 號。

[4]　《巴城日記》（日文本）第三冊，序說。

[5]　1654 年 2 月 26 日臺灣長官及大員評議會致巴城總督及東印度參事會的信，殖民地檔案 1206 號，f.156。

[6]　1653 年 10 月 21 日，鄭成功致臺灣長官的信，殖民地檔案 1207 號，f.537-538；1654 年 6 月 29 日，巴城總督致鄭成功的信，殖民地檔案 878 號，f.193-195。

們正告荷蘭人：如果巴達維亞的這位新總督不收回成命，仍然堅持禁止我國商船前往麻六甲、六坤（Lochon）、彭亨（Pahan）及許多地方貿易，那麼我也將發佈一道命令，「無論在何種情況下，無論大小船隻皆不准開往巴達維亞、大員及其附近地方去貿易任何貨物」，以示以牙還牙，其後果如何，請荷蘭人考慮。[7]鄭成功與荷蘭人的貿易衝突已經到了白熱化的程度。

　　另一方面，鄭成功與西班牙人的矛盾此時也十分尖銳。西班牙人佔據馬尼拉，對中國商人前往貿易經常予以侮辱、虐待，甚至百般刁難。鄭成功說：「數年以前，馬尼拉人殺我臣民，奪我船貨，如今當我商船到彼，仍然如此對待，貿易時為所欲為，或強奪貨物不付款，或不按價格隨意付款……其用心之醜惡，猶如豬犬覓食一般。」[8]因此，1654 年底鄭成功下令禁止所有船隻前往馬尼拉貿易，並轉告在臺灣的荷蘭人，要他們予以配合。1655 年 7 月，鄭成功又給臺灣長官卡薩（Cornelis Caesar）寫信，要求他採取行動，不許在大員或從他處到大員的商人前往馬尼拉貿易，以保證禁令的施行。[9]但荷蘭人對此卻不予配合，推託敷衍。10 月 17 日，臺灣長官卡薩寫信給鄭成功說：數年前荷蘭人與西班牙人已經簽訂了永久和平條約，如果忠實履行這個條約，西班牙人也應是荷蘭人的朋友。在臺灣的中國人很久以來就沒有申請到馬尼拉貿易，因此「我們感到閣下對我們的請求幾乎是多餘的」。[10]十分明顯，荷蘭人之所以不願意配合鄭成功採取行動，其根本原因就在於荷、西之間已經結盟，他們是「朋友」，在對待鄭成功遏制鄭氏勢力發展這個問題上，他們有著共同的利益。而隨著鄭成功與荷蘭人、西班牙人矛盾的日益積累和激化，最終導致鄭成功採取行動，實行海禁。

　　鄭成功宣佈實行海禁，是從 1656 年 6 月 27 日開始的。這一天，鄭

---

[7]　1655 年 9 月 21 日《熱蘭遮城日記》，殖民地檔案 1213 號，f.735-737。又參見江樹生譯注《熱蘭遮城日誌》第三冊，臺南：臺南市政府，2003 年，第 559-560 頁。

[8]　1655 年 7 月鄭成功致臺灣長官的信，殖民地檔案 1213 號，f.554-555。

[9]　1655 年 7 月鄭成功致臺灣長官的信，殖民地檔案 1213 號，f.554-555。

[10]　1655 年 10 月 17 日臺灣長官致鄭成功的信，殖民地檔案 1213 號，f.560-561。

成功發佈一道禁令，要求所有到臺灣貿易的船隻，必須在 100 天以內返回大陸，100 天之後，他將再發佈一道禁令，徹底禁止一切商船前往臺灣與荷蘭人貿易。鄭成功在禁令中說：「大員荷蘭人之所為，與馬尼拉西班牙人如出一轍，亦視商民為可供人食之魚肉。本藩聞知此情，心血翻騰，極為憤怒⋯⋯特此告知商民：大員與馬尼拉系一丘之貉，既醜惡又傲慢。本藩言詞及命令，猶如金科玉律，堅定不移。」[11]禁令發出以後，兩岸船隻的往來頓然減少。1656 年 6 月有 48 艘船隻從大陸前往臺灣，返回的 47 艘；7 月僅剩 5 艘船隻前往臺灣，返回 19 艘；8 月更減少到只有 1 艘船開往臺灣，返回 8 艘；9 月沒有船隻赴臺，返回的 8 艘；10 月有 3 艘船隻前往臺灣，沒有船隻返回；從 11 月份起，兩岸船隻的往來完全斷絕。[12]

荷蘭人佔領臺灣，完全是依靠大陸商品的源源供應而開展轉口貿易的。兩岸船隻斷絕，對荷蘭人來說是沉重的打擊。1657 年 3 月 5 日，荷蘭大員議會作出決議，決定派遣公司通事、與鄭成功關係密切的何斌前往廈門，謀求開放通商。何斌於 3 月 19 日攜帶禮物前往，與鄭成功、鄭泰、鄭鴻達等人見面。6 月 13 日何斌返回大員，帶回了鄭成功等人的信件。據荷蘭文獻記載，此時鄭成功向荷蘭人提出三點要求：一、儘快幫助到大員的商人進行貿易；二、保證帆船從大員返回中國；三、要求大員荷蘭人寫信給巴城，向他的駛往暹羅、占碑、舊港等地的帆船提供方便。荷蘭人馬上於 6 月 14 日開會討論，決定接受鄭成功提出的上述要求，儘快恢復通商。7 月 14 日，何斌再次前往廈門，22 日他就寫信給荷蘭人告知鄭成功已下令從 8 月初開始開放通商。8 月 23 日何斌返回大員，帶回了鄭成功開放貿易的通告。[13]至此，鄭成功對臺灣荷蘭人實行前後兩年的海禁宣告結束。

---

[11]1656 年 6 月 27 日鄭成功實行海禁的命令，殖民地檔案 1218 號，f.419-420。中譯文見《鄭成功研究國際學術研討會論文集》，第 316-317 頁。

[12]參見中村孝志《關於 I.V.K.B.譯國姓爺攻略臺灣記》表五，《臺灣文獻》第九卷，第一期。

[13]以上參見程紹剛譯注《荷蘭人在福爾摩莎》，臺北：聯經出版事業公司，2000 年，第 492 頁注 83。

　　關於此次海禁事件，中國文獻也有記載。楊英《先王實錄》云：永曆十一年「六月，藩駕駐思明州。臺灣紅夷酋長揆一遣通事何廷斌至思明啟藩：年願納貢，和港通商，並陳外國寶物。許之。因先年我洋船到彼，紅夷每多留難，本藩遂刻示傳令各港澳並東西夷國州府，不准到臺灣通商。由是禁絕兩年，船隻不通，貨物湧貴，夷多病疫。至是令廷斌求通，年輸銀五千兩，箭柸十萬枝，硫磺千擔，遂許通商。」[14]楊英當時在鄭成功的手下任職。他記載的時間為永曆十一年六月即 1657 年 7 月，與何斌第二次到廈門的時間吻合。不過，中西文獻對鄭荷談判的結果卻記載出入甚大。荷蘭文獻載鄭成功要求善待中國商人，並允許鄭氏船隻到暹羅、占碑、舊港等處貿易；而中國文獻則記載荷蘭人「年願納貢」，具體是「年輸銀五千兩，箭柸十萬枝，硫磺千擔」，滿足了這些條件鄭成功才同意恢復通商。

　　1659 年初，何斌在大員替鄭成功收稅的事情被人告發，此事顯然與上述「年願納貢」的和談條件有關。據 C.E.S.《被忽視的福摩薩》記載：這項建議是談判時由鄭泰提出來的，並由他出面擔保，每年的擔保金為上好白銀 18000 兩。[15]又據何斌於 1661 年寫給荷蘭東印度公司司令官樊特朗（Jan van der Laan）的信件：「吾任大員通事十餘年，不辭勞瘁，為公司盡力。數年前，國姓爺禁止大陸帆船渡臺，大員長官及評議會命吾赴廈，向國姓爺探詢禁航原因，國姓爺答欲在臺徵收關稅。吾旋即回臺，向長官明確傳達此意。長官命吾再次前往轉述，關稅如不涉及公司，或不至損害公司利益，對國姓爺自向中國人課稅並無異議。對此國姓爺表示滿意，旋即允許帆船赴臺。」[16]由此可見，鄭成功提出要在臺灣收稅是何斌第一次赴廈的時候，而何斌在征得臺灣長官默許後第二次到廈門答應了鄭氏要求，鄭成功才開放海禁。此時正好是 1657 年 7

---

[14] 楊英《先王實錄》（校注本），福州：福建人民出版社，1981 年，第 153 頁。

[15] C.E.S.《被忽視的福摩薩》卷上及可靠證據第八號，見《鄭成功收復臺灣史料選編》（增訂本），福州：福建人民出版社，1982 年，第 126、190 頁。

[16] 《巴城日記》（日文本），第三冊，第 209-310 頁，參見《鄭成功收復臺灣史料選編》（增訂本），第 240 頁。

月，與楊英記載的時間和內容相一致。

　　問題的關鍵是，在荷蘭大員評議會公開討論鄭成功提出的要求時，會議只記錄了鄭成功要求和平通商的三個條件，有關收稅問題並沒有在會上討論。而臺灣長官揆一對此徵稅事又諱莫如深，因此使得整個事件撲朔迷離。不過，後來經過荷蘭人調查，也間接證明了此事的存在。1662年巴城司法委員會對揆一的判決書說：「此項不法徵稅，維時甚久，以致中國人認為，非若長官預聞其事，絕不能一徑徵稅至今。」又說：揆一「為防止此類暴露其同謀或無能之罪行繼續出現，為保全其本人名譽計，即對此等直言不諱之非基督教徒，施行極嚴酷之監禁及拷問。」[17]何斌在事情暴露後遭到荷人軟禁，1659 年 4 月經過調查，大員法院會議撤銷了他的通事職務，並處以 300 里爾的罰款。[18]其實，何斌在臺收稅遠遠不止這些，而荷蘭人卻僅向他處以 300 里爾的罰款，單從這點看也很耐人尋味。

　　另一方面，從荷蘭人保存下來的資料看，也能證實鄭成功的官員確實提出過「繳納租金」的要求，荷蘭人對此是事先知道的。1657 年 6 月 13 日何斌第一次在廈門談判後返抵大員，當天即向荷蘭人彙報了交涉的情況，其中有一段專門涉及鄭氏官員開會提出要荷蘭人補交租金問題，此時何斌在場：

　　　　在這集中會中他們對他（指何斌）說，在大員的荷蘭人以前都要按照約定的情形，年年向又稱為一官的大官大太師爺（Toa Theysoeya）[鄭芝龍]繳納租金（erkentenisse），這項租金自從大太師爺去了北京以後就一直沒有繳付了，這筆迄今過期未繳納的金額估計已達十三萬兩銀，如果現在來繳納這些禮金，就可以把這封鎖起來的貿易航路重新打開。

　　何斌在彙報中還繪聲繪色地談了他如何與鄭氏官員辯論，舉出荷蘭

[17] C.E.S.《被忽視的福摩薩》卷下，可靠證據第二十號，見《鄭成功收復臺灣史料選編》（增訂本），第 218 頁。

[18] 1659 年 4 月 21 日熱蘭遮城議事錄，C.E.S.《被忽視的福摩薩》卷上，可靠證據第九號，見《鄭成功收復臺灣史料選編》（增訂本），第 204 頁。

人的日記裡並沒有這方面的記載，後來鄭氏官員答應會去查清此事，「從那以後都沒再聽他們提過此事，相信他們已經查閱那些歷史記載，看到真實的情形了」。[19]

何斌的彙報顯然是不可能把他在廈門的所有談話和活動都說出來的，但在這樣的公開場合，他還是談到了鄭成功官員要求荷蘭人「繳納租金」的事情，這也是楊英記載的「年願納貢」的緣起。只是在這個場合，何斌把這件事說成他在幫助荷蘭人說話，他由此是有功勞的。何斌在大員替鄭成功收稅則是不爭的事實。這正好說明鄭成功把在大員收取「租金」（或稱「納貢」）看成是解除禁令、恢復通商的前提條件，鄭成功根本沒有忘記他的父親在臺灣擁有收稅權的事實，這與施琅後來說的「及崇禎元年，鄭芝龍受撫，將此地稅與紅毛為互市之所」，[20]也是相互吻合的。

由此可見，1656-1657 年鄭成功對荷蘭人實行海禁取得了徹底的勝利。這是鄭成功複臺前夕與荷人的一次重大較量，它所顯示出來的意義遠遠超過事件本身，很值得我們關注和探討。

二、鄭成功實行海禁的意義

鄭成功在複臺前夕對荷蘭人實行的這次海禁，從事件發生前後的各種歷史關聯看，其意義至少有三個方面：

（一）彰顯了鄭成功的強大實力

在整個事件發展過程中，鄭成功一直掌握著主動權，他可以輕而易舉地封鎖臺灣海峽，並且派人到澎湖甚至到大員去宣示禁令，檢查船隻，以確保他的命令能夠得到完全執行。

---

[19]以上參閱《熱蘭遮城日誌》第四冊，第 190-191 頁。

[20]施琅《恭陳臺灣棄留疏》，載《靖海紀事》（校注本），福州：福建人民出版社，1983 年，第 120-121 頁。

　　鄭成功在此過程中前後兩次派了 3 人前往臺、澎去落實禁令。1656
年 6 月 27 日，100 天過渡期的禁航令發佈以後，鄭成功即將有關告示
在廈門張貼，並派遣一個叫 Teja[鄭爺]的人攜帶前往大員，要在那裡公
佈。儘管荷蘭人極力阻擾，不予張貼，但「這個告示已經造成此地商人
的騷動」，荷蘭人也預感「對公司將有不利的影響」。[21]

　　幾天之後，鄭成功又派遣 Sjausinja 和 Augpeja（又作 Angpea）分別
前往大員、澎湖。7 月 1 日，他給官員 Sjausinja 的「護照」說，要「盡
力在澎湖和大員檢查帆船是否遵循我的指令」。「我已令官員 Augpeja 攜
帶一份通告和一封信，前往澎湖，檢查所有的帆船，同時在澎湖和大員
查清裝有禁物品的帆船來自何處，駛往何地，並將這些人的姓名報告於
我。」[22]這個官員 Angpea[洪伯爺]一直到 7 月底還留在澎湖，並與派往
偵查的幾個荷蘭人有過接觸。據荷蘭人說，他們本想在澎湖買些新鮮食
物，「但買不到，因為被完全禁止了，可能是被官員國姓爺禁止的」。[23]鄭
成功的強硬態度和雷厲風行的作風由此盡顯無遺。荷蘭人在此過程中根
本無法與之對抗，只好派何斌前往廈門談判，並通過何斌的從中斡旋接
受了鄭成功提出的條件，恢復兩岸通商。這意味著在鄭、荷雙方的長期
較量中，此時的發展態勢已經十分明顯，荷蘭人正處於強弩之末，而鄭
成功的實力日益增強，荷蘭人已經很難與鄭氏集團相抗衡了。

（二）顯示了鄭成功對臺澎地區的主權要求

　　鄭成功在派人到澎湖檢查禁令的同時，還讓官員 Angpea 在澎湖「按
照往年的慣例」收稅。[24]徵稅是對一個地方實行管轄、宣示主權的重要
象徵。其實不僅在澎湖，鄭成功對臺灣本島也早就前往收稅了。1651
年 4 月 14 日，荷蘭人「得到完全的消息，即兩三天前有 1 艘戎克船從

---

[21]《熱蘭遮城日誌》第四冊，臺南：臺南市政府，2011 年，第 96-98 頁。

[22]引自程紹剛《鄭成功 1655—1656 年頒佈對西班牙和大員貿易禁令的有關檔案》，載許在全主
　　編《鄭成功研究》，北京：中國社會科學出版社，1999 年，第 274-281 頁。

[23]《熱蘭遮城日誌》第四冊，第 110-111 頁。

[24]《熱蘭遮城日誌》第四冊，第 111 頁。

中國來此地魍港前面停泊，要來向這個國家的屬民，特別是向上述魍港一帶的漁夫，收取年稅。他們很多年來，在未取得尊貴的公司的租權與許可之下，向中國人徵收年稅。」於是馬上派士兵到魍港，把鄭成功派來的人帶回大員，經過質問之後，發現實際情況比他們原來聽到的還要嚴重：

> 被質問的該船主管，他們名叫 Caunjo 和 Sinthai，解釋收稅的理由說，他們於三十天前被他們的主人，官吏 Angja，派來這沿海的。該官吏 Angja 是大官國姓爺（國姓爺是著名的一官[Equan，即鄭芝龍]的兒子，現在是幾個地方和廈門與安海城市的主人）派去擔任金門（Kemoey）的地方首長（subalt-erne gebieder）。他們被派來這沿海的目的，是要來按照古老的慣例，以及根據一項權利，來向上述漁夫收稅，即曾經擔任 Tsoutsieuja 的統治者的大官 Siha 多年來對在魍港一帶捕魚的他的屬民擁有徵收年稅的權利。後來該權利他以五百兩精銀賣給上述一官了（因此國姓爺取得這權利）。他們從所有的 coya 船或捕魚的戎克船，按照船隻的大小徵收二十兩到四兩精銀。這種稅收去年合計收到 340 兩精銀。[25]

由此可見鄭成功在 1651 年派人到魍港向漁夫徵收年稅，其實來源甚早，是鄭芝龍從一個叫作 Siha 的官員那裡購得的，而這個 Siha 已經「多年」在那裡徵稅了，這是一項「古老的慣例」。也就是說，中國人到臺灣徵收漁稅至少在鄭芝龍之前就已經存在，它與荷蘭人入據臺灣之前大陸漁民就已大量轉入臺灣海域捕魚的歷史背景是密切相關的。[26]

5 月 5 日，荷蘭人寫信給鄭成功，抗議他到魍港收稅，並把鄭氏手下的人船都予以扣留。[27]6 月 23 日，荷蘭人收到了鄭成功的回信：

---

[25]《熱蘭遮城日誌》第三冊，第 205 頁。

[26]關於明嘉靖、萬曆年間大陸漁民到臺灣捕魚的歷史演變，參見曹永和《明代臺灣漁業志略》，載氏著《臺灣早期歷史研究》，臺北：聯經出版事業公司，1981 年，第 157-174 頁。

[27]荷蘭人在信中提到鄭成功父子一直在魍港收稅，26 年間所得合計 15600 兩精銀。見《熱蘭遮城日誌》第三冊，第 211 頁。

他閣下在來信裡告訴我們說，他向魍港漁民收稅，是延續自古以來的慣例，並非他創新之事。八年前他父親 Theysia[鄭舍？鄭芝龍]向官員 Lya（引者按，上引資料作 Siha）購得這權利，現在這權利轉交給他了。那時漁夫也通常都必須先在那邊納稅，然後才取得許可來此地捕魚。但是自從那時以後，那些漁夫當中有些人因戰爭失散了，因此他許可別人來取代這些人的位置，並且，因為他們貧窮，允許他們來捕魚一年後回去才納稅。現在他們來此數年了，還不回去納稅，因此他閣下認為應該從那邊派一艘戎克船來收取上述的稅，等等。並寫說，這是他的權利，跟我們毫不相干。

鄭成功在信中還要求荷蘭人釋放他的人和船，如果拒不放行也不要緊，他會去找那些漁民在大陸的親屬補稅的，「在這情況下，他將下令禁止他屬下所有的戎克船和商人來通商，使大員的貿易完全停頓，等等。」[28]鄭成功的強硬態度讓荷蘭人感到很無奈，經過幾天的猶豫之後，終於在 6 月 28 日作出決定，把鄭成功的人、船放回。[29]

鄭成功於 1651 年派人到魍港徵收漁稅，與 1657 年提出要在大員收稅，其核心理念是一致的，即這種收稅行動是「延續（中國）自古以來的慣例」，而且是從他父親那裡繼承下來的權利。儘管當時臺灣在荷人統治之下，但在鄭成功眼中它一直就是中國的領土，在臺灣收稅與在大陸徵稅並沒有什麼區別，或者說就是大陸稅收的合理延伸。這與他在《複臺》詩中表達的「十年始克復先基」，[30]在思想觀念上完全一致。

（三）說明了鄭成功已經把戰略重點轉向臺灣

在 1656-1657 年的海禁事件中，何斌的出場特別引人注目。他作為荷蘭通事兩次前往廈門談判，最終以他出面替鄭成功在大員收稅結束了這個事件，兩岸通航貿易又恢復常態。何斌處在鄭、荷之間，他來往傳

---

[28]《熱蘭遮城日誌》第三冊，第 222-223 頁。

[29]《熱蘭遮城日誌》第三冊，第 224、226 頁。

[30]鄭成功《複臺》詩，見《鄭成功收復臺灣史料選編》（增訂本），第 1 頁。

遞資訊，與鄭成功以及荷蘭駐臺長官等人都有接觸和密談，儘管後來荷蘭人否認他們事先知道此事，但鄭成功的官員確實提過這項要求並通過何斌開始在大員徵稅，這是不爭的事實。

　　除此之外，何斌還接受鄭成功的委託，在臺灣「幽置」被罷黜的常壽寧，負責「供給衣食開銷」。[31]《熱蘭遮城日誌》載，1657 年 8 月 22 日，有兩艘戎克船從大陸航抵大員，「有一個名叫 Songia 的官員也搭這艘戎克船來到此地，他是個老年人，本來在廈門擔任巡檢的官職，於國姓爺不在廈門期間，他跟官員祚爺（Sauja）意見不合，被這祚爺誣告，因而被撤職，要有一段短暫的時間，被從那裡放逐到此地來跟此地其他居民一起居住。[32]」這個被放逐的老人 Songia 顯然就是常壽寧，他比何斌提前一天抵達。

　　鄭成功的主要官員也開始進入臺島經營。1661 年鄭泰曾寄信給臺灣長官揆一說，在海禁事件結束後，他就通過外甥「芬官」的介紹，以 2300 盾的價格購買了 Wyanand 在臺南的一座大房子，並領有合法證件。後來何斌潛回大陸，荷蘭人竟將他之大屋及各種商品查封，派人看守，「此屋藏有余運去出售之錫、稻殼、米及其他中國貨物，」要求荷蘭人予以歸還。[33]鄭泰在臺南購屋、開展貿易並不是偶然的。它與大員收稅、流放常壽寧到臺灣等事情相互聯繫，表明在海禁事件結束後，鄭成功已經更多地把戰略眼光投入臺島。

　　此後，有關鄭成功謀劃攻臺的消息不斷在中外文獻中出現，[34]特別是何斌潛回大陸向鄭成功敬獻地圖，1661 年鄭成功率軍收復臺灣，各種事件相互關聯。如果我們把眼光稍微放遠一點做系統考察，不能不說，1656-1657 年的海禁事件是鄭、荷之間矛盾積累爆發的一次重大較量，也是鄭成功把戰略重點開始轉向臺灣的一個轉捩點。

---

[31]楊英《先王實錄》（校注本），第 153 頁。
[32]《熱蘭遮城日誌》第四冊，第 235 頁。
[33]此信見《鄭成功收復臺灣史料選編》（增訂本），第 238-239 頁。
[34]參見黃盛璋《有關鄭成功收復臺灣的幾個問題新證》，《中國史研究》，1981 年第 1 期。

明鄭海上貿易與閩南文化的向外播展

近十幾年來，隨著中國改革開放的深入，海洋歷史、海洋社會的研究越來越受到學術界的重視。鄭成功所處的時代正是人類歷史進入經濟全球化的初始階段，明鄭在長達數十年的時間內，海上貿易一直是這個政權賴以生存的基礎。因此，從海洋社會歷史的角度來觀察明鄭海上貿易及其影響，可以從更加宏觀的角度來理解這段歷史，進一步認識鄭成功在歷史上的偉大貢獻，對於進一步瞭解閩南文化的世界性存在也有積極的意義。

一、鄭芝龍的崛起與海上經營

所謂「明鄭」，嚴格來說是指以鄭成功祖孫三代為代表、擁戴南明小朝廷、堅持在中國東南地區抗清的海上政權。它的活動以金廈、臺澎為基點，遍及整個東亞、南亞廣大海域。而它從事海上貿易的緣起，應該從鄭芝龍開始。

鄭芝龍是明末中國東南海上一個富有傳奇色彩的人物。他出生於南安石井，生活在西方殖民勢力已經東來，而明朝統治正日益衰敗、海洋社會秩序嚴重失控的動盪年代。年輕時曾往澳門投靠其母舅黃程，後來前往日本，結識了當時在平戶的有名華僑首領李旦，據說也結識了顏思齊等一批海上豪傑。此間他曾幫助李旦管駕船隻前往臺灣。1624 年初，李旦往澎湖斡旋荷蘭人撤往臺南，曾推薦鄭芝龍去當荷人通譯。1625 年鄭芝龍離開荷蘭人繼承了李旦的遺產，同時又接管了當時在臺灣的顏思齊勢力，從此開始縱橫海上。

鄭芝龍初起時船隻不過數十，可是他很會收買人心，「所到之處，但令報水，而未曾殺人。有徹貧者，且以錢米與之」，[1]因此勢力發展很快。1626 年已有船「一百二十隻」，1627 年「遂至七百」，1628 年初「並

---

[1] 曹履泰《答朱明景撫臺》，《靖海紀略》卷一。

諸種賊計之，船且千矣」。[2]當年 1 月，鄭芝龍率眾乘勢攻入廈門，殺死他的商業競爭對手許心素，逼走總兵俞咨皋，控制了福建沿海要地。8月間，為了保存和壯大實力，鄭芝龍受撫於福建巡撫熊文燦，此時他手下的人馬已有三萬之眾。

　　鄭芝龍勢力的崛起，目的是為了控制臺灣海峽，獨攬整個海上貿易的大權。此時荷蘭人經常到福建沿海謀求武力通商，他一方面以「撫夷遊擊」的身份，與荷蘭殖民者周旋甚至對抗；另一方面又巧妙利用各種機會，借助官軍和荷蘭人的力量壓制對手。從 1629 年到 1634 年，先後滅掉楊六、楊七、李魁奇、鐘斌、劉香等海上勢力，並在金門料羅灣重創了荷蘭人的艦隊，從而牢牢掌握了對臺灣海峽的控制權，為其開展大規模的海上貿易打下基礎。

　　鄭芝龍的主要貿易對象是在臺灣的荷蘭人，以及在日本、馬尼拉等地的商人。在鄭芝龍剛崛起的時候，荷蘭人已經與他簽訂了生絲、胡椒貿易協定。1634 年由於海面恢復平靜，荷蘭人在大員的商館轉口貿易大增，鄭芝龍每年都要派他手下的商人運載荷人所需的商品赴臺，有時鄭芝龍自己的商船也開往臺灣。1640 年 10 月 15 日，有三艘屬於鄭芝龍的商船抵達大員，運載大量生絲、絲織品以及白蠟等貨物。[3]第二年 1月 22 日據荷蘭駐臺長官報告：鄭芝龍又帶給他們一批「最好的紡織品」，總價值 40960 里爾（real），對此，荷蘭人支付給他 16 箱銀。[4]1640年以後，由於大陸發生戰亂，生絲等出口商品的產量減少，鄭芝龍拒絕與荷蘭人簽訂聯合對日貿易的協定，自己派船運貨前往日本、東南亞各地銷售。據《荷蘭長崎商館日記》載，1641 年，鄭芝龍從安海派出六艘商船前往長崎，運載生絲和絲織品分別為 30720 斤和 90420 匹，占當年所有中國商船輸日生絲和絲織品總額的 24%和 67%。[5]1643 年荷蘭駐

2　董應舉《崇相集》，海禁。

3　村上直次郎譯注、中村孝志校注《バクヴィア城日誌》（以下簡稱《巴城日記》日文本）第二冊，東京：平凡社，1972 年，第 39-40 頁。

4　《巴城日記》（日文本）第二冊，第 115 頁。

5　《荷蘭長崎商館日記》第一輯，東京：岩波書局，1942 年，第 53-65、107 頁。

長崎商館長對日本人說：鄭芝龍不但破壞已有的協議，「而且妨礙向大員輸出，將上述商品自己收購運往馬尼拉和日本」。「今年，中國人從中國輸出絹織品等價值 150 萬盾以上的貨物往 Caloula 市場，其中三分之二有餘屬於一官（鄭芝龍）和他的同夥」。[6]1645 年初，有 12 艘中國商船駛入長崎港，其中「大部分是一官所屬」。8 月 16 日，又有 10 艘中國船從安海、福州等地抵達長崎，「輸入了百年來沒有過的大量貨物」。[7]

　　鄭芝龍除了海上貿易之外，還利用他掌控海上的權力，向所有航行船隻收取保護費。據《明季遺聞》記載：鄭芝龍興盛時「海舶不得鄭氏令旗，不能往來。每一舶，例入三千金，歲入千萬計；芝龍以此富敵國。」他由於經營海上獲取巨大利益，因此有財力在安海自己建城，海船可「直通臥內」。「其守城兵自給餉，不取於官；旗幟鮮明，戈甲堅利。凡賊遁入海者，檄付芝龍，取之如寄。故八閩以鄭氏為長城。」[8]1631 年有一艘商船在航往馬尼拉途中被荷蘭人截獲，收取了 1700 里爾的保護費，回到漳州河後向鄭芝龍告狀，芝龍即要求荷蘭人返還，否則不再與他們貿易。[9]可見當年鄭芝龍勢力之大。

二、明鄭海上貿易的發展

　　1646 年鄭芝龍降清，其子鄭成功苦勸不成，遂起兵海上。起先鄭成功的實力有限，1650 年殺鄭聯，進駐廈門後，又陸續收編了鄭彩、鄭鴻逵的兵馬，並四處征派糧餉，擴大地盤，實力明顯增強。至 1658 年攻打南京前，鄭成功軍隊已大約 18 萬人左右。[10]

---

[6]　《巴城日記》（日文本）第二冊，第 257-258 頁。
[7]　《巴城日記》（日文本）第三冊，東京：平凡社，1975 年，第 91 頁。
[8]　鄒漪《明季遺聞》卷四，臺灣文獻叢刊第 113 種，臺北：臺灣銀行經濟研究室，1961 年，第 98 頁。
[9]　《巴城日記》（日文本）第一冊，東京：平凡社，1970 年，第 116 頁。
[10]參見楊彥杰《鄭成功兵額與軍糧問題》，載氏著《臺灣歷史與文化》，福州：海峽文藝出版社，1995 年，第 59-74 頁。

　　維持如此多的軍隊需要龐大的軍費開支，因此鄭成功大力開展海上貿易，以此作為維持軍隊的重要經濟基礎。1653 年鄭成功寫信給鄭芝龍說：「夫沿海地方，我所固有者也；東西洋餉，我所自生自殖者也；進退戰守，綽綽餘裕。」[11]同年 10 月 21 日，鄭成功致信荷蘭駐臺長官也說：「數年來，我竭力與韃靼人作戰，耗費甚巨。我以為有必要派遣各類船隻前往巴達維亞、暹羅、日本、東京、大員以及其他地方貿易，將所得收入充作兵餉。」[12]

　　鄭成功開展海上貿易有一整套嚴密的組織體系。他在杭州和廈門各地設立山海五大商，其中設於杭州及其周邊的稱作「山路五商」，以金、木、水、火、土命名，設於廈門及其周邊的稱作「海路五商」，以仁、義、禮、智、信命名。曾在鄭成功手下管理海船、後來投靠清朝的史偉琦密題：「鄭成功強橫時期，原以仁、義、禮、智、信五字為號，建置海船，每一字號下各設有船十二隻。」[13]鄭成功設立的「山路五商」主要是從事國內貿易，即收購可供輸出的各種商品並運往廈門或者其他近海處，然後再銷售由海路運回的各種商品。而「海路五商」則是專門從事海上貿易的。在山海五商之上還設有裕國庫和利民庫，專管海上貿易的資本運作。其上又有戶官一職，統管鄭氏所有的財政收支。1657 年，鄭氏戶官一職由鄭泰擔任，鄭成功在北伐途中曾令請假回廈的常壽寧去查對帳目：「對居守戶官鄭宮傅察算，裕國庫張恢、利民庫林義等稽算東西二洋船本息，並仁、義、禮、智、信、金、木、水、火、土各行出入銀兩。」[14]據此，山海五大商又通稱為「行」，他們既有分工又相互合作，共同致力於海上貿易。

　　鄭成功擁有眾多的商人，他們各自領取資本從事販運，完事後再進行本息結算。清朝福建巡撫許世昌說：「成功山海兩路，各設五大商，

[11]楊英《先王實錄》（校注本），福州：福建人民出版社，1981 年，第 63 頁。
[12]引自胡月涵(Johannes Huber)《十七世紀五十年代鄭成功與荷蘭東印度公司之間來往的函件》，載《鄭成功研究國際學術會議論文集》，南昌：江西人民出版社，1989 年。
[13]《康熙統一臺灣檔案史料選輯》，福州：福建人民出版社，1983 年，第 82 頁。
[14]楊英《先王實錄》（校注本），第 150-151 頁。

行財射利，黨羽多至五六十人，泉州之曾定老、伍乞娘、龔孫觀、龔妹娘等為五商領袖。」[15]順治十二年（1655）「五月初三、四等日，曾定老就偽國姓管庫伍宇舍手內，領出銀五萬兩，商販日本，隨經算還訖。又十一月十一、二等日，又就伍宇舍處領出銀十萬兩，每兩每月供利一分三厘。十三年四月內，將銀及湖絲、緞匹等貨搬運下海，折還母利銀六萬兩，仍留四萬兩付定老等作本接濟。內定老分得本銀七千兩。」[16]這樣，鄭成功通過借貸官本給商人經營，不僅可以獲得海上貿易所需的商品，而且可以獲得每月 1.5%的利息。而像曾定老這樣的「五商領袖」，由他們出面向鄭庫領取資本，回來後亦由他們交貨、結算本息；所領的資本自己只留一部分，其餘分給他的手下去經營，由此形成了上下連貫、層次分明的商業運作體系。

　　除了官商之外，還有眾多的「散商」也依附於鄭氏旗幟下從事海上貿易。商船出海，只要按船隻大小繳納牌餉即可航行，「大者二千一百兩，小者亦納餉銀五百兩，俱有定例，周年一換」。[17]除此之外，鄭氏的家族成員或官員也有不少經營海上貿易。如鄭成功的祖母黃氏就一直在經商，1655 年初曾派李楚、楊奎往暹羅貿易，回來時因遭遇颶風被清朝截獲。[18]鄭成功手下的官員如鄭泰、洪旭等亦各有商船，往來販運，所獲利益不在少數。[19]

　　鄭成功海上貿易的地點有日本、暹羅、廣南、東京、交趾、北大年、巴林邦、馬尼拉、巴達維亞等地，主要貿易對象有日本人、荷蘭人、西班牙人以及東南亞各國商人。

　　自從鄭成功海上起兵以後，就很重視對日本貿易，其貿易的規模和成長速度遠遠超過鄭芝龍時期。據《荷蘭長崎商館日記》載：1649 年 7

[15]《福建巡撫許世昌殘題本》，《明清史料己編》，第六本，第 576 頁。

[16]《五大商曾定老等私通鄭成功殘揭帖》，《明清史料丁編》，第三本，第 215 頁。

[17]鄭成功致胞弟七左衛門的信，見浦廉一《延平王戶官鄭泰長崎存銀之研究》（賴永祥譯），《臺灣風物》，第十一卷，第 3 期。

[18]《兵部題為李楚楊奎違禁出海事本》，《明清史料己編》，第五本，第 407-409 頁。

[19]鄭泰在日本的存銀就達 30 多萬兩，見陳自強《鄭氏長崎存銀訴訟案》，方友義主編《鄭成功研究》，廈門：廈門大學出版社，1994 年，第 343-350 頁。

月 17 日,「一官的兒子（鄭成功）所屬的一艘戎克船從安海入港,裝載
白生絲 5000 斤、絹絲 5000 斤以及大量的其他絲織物等。」7 月 23 日,
又有 4 艘鄭氏的商船駛抵長崎港。[20]1650 年 10 月 19 日,「一官兒子所
屬的戎克船從漳州入港,裝載了生絲 120100 多斤、綸子 1800 匹,此外
還有相當數量的縮緬、藥材,據說還有四艘滿載貨物的船隻即將入港。」
[21]1651 年 8 月 4 日傍晚,又有一艘鄭成功的商船從廣州航抵長崎,裝載
紗綾、綸子等貨,估計價值高達 40 箱銀。[22]據岩生成一研究,從 1647
年至 1662 年,到日本貿易的中國商船大都是來自鄭成功勢力範圍內的
地區。比如 1650 年前往日本的 70 艘中國商船中,來自鄭氏控制下的福
州、漳州、安海等地的共有 59 艘,約占 80%,而且幾乎年年如此。[23]中
國商船輸往日本的主要是生絲和絲織品,以生絲為例,1648 年中國商
船輸入日本的生絲僅 1.3 萬多斤,而至 1650 年以後,幾乎每年都是 10
多萬斤,有時高達 20 餘萬斤,1662 年最高達到將近 36 萬斤,占日本
生絲輸入總量的 92.1%。而這一年,荷蘭人輸入日本的生絲僅 3 萬餘斤,
占 7.9%。[24]

　　除了日本之外,鄭成功每年都要派商船前往東南亞各地貿易,其活
動範圍相當廣泛。如 1655 年 3 月 9 日《熱蘭遮城日誌》載:是年鄭成
功共派遣 24 艘商船從中國出發,航向東南亞各地,其中航向巴達維亞
7 艘、東京 2 艘、暹羅 10 艘、廣南 4 艘、馬尼拉 1 艘。[25]而這些船隻有
的在貿易結束後就直接返回中國,有的則從那裡又航向日本,從事中國
→東南亞→日本→中國的三角貿易。據 1656 年荷蘭東印度公司的一份
報告:從 1654 年 11 月 3 日至 1655 年 9 月 16 日,從各地抵達長崎貿易
的中國商船共有 57 艘,其中來自安海的 41 艘、泉州 4 艘、北大年 3 艘、
福州 5 艘、南京 1 艘、漳州 1 艘、廣南 2 艘,上述商船「幾乎全屬於國

---

[20] 《荷蘭長崎商館日記》第二輯,第 245、246 頁。

[21] 《荷蘭長崎商館日記》第二輯,第 320 頁。

[22] 《荷蘭長崎商館日記》第三輯,第 70 頁。

[23] 岩生成一《關於近世日支貿易數量的考察》,《史學雜誌》,第 62 編,第 11 號。

[24] 《中國、荷蘭船隻輸入日本生絲對照表》,載岩生成一上引文。

[25] 江樹生譯注《熱蘭遮城日誌》第三冊,臺南:臺南市政府,2003 年,第 443 頁。

姓爺」。[26]而從北大年、廣南航往日本的這 5 艘商船，就是從事三角貿易的。1656-1657 年底，又有 47 艘中國商船駛入長崎港，「全部屬於國姓爺及其一夥」。其中來自安海的 28 艘、柬埔寨 11 艘、暹羅 3 艘、廣南 2 艘、北大年 2 艘、東京 1 艘，範圍幾乎遍及整個東南亞。[27]這些前往東南亞貿易的商船，去時主要運載生絲、瓷器、砂糖、絲織品等，回國時主要運載香料。如果繼續前往日本貿易，則運載皮革、生絲、藥材及各種雜貨，回國時運載日本銅、刀、金、銀等物。據估算，鄭成功平均每年投入海上貿易的商船約有 46—50 艘，其中直接往來於日本的約 30 艘，直接往來於東南亞的約 6—10 艘，另外還有 10 艘則是從事三角貿易的。[28]

　　1653 年以後，隨著鄭成功海上貿易的迅速發展，與荷蘭人、西班牙人的矛盾也日益凸顯出來。由於鄭成功海上貿易的商品和區域範圍與荷、西完全相同，對荷蘭人、西班牙人構成了嚴重的威脅，因此他們經常對前往貿易的鄭氏商人予以刁難阻擾，甚至在海上公開搶劫，最終導致鄭成功下令禁止商船前往馬尼拉與西班牙人貿易，並於 1656-1657 年封鎖臺灣海峽，禁止商船前往大員。這一嚴重事態直至荷蘭人作出讓步，派遣通事何斌到廈門談判才得到暫時緩解。可是沒過幾年，鄭成功軍隊已經登陸臺灣島。鄭成功驅逐荷人收復臺灣的壯舉，維護了國家的領土主權。如果從維護中國人的海洋權益，把它放在當時的時代背景以及臺灣島所處的重要區位來看，它所呈現的歷史價值和意義是極其深遠的。

　　鄭成功去世以後，其子孫鄭經、鄭克塽繼續在臺灣和金廈開展海上貿易。《臺灣外記》云：1666 年，洪旭「又別遣商船前往各港，多價購船料，載到臺灣，興造洋艘、烏船，裝白糖、鹿皮等物，上通日本，製

---

[26] 1656 年 2 月 1 日瑪茲克總督的一般政務報告，引自岩生成一《關於近世日支貿易數量的考察》。

[27]《巴城日記》（日文本）第三冊，序說。

[28] 參見楊彥杰《1650 年至 1662 年鄭成功海外貿易的貿易額和利潤額估算》，氏著《臺灣歷史與文化》，第 45-47 頁。

造銅熕、刀、盔甲，並鑄永曆錢；下販暹羅、交趾、東京各處以富國」。[29]其貿易的地點與鄭成功時期相比沒有太大變化，只是由於清朝實行遷界，貿易的規模受到一些影響。

　　為了使鄭氏在臺灣仍保持海上貿易的優勢，鄭經還發佈公告，邀請除了荷蘭人之外其他國家的商人到臺灣開展貿易。1670 年 6 月，英國東印度公司從萬丹派出兩艘商船抵達臺灣，要求「雙方建立親善之關係」，開展貿易活動。[30]同年 9 月，與鄭經簽訂了在臺設立商館的協議。1674 年，鄭經重占廈門後，英國人又在廈門設立商館，並與鄭經簽訂了補充條款。明鄭與英國人之間的貿易活動，直至 1683 年清朝統一臺灣後才告結束。

三、移民與閩南文化的播展

　　海上貿易的發展必然帶動人口的遷移以及文化的交流與傳播。

　　明朝中葉以後，福建沿海地區已經人滿為患。人口對土地的強大壓力造成普通百姓需要尋找新的生存空間，所謂「瀕海之民，以海為業」、「以海為田」的記載隨處可見。鄭氏商船在海上航行，往來於日本和東南亞各地，這就為人口的外遷提供了非常便利的條件。

　　當時外出貿易的商船經常載有移民。僅以航向巴達維亞的船隻為例。據荷蘭人記載，1625 年 4 月 6 日，來自漳州的一艘商船抵達巴城，載重 400Last，運載了 500 餘人。[31]1626 年共有三艘漳州船在巴城入港，其中第一艘和第二艘都運載大約 500 人，第三艘乘坐約 450 人。[32]當時一艘大型中國商船約需水手 80 人，如果扣掉這個人數，那麼每船運載的移民就大約 400 人左右，一年至少有 1000 多人移向巴達維亞。1631

---

[29]江日升《臺灣外記》，卷六。

[30]《十七世紀臺灣英國貿易史料》，臺北：臺灣銀行經濟研究室編印，1959 年，第 24 頁。

[31]《巴城日記》（日文本）第一冊，第 41 頁。按，1Last 約等於 32 擔，因此這艘船載重量約一萬多擔，屬大型商船。

[32]《巴城日記》（日文本）第一冊，第 84-88 頁。

年 4 月 2 日，一艘荷蘭戰船從漳州河航抵巴城，船上運載了 170 名中國人，據說那裡「還有千人也請求准許，然而由於沒有餘地，無法送來。」[33]

向馬尼拉的移民也是如此。1643 年 5 月，有兩艘從廈門航向馬尼拉的大型商船被荷蘭人捕獲，除了運載貨物外，一船載有 400 人，另一船運載了 360 人。[34]當時航向馬尼拉的中國商船很多。據統計，從 1630 年至 1639 年，從中國大陸沿海航往馬尼拉的船隻共有 314 艘，平均每年 31.4 艘，主要來自閩南地區。[35]如以每船運載 250—300 個移民計算，每年移往馬尼拉的閩南人則多達數千人。

移民人口的大量外遷，這就使得與鄭氏貿易的許多海外港口都出現了閩南人聚居的街區，尤其是一些著名的新興港市如日本的平戶、印尼的巴達維亞、菲律賓的馬尼拉、中南半島的會安等，閩南人的數量都明顯增加。如鄭芝龍時期的會安，1640 年代已經有華人四五千人。[36]17 世紀末到達會安的大汕和尚說：「蓋會安各國客貨碼頭，沿海直街長三四里，名大唐街，夾道行肆比櫛而居，悉閩人，仍先朝服飾」。[37]所謂「仍先朝服飾」是指仍然穿著明朝的衣服，可見是明鄭時期發展起來的。馬尼拉的華人聚居區稱作「澗內」，當地閩南人甚多，17 世紀西班牙人多次實行大屠殺，僅一次就殺死華人 2 萬多人。

當時移往海外的閩南人大都是中下層的普通百姓。他們有很多是走街串巷的小販，還有墾地種植的農民，以及各種工匠如泥水、木匠、打鐵、裁縫、餐飲等，甚至還有一些能夠識字的如道士、算命、堪輿、中醫、教師等。這些各種職業和具備各種特長的中下階層百姓聚居於一處，實際上就在他們新的住地「複製」了一個新的閩南人社會，把閩南

---

[33] 《巴城日記》（日文本）第一冊，第 110 頁。

[34] 《巴城日記》（日文本）第二冊，第 288-289 頁。

[35] 參見錢江《1570—1760 年中國和呂宋貿易的發展及貿易額的估算》，《中國社會經濟史研究》，1986 年第 3 期。

[36] 1642 年日人五郎右衛門致荷蘭東印度公司的報告，引自湯錦台《閩南海上帝國》，臺北：如果出版事業股份有限公司，2013 年，第 185 頁。

[37] 大汕《海外紀事》，卷四。

地區最基層、最具生活化的民俗文化帶到了海外各地。

　　1653 年 1 月 2 日，一艘小型中國船從大員抵達巴達維亞，所載貨物除了銅、土茯苓等可供國際貿易的商品之外，還有鐵鍋 300 個、傘 300 把、釜 40 個、扇子 8 箱、粗紙 50 束、信箋 14 個、鋪石 6000 個、小麥粉 100 斤、中國靴 2 籠、明礬 10 籠以及壓艙用的沙等。2 月 2 日，又有一艘小商船從大員抵達，船上載有茶 10 擔、大鐵鍋 57 個、鋪石 2000 個、粗茶碗 1050 束等雜貨。2 月 5 日，再有一艘來自同一地方的中國船駛入巴達維亞，裝載的雜貨有茶 4 擔、太陽傘 30 把、鐵鍋 100 包、粗茶碗 200 束、小麥粉 2 擔、瓦 4000 枚、鋪石 3000 個等。[38]1657 年 2 月 18 日，一艘廈門船抵達巴城，載重約 400 噸，運載的中國雜貨有各種鐵鍋 3000 個、中國紙 500 擔、粗瓷器多數、茶 40 擔、中國啤酒 1500 壺等。[39]這些隨船運來的「中國雜貨」，就是供給當地華人即閩南人使用的。除了日常生活用品如鐵鍋、粗瓷器、粗茶碗、粗紙、雨傘、靴之外，還有閩南人喜歡的茶、酒、小麥粉，以及文人使用的信箋、紙張、扇子，和作為建築材料的沙、瓦片、鋪石等。這些材料都是來自鄭成功控制下的閩南、臺灣地區。1659 年由於鄭、荷關係緊張，中國商船沒有一艘到巴城，以致荷蘭人說「本地居民對每年由戎克船輸入的雜貨感到缺乏」。[40]

　　這些由中國商船運往海外各地的閩南生活用品，生動呈現了一個閩南人社會文化在海外存在的實況。閩南人喜歡吃包子，在西班牙人佔領下的馬尼拉，閩南人聚居區內「有很多做包子師傅利用中國運到的細麵粉做包子，在市場販售和沿街叫賣。因為價錢特別便宜，雖然當地盛產稻米，但馬尼拉已經有很多人改吃包子了。許多西班牙士兵常常向中國人賒帳，整年吃他們賣的包子。」[41]閩南人這種飲食文化不僅帶到海外，

---

[38] 《巴城日記》（日文本）第三冊，115、119 頁.

[39] 《巴城日記》（日文本）第三冊，160 頁。

[40] 《巴城日記》（日文本）第三冊，179 頁。

[41] 1590 年西班牙駐菲律賓主教薩拉紫給菲力浦二世國王的報告，引自湯錦台《閩南海上帝國》，第 191 頁。

而且影響當地人甚至歐洲人，改變了他們的飲食習慣。

　　運往海外的磚瓦、石材、沙，也與眾多工匠一起，成為展示閩南建築文化的媒介。在海外許多華人聚居區，成片散佈著閩南人居住的房屋、鋪肆、廟宇等，這些建築物就是閩南建築文化乃至社區生態文化的具體展示。在早期的「澗內」，有四排房子作為華人的絲綢市場。「這四排房子都呈長方形，街道穿過其間。四排房子西面靠海的一邊有一個大水塘，由一條小河與海相通，漲潮時中國船隻可直接進入水塘卸貨。」[42]這種建築格局與閩南沿海早期的商業街市十分相似，都是緊鄰水邊，前面店鋪、後面可以直接裝卸貨物，就連鄭芝龍在安海建造的城也是海船可「直通臥內」，儘管它們之間有奢、陋之別，但在建設佈局的基本理念上可以說是相通的。

　　閩南人的農耕技術也隨著人口的遷移傳向海外。在巴達維亞、馬尼拉等地，土地的開墾以及農作物的生產都是來自閩南的農民。荷蘭人為了獲取更多的砂糖輸往波斯、荷蘭母國獲利，從 1637 年開始就在巴城郊外推廣種植甘蔗制糖。至 1652 年，在巴城已建有糖廠 20 家，每年產糖 12000 擔。1660-1672 年由於歐洲對砂糖的需求增大，荷蘭人不得不採取措施吸引更多中國移民到巴城郊外種植甘蔗和大米。種蔗制糖是閩南人傳統的技術。巴達維亞的這些制糖廠主要由來自海澄和同安的閩南人經營，他們不僅帶去了勞力和技術，而且帶去了組織蔗糖生產的模式。當時巴城制糖廠也稱作「蔀」，而且「有蔀爹、才副諸名目」。[43]「蔀」與「廍」相通，荷蘭人統治臺灣時期以及清朝統一以後，臺灣的制糖作坊即稱作「糖廍」。

　　閩南人的神明崇拜觀念也傳向海外。如巴城南邊的觀音亭（現稱金德院），最早就是鄭成功時期建立的。先是 1650 年由郭喬觀、郭訓觀兄弟招募華人捐金建立義塚和觀音亭。當義塚建成後，觀音亭未備，最後由華人甲必丹郭郡觀於 1669 年完成。至清朝，這座廟宇仍是當地華人

[42] 1590 年西班牙駐菲律賓主教薩拉札給菲力浦二世國王的報告。
[43] 程日炌《萬喇吧紀略》，《南洋學報》第九卷，第一輯。

的信仰中心，如果有財產糾紛需要發誓表明心跡的，就要到觀音亭「罰誓」或「盟神」。[44] 1654 年，在巴城東北的安恤也建了一座大伯公廟。「大伯公」是漳州詔安等地百姓對土地神的稱呼，每年二月初二為大伯公生日。巴城的這座廟宇在清朝時還設有「爐主」，並「有欠大伯公錢項未清」等記載。[45]此外，1660 年在巴城東南大末腳還建有一座報恩寺，奉祀觀音。1669 年在城西南的丹絨又建造了一座上帝廟，奉祀玄天上帝。這座廟宇是當時的蔗廠主為祈晴雨保豐收而倡議捐資興建的。[46]

由此可見，當時閩南人前往海外，不僅帶去了生產技術、生活習慣，也帶去了他們的神明信仰和思想觀念。在「複製」閩南社會的同時，也整體性地「移植」了閩南人的行為、習慣乃至思想意識等文化傳統。明鄭時期成長起來的海外唐人街，成為展示和傳播閩南文化的一座大平臺。

除了由移民傳播閩南文化之外，鄭氏與歐、亞等國商人的貿易也在傳播和展示閩南文化。以語言為例。當時很多商人都會多種語言，這是長期交流互動的結果。閩南語也在互動中成為歐洲人所熟悉的語言，有些詞彙直接進入歐洲人書寫的文獻中。如人名方面，荷蘭文獻常用閩南音拼寫：鄭成功被譯為 Koxinga（國姓爺）、鄭鴻逵被譯為 Sikokong（四國公）、郭懷一被譯為 Fayet（懷一）、何斌被譯為 Pienque（斌官）等。在地名方面，廈門被譯為 Aimouy、海澄被譯為 Haijtingh、雞籠被譯為 Quelong、淡水被譯為 Tampsui 等，這些都是以閩南人的發音來記錄和使用的。而一些牧師或者傳教士，他們為了傳教的需要，還潛心學習本地語言包括閩南語，他們對閩南語的理解和使用程度就要更深入得多。

商品的流通也是讓閩南文化走向世界的重要管道。在當時的國際貿易中，生絲、絲織品、瓷器是中國輸往歐洲最主要的商品。而歐洲人對中國商品的喜愛也是從生絲、絲織品、瓷器開始的。生絲的產地不在福

---

[44]《公案簿》第一輯，廈門：廈門大學出版社，2002 年，第 22、29 頁。

[45]《公案簿》第一輯，第 237 頁。

[46]以上參見包樂史、吳鳳斌《18 世紀末吧達維亞唐人社會》，廈門：廈門大學出版社，2002 年，第 77 頁。

建，但絲織品則有可能是部分在閩南加工的。《巴達維亞城日記》載，1640 年澳門經濟不景氣，鄭芝龍「計畫從廣東和澳門帶回織工 150 家到安海市郊，以使他們繼續就業。」[47]當時葡萄牙人、荷蘭人收購中國絲織品，大都採取訂貨的方式，事先規定好所需商品的寬度、長度、花樣、重量等，因此在閩南地區組織生產再交給歐洲人，是最便捷的方式。瓷器的貿易也是如此。不論是葡萄牙人還是荷蘭人，他們都有款式、花樣等要求，而閩南的瓷器生產基地又到處都有。如今，很有名的克拉克瓷，主要就是景德鎮以及平和的南勝、五寨等地生產的。當年葡萄牙國王對精美的克拉克瓷視若珍寶，要求在瓷器上印製皇室徽章，以便贈送歐洲其他王室。而德化出品的精美白瓷，更是歐洲人喜愛的藝術品。在1655 年荷蘭人出版的地圖中，就印有德化白瓷觀音造型的圖像。如今在歐洲的許多博物館，還能看到 17 世紀與中國貿易的精美瓷器。這些珍貴的文化遺產，充分說明在大航海時代，閩南人充滿活力的海洋意識以及閩南文化由此向世界傳播的歷史進程。

四、主要結論

　　明鄭時期，海上貿易的迅速發展以及閩南文化的向外傳播，具有鮮明的時代特徵。這是中國海上絲綢之路發展的一個高峰，也是閩南文化走向世界的一個新起點。綜合以上討論，主要結論如下：
　　一、17 世紀是人類歷史進入經濟全球化的初始階段，這是前所未有的大變局。西風東漸，先是葡萄牙人、西班牙人駕船東來，接著是荷蘭人、英國人。他們搶佔各個商業殖民要地，進行激烈的商業競爭。中國生絲、絲綢、瓷器等商品從此跨出區域貿易的界限，成為連接歐、亞、美進行全球流通的國際貿易商品。明鄭海上貿易的興起，正面臨海洋競爭異常激烈的歷史局面。從鄭芝龍開始，直至鄭成功及其子孫，他們都以強大的海上力量開展商業貿易，在廣闊的東亞、南亞海域始終佔據著中國商品輸出和海上貿易的主動權。在鄭成功時期，每年派往各地貿易

---

[47]《巴城日記》（日文本）第二冊，第 36 頁。

的商船多達五六十艘，貿易額多達數百萬兩銀。這說明在明清鼎革、國
內政局動盪的背景下，明鄭海上政權的存在，不僅維護了國家的領土主
權，而且維護了中國人的海洋權益，把中國海上絲綢之路與世界經濟全
球化的潮流緊密聯繫在一起。這是明鄭海上貿易有別於前人最重要的歷
史性貢獻。

　　二、明鄭海上貿易又與當時國內的社會經濟背景息息相關。明朝中
葉以後，中國東南沿海社會動盪不安，「巢外風氣」盛行。特別是福建
沿海地區，人滿為患。人口對土地的壓力迫使沿海居民紛紛走向海洋尋
找新的生存空間，所謂「瀕海之民，以海為業」、「以海為田」，就是這
個時期福建沿海社會環境的真實寫照。而這時期明鄭海上貿易的興起，
為舒緩閩南地區的人口壓力提供了重要機遇。大量閩南人乘坐鄭氏商船
前往日本、東南亞各地，進而在海外聚居地「複製」了一個又一個新的
閩南人社會。他們的主要日常生活用品用閩南海船販運，他們的日常生
活習慣、風俗，乃至生產技藝和思想意識都整體「移植」海外。各地方
的唐人街成為展示和傳播閩南文化的重要平臺。另一方面，明鄭在與西
方人的貿易過程中，也把閩南語和富有閩南特色的中國商品傳播到西
方。如今「國姓爺」等閩南詞彙仍是歐洲人熟悉的用語，克拉克瓷等精
美瓷器已成為世界許多博物館的珍藏。明鄭海上貿易有力促進了閩南文
化向世界的播展。

　　三、明鄭海上貿易的核心在廈門。從鄭芝龍 1628 年攻入廈門開始，
這個九龍江口的戰略要地就成為鄭氏縱橫海上的據點。1650 年鄭成功
進駐廈門，他的政治、經濟、軍事指揮中心都設在這裡。鄭成功負責海
上貿易的戶官以及裕國庫、利民庫等設在廈門，海船出入的指令從這裡
發出，資本利息結算在這裡進行，甚至連荷蘭人要與鄭成功接觸也要來
到廈門島，「賜姓陳兵自鎮南關至院東」，依山佈陣，甲兵數萬，讓荷蘭
人「震懾」[48]。廈門是九龍江的出海口，其上游就是明朝中葉興起的月
港，周邊環繞著商品經濟極其發達的安海、海澄、同安等地。因此，廈
門作為當年海上貿易的重要口岸，是月港時期閩南地區（包括九龍江流

---

[48] 阮旻錫《海上見聞錄定本》，福州：福建人民出版社，1982 年，第 44 頁。

域和廈門灣的廣大區域）海上貿易的自然延伸。這時期大量的中國絲綢、瓷器等商品從「大廈門灣」向外輸出，大量的閩南人從這個沿海地帶乘船出海，富有閩南特色的民間文化也由此走向海洋向外播展。廈門及其周邊區域成了中國海上絲綢之路新的標誌性港口，成了閩南文化向外傳播和擴散的新的聚合點。

從外國資料看施琅統一臺灣
——以英國東印度公司檔案為中心

　　施琅作為清朝初年的一個重要歷史人物，他率軍攻打澎湖，並最終以和平方式統一臺灣，在中國歷史上留下了不可磨滅的印記。近十幾年來，有關施琅率軍統一臺灣的研究取得了顯著進展，不僅發掘、整理了一批中文檔案資料，而且據此發表了不少學術成果。但相對而言，以往的研究對外國資料卻注意不夠。因此，本文擬根據英國東印度公司當年留下的部分檔案，結合中國歷史文獻記載，對施琅統一臺灣的具體過程及其與英國人的關係作一論述。

　　英國東印度公司是早年就在遠東地區與葡、西、荷等國進行角逐，並與臺灣有過關係的商業殖民機構。早在 17 世紀初期，一個為荷蘭人服務的蘇格蘭人就曾建議該公司到臺灣去設立據點，以便與荷蘭人競爭，但由於當時英國人勢力不強，這一建議未被採納。1670 年，英國東印度公司從萬丹（Batan）派遣兩艘船隻到臺灣試行貿易。此時臺灣已為鄭氏所控制。英國人與鄭氏簽署了一份關於設立商館的協議，並同意為鄭經提供他們所需的軍火。次年 9 月，東印度公司董事會批准了這個協議。以此為標誌，英國人便開始在臺灣設立商館，直至 1684 年被迫撤離為止，前後在臺活動了 14 年。

　　由於英國人與臺灣有過關係，因此在施琅統一臺灣過程中，英國人亦經歷此事並成為重要的見證人之一。1930 年代，日本學者岩生成一利用到歐洲訪問的機會，抄錄了部分東印度公司與臺灣關係的檔案攜帶回來。1950 年代後期，臺灣學者將岩生抄錄的檔案譯成中文，並經過多次校對，編成《十七世紀臺灣英國貿易史料》一書，列入臺灣研究叢刊第 57 種公開發表。[1]《史料》收錄了 17 世紀初年直至 80 年代英國與臺灣貿易關係的部分檔案，其中涉及施琅統一臺灣前後的共有 16 件

[1]　《十七世紀臺灣英國貿易史料》（以下簡稱《史料》），臺灣研究叢刊第 57 種，臺北：臺灣銀行經濟研究室，1959 年。

（則），包括東印度公司董事會的訓令、各商館的日記、書信以及臺灣商館的報告書、決議錄等等，其中又以 1683 年 12 月 20 日臺灣商館的報告書和在此前後形成的各種文件最為重要，為我們研究這個歷史事件提供了另一個角度的參考資料。

一、施琅統一臺灣的具體過程

在英國檔案裡，有關施琅統一臺灣的具體過程有較完整的記載。這主要是由於他們關心此事，出於對自身利益的考慮。早在 1679 年 11 月 5 日，英國人從廈門發出的一封信就已指出：「臺清王（指鄭經——引者）之境況甚不安定，不易抵抗滿清人，滿清人常施恫嚇。」[2]1682 年 4 月 24 日，東京（Tonquin）商館日記亦記載：有 206 艘中國船隻在海上徘徊，「彼等乃恐懼滿清人而從家鄉逃出之難民也。」「傳說滿清人於今年夏季已派遣一批戰船及充足之人員，預備進攻臺灣。」[3]1683 年 5 月，臺灣風傳清軍將攻打澎湖，鄭氏將領劉國軒前往澎湖備戰，這個消息亦很快從臺灣傳遞出去。同年 12 月 20 日臺灣商館的報告書還記載了「滿清人之海軍副司令及陸軍副司令 Sego（即施琅）」率軍在澎湖與劉國軒軍隊激戰，清朝兵艦約有 400 艘，開始時並沒有占上風，後來又增加了兵力才在第二次海戰中將臺灣軍隊擊敗，劉國軒從澎湖逃走。接著又記載了施琅在澎湖與鄭氏談判，同時採取招撫政策，最後促使臺灣鄭氏和平歸清的全過程。[4]從這些記載來看，與中國史籍反映的基本情況是相當吻合的，這說明英國人的記述具有一定的準確性和相應的參考價值。

但這裡需要指出的是，英國人記述的時間，在某些事情上卻與中國史籍有較大出入，並不完全一致。如英國駐臺灣商館報告，7 月 7 日清軍在澎湖海戰中大敗臺灣軍隊，兩天後「劉國軒乘一小船而僥倖逃脫」。

---

[2]　《史料》，第 16 頁。
[3]　《史料》，第 17 頁。
[4]　《史料》，第 41-42 頁。

[5]但據施琅奏報，清軍在澎湖獲勝是農曆六月二十二日即西曆 7 月 16 日，[6]兩者相差 9 天。又英國人說，8 月 30 日有「兩位專使」從澎湖攜帶施琅的復函返抵臺灣，「以滿清皇帝之名義批准和約，下令臺灣人民一律剃髮」，9 月 1 日又有「三位專使」抵臺。[7]但據施琅《齎繳冊印疏》奏報，他派出的侍衛吳啟爵、筆帖式常在是七月十九日陪同鄭氏代表返抵臺灣的，此後「督臣亦差候選同知林升、撫臣差官頭鄭瑞生、遊擊孫烈，駕船二隻，於二十一日到臺灣」。[8]七月十九日即西曆 9 月 9 日，七月二十一日即 9 月 11 日，兩者與英國人的記載相差 10 天。再如英國人說，施琅於 9 月 23 日率領艦隊進入大員（Tywan）港，其艦隊有木船約 200 艘，兵員 10000 人以上。[9]但施琅說，他的艦隊是八月十一日（即 10 月 1 日）自澎湖開駕的，於本月十三日（即 10 月 3 日）抵達臺灣鹿耳門，[10]兩者相比也是相差 10 天。從資料的來源看，施琅當時是清軍在前方的主帥，他的奏報顯然最具權威性，比英國人的記載要準確、可靠得多。但當時英國人亦在臺灣，為什麼會出現上述時間上的差異？筆者以為可能有兩方面的原因：一方面英國人畢竟不是最直接的當事者，他們的消息來源主要是依靠與之有關係的鄭氏官員或者商人提供的，提供者和聽取者雙方都有可能在中西曆換算方面出現錯誤；另一方面上述記載都來自 1683 年 12 月 20 日臺灣商館的報告，這份報告寫於年底，在回顧幾個月前所發生的事件時也不無出現差錯的可能。不過這裡需要說明的是，英國人所記述的時間大都比中國史籍提前了 10 天左右，這一點很值得注意，而且他們出現時間錯誤的地方往往都是反映鄭、清雙方關係的，在與英國人有關的事情上他們的記載就準確得多了。

　　英國人的記載儘管有時間方面的問題，但對於我們瞭解施琅統一臺灣的過程仍然是有所幫助的，或者說可以從另一個角度為我們提供一些

---

[5]　《史料》，第 41-42 頁。

[6]　施琅《靖海紀事》，福州：福建人民出版社，1983 年，第 82 頁。

[7]　《史料》，第 42 頁。

[8]　施琅《靖海紀事》，第 104 頁。

[9]　《史料》，第 42 頁。

[10]施琅《靖海紀事》，第 110 頁。

可資參考的資訊。如英國人在分析施琅打下澎湖以後，為什麼臺灣鄭氏會主動派代表前去和談，認為主要有三個方面的因素：

1、施琅在澎湖採取積極的招撫政策。他並沒有因獲勝而乘機報復，隨便殺人，而是能「深謀遠慮，決定採取不同之方法」。他「宣稱凡願回家者，皆可准其安全回去；凡願改編當兵者，可給以與清軍同等之餉銀」。施琅的承諾在當時產生了很大的影響，「甚有效力」，「即（使）當初公然反抗之人亦願服從，依滿清人之方式剃髮，而不願為臺灣王徒然犧牲生命。」

2、當時臺灣經濟十分困難，人心浮動，社會很不穩定。「因米糧缺乏，軍民之間怨聲不絕，大約 10 日之間，幾乎無米可買，以後亦極昂貴，貧民非混食番薯不能果腹，若無米糧從暹羅、馬尼剌等處運來，則不免餓死矣。」這一記載與《海上見聞錄》等書提到的當時臺灣「米價騰貴，民不堪命」，「人民饑死甚多」的情況相互吻合。[11]

3、澎湖戰略要地的失去亦是關鍵的因素。「因最重要之澎湖亦已失去矣……臺灣王及其官吏認為（島內）情勢嚴重」，又「不能持久抗戰」，於是派人到澎湖與施琅議和。[12]

由此可見，當時施琅之所以能以和平的方式統一臺灣，原因是多方面的，既有政治和政策上的優勢，又與當時臺灣的政治、經濟、軍事、社會狀況密切相關。而施琅作為前方統帥，他的卓越之處正是能夠審時揆勢，適時地採取正確方針，以促使局勢向好的方向發展。

施琅率軍在臺灣登陸後，亦採取積極、穩妥的措施，有條不紊地處理善後事宜。英國人報告說：「滿清人安全停船及登陸後，以審慎而和善之方法進行其計畫，先令臺灣政府交出所有之武器，次即下令移交船舶，然後召見其若干軍官，分別監禁，令其報告臺灣之實力及兵士之確實數目。」在對待鄭氏成員方面，英國人這樣記載：「彼等待臺灣王猶如新生之嬰孩，每日所授予之膳食不過豬肉一斤，又將其以前從大陸買

---

[11] 阮旻錫《海上見聞錄定本》，福州：福建人民出版社，1982 年，第 67 頁。
[12] 以上詳見《史料》，第 42 頁。

來之奴僕悉予解放，使其黑人衛隊自由決定去留，且故意在臺灣王面前給以工資，加以保護。」[13]臺灣鄭氏擁有「黑人衛隊」，這件事似乎也曾報告給朝廷，康熙二十三年（1684）五月十八日，康熙帝在召見首任駐臺總兵官楊文魁時就提到臺灣島上有「黑人」。[14]

英國人對「臺灣王」鄭克塽的去留是很關注的。因為當時公司還有許多債務沒有收回，鄭克塽的去留將直接影響到公司的利益，因此在他們的報告書中多次提到了鄭氏的行蹤。「臺灣王 Sinpouan（新藩，指鄭克塽——引者）於 11 月 13 日登船，由 Protector Congea 護送。在其前甚久，我等為增進公司之利益計，曾寄去一函，略述債務及債權之情形，請國王在赴中國以前予以清算，國王請其書記官與英國人算帳，但以後毫無消息……11 月 19 日，王奉命乘船離臺灣去大陸。」[15]關於鄭克塽何時從臺灣返回大陸，在施琅的奏疏中並沒有明確記載。施琅在八月十九日的奏疏中說：「緣此時風勁浪狂，舟楫難行，容俟九月杪風浪稍平」，即撥船運載鄭克塽等人及眷口「移送督撫安插。」[16]但前引英國檔案卻說鄭克塽是 11 月 13 日上船的，11 月 19 日開駕。11 月 13 日和 19 日，分別為中國農曆的九月二十五日和十月初二日，這與施琅原先計畫的「九月杪」相當接近。從這一點看，英國檔案所提供的資料有些可以補充中國史料的不足，或者兩者可以相互校勘，起到互為補充、印證的作用。

二、施琅與英國人的關係

施琅統一臺灣對英國人來說是相當嚴重的變局。在這個歷史轉折關頭，如何維護公司利益，繼續開展對中國的貿易，就成為擺在他們面前

---

13 《史料》，第 44 頁。
14 《康熙朝漢文起居注》，引自《康熙統一臺灣檔案史料選輯》，福州：福建人民出版社，1983年，第 332 頁。
15 《史料》，第 47 頁。
16 施琅《靖海紀事》，第 112 頁。

的一大課題。因此，施琅與英國人的關係也是統一臺灣過程中所必然遇到的重要問題，這也是值得我們注意的。

　　在英國駐臺灣商館的報告書中，詳細記載了他們與施琅接觸、交涉的全過程。這些接觸和交涉，集中反映了施琅如何處理對英關係的各個方面，從事情發展的角度看，大致可以分為在澎湖和在臺灣兩個階段。

　　在 1683 年 7 月施琅率軍攻佔澎湖以後，英國人已經意識到必須與新來的清朝官員打交道。9 月 15 日，英國駐臺灣商館的兩名商務員湯瑪斯·安吉爾（Thomas Angeir）和湯瑪斯·伍爾豪斯（Thomas Woolhouse）攜帶禮物去見施琅。這次會見可能是在澎湖進行的。他們向施琅提出了兩個要求：1.保護英國商館；2.請代向皇帝請求允許英國人在臺灣或其他地方僑居並與臺灣人貿易。施琅對此作了如下答覆：「我方之軍隊難保不再有越軌之行為，或侵犯貴公司之財產，為預防起見，可將余之命令貼於商行門外，非得貴方之許可，任何人不得擅入。至於貴方之其他要求，礙難受理，請暫勿出售任何貨物。」同時，施琅要求他們報告英國商館的全部財產。這次會見據說是在施琅戰船的甲板上進行的，他只喝了一杯茶就上岸了。9 月 29 日，又有施琅的「貴友」從澎湖來到臺灣，此時英國人再去見他們，但談話內容與原來的沒有差別。他們從澎湖帶來了 30 份命令，其中兩份交給英國人讓他們貼在商館外邊，另外有一份令其隨身攜帶，同時還帶來了清朝旗幟，讓英國人懸掛起來，以示清政府對英國商館的保護。10 月 2 日，英國人又托人去向施琅疏通，但施琅的答覆仍是封存公司的商品不要出售，等待他「將臺灣王遣送出境後，再下令處理之。」[17]

　　10 月 3 日，施琅率領清軍在鹿耳門登陸。此後他主要精力用來處理鄭氏歸清的相關事務。10 月 8 日，劉國軒等鄭氏官員剃髮。9 日，施琅立即派人送一份公文到英國商館，要他們的翻譯去見施琅從兄 Gimea，開始著手解決英國人的問題。施琅的態度顯得很強硬。他通過 Gimea 表明他的基本態度：「英國人於一、二年以來，與臺灣之匪徒勾

---

[17] 以上所述詳見《史料》，第 42-44 頁。

結，以火藥、槍械及其他武器供給之，違反一切國家之慣例及平等之原則，公然聲稱與臺灣王親善，經常與臺灣通商。」要求英國人立即對此作出答覆。10 月 10 日，英國商務員安吉爾因腳扭傷不能行走，便由商務員伍爾豪斯代表公司去晉見施琅。此時施琅仍不出面，繼續通過他的從兄 Gimea 轉達他昨天的強硬立場和基本態度，並要求英國人「確實報告」他們在臺灣的金錢、貨物、商品及債務等一切情況。Gimea 還告訴英國人：施琅「頗知歐洲人之風俗習慣」，勸他們不要再固執下去。伍爾豪斯回到公司商館已是晚上 7 點左右。此時英國人才真正感到情況嚴重，開始緊張起來。當夜他們即開會研究如何予以應付，最後作出決議：最好的辦法是不要得罪清朝人，按照施琅的要求報告公司的一切。第二天，英國人即將連夜趕寫出來的報告呈送給施琅過目。施琅在認真閱讀之後還嚴厲盤問公司翻譯：這份報告是否真實？至 11 月 5 日，施琅又派一名伍長將英國商務員伍爾豪斯的一個黑人侍童（Black boy）帶去公所，問他：「英國人之商行是否有更多的錢，汝之主人及公司是否運火藥及槍械來臺灣殺滿清人？」等等。可見施琅直至此時仍在認真審核公司的基本情況。

　　英國人在遞送報告以後，為了討好施琅，以便和他接觸，他們還接受了 Gimea 的勸告分別送給施琅和 Gimea 一大批禮物，其中送給施琅的計值銀 2500 兩，Gimea590 兩，總共為 3090 兩。不過，英國人也承認他們在計算禮品價值時，有些項目「我方實曾多算一點」。[18]此時公司商行保存的貨物，包括三名奴隸和現款，總計還有 2800 餘兩。另外，他們呈送給施琅的報告書中，開列了鄭氏官員和商人欠下公司的債務達 12400 餘兩。[19]

　　11 月中、下旬，英國人又找到施琅，希望他能幫助請准「與滿清皇帝之人民通商」。施琅回答說，切勿提起通商的問題，他也不敢替英國人向皇帝請求。不過，他可以代替英國人起草一份奏章，讓他們譯成

[18]《史料》，第 46 頁。
[19]詳情參見《史料》，第 46、48、51 頁。

英文然後呈遞上去。11 月 25 日，施琅果然派人送一份奏章的副本到商館。英國人看後破口大罵，認為通篇都是「人人所能反駁之誑語」，如果將這樣的奏章送到北京，將對他們大為不利。11 月 26 日，英國人對施琅送來的奏章進行改寫，變成由兩個商務員署名的《在臺灣奉職於東印度公司之英國僑民上中國皇帝書》。信中除了對康熙帝及其軍隊在臺灣的事蹟大加讚揚外，還談了英國人的現狀：「我等英國人僅三人，其中二人 Thomas Angeir 及 Thomas Woolhouse 同受英國東印度公司之命管理業務……此外有 Solomon 及黑人四名。我等既無商品，即糧食亦不能充分籌得，因與貴國人民風俗不同，困處異邦，萬事艱窘」，希望能准許他們「如有機會即啟程歸國。」[20]值得注意的是，英國人在這裡已隻字不提希望通商的事情。

　　12 月 1 日，英國商館作出決議，第二天派遣一名商務員連同翻譯一起去見施琅，向他提出三個要求：1.不要把那份奏章送呈皇帝；2.請施琅逕自准許英國人出售現有的貨物；3.准許他們乘船離開臺灣去暹羅。但施琅對以上三點都沒有答應。他回答說：主要官員都知道英國人與臺灣的貿易關係，除非等皇帝的回諭寄到，親自核准，他自己是不敢任意讓英國人離開的，也不能另寫不同的奏章。[21]施琅呈遞給康熙帝的奏章究竟如何，現在已無法查到，但據英國其他商館的記載，主要內容是向皇帝報告已經查明的公司的情況，並請示應如何處理。[22]

　　英國人此時感到自己的處境相當艱難。「預料在皇帝之回示寄到後，我等將為公司之利益而受永久之監禁。」但幾天以後，他們似乎又覺得有一線希望。因為這時福建總督姚啟聖已向朝廷呈遞一份題本，建議在臺灣鄭氏歸清後，重新開放海禁，[23]並已有消息傳到臺灣。12 月 7 日，施琅亦派人轉告英國人：如果他們認為合適，可以允許全部或者一

---

[20]《史料》，第 52 頁。
[21]詳見英國駐臺商館 1683 年 12 月 1 日決議錄和 12 月 20 日報告書，《史料》，第 25、47 頁。
[22]《史料》，第 18 頁。
[23]《姚啟聖題為請開六省海禁事本》，引自《康熙統一臺灣檔案史料選輯》，第 249 頁。按，由於當時康熙帝對姚啟聖甚不滿意，因此姚的題本被擱置「皆不准行」（參見上引書第 362 頁）。

人前往暹羅去傳達貿易的消息。英國人認為這是一個很好的機會，便立即派遣一人去見施琅，希望他發給一個證件，以便明年英方船隻能安全進口。但施琅對此卻予以回絕。他通過 Gimea 轉告說：在皇帝的諭旨未寄來之前，他斷然不敢冒生命危險發給英國人證件。事實上直至施琅離開臺灣以後，英國人所希望的通商貿易仍一直沒有得到解決。1684 年 5月 1 日，英國駐臺灣商館發出一份公告，通知所有為公司服務的船隻「切勿進入 Tywan 港口，或擅自派人上陸，使船隻靠岸」。如果「不得已在滿清人所管轄之任何港或海灣，或澎湖停泊」，將遇到麻煩，很難求得解脫。[24]可見此時英國人對他們在臺灣的處境仍是很悲觀的。

　　綜觀施琅與英國人的交涉過程，其中很關鍵的一點是，是否允許英國人繼續留在臺灣通商。在施琅率軍攻佔澎湖及在臺灣登陸以後，他一方面注意保護英國商館的安全，另一方面很明確地譴責英國人與臺灣鄭氏的貿易關係，要求他們提供商館的情況並封存所有貨物，但對於今後能否允許英國人在臺灣繼續貿易，施琅卻一直未公開表態，只是反復強調此事得等皇帝的諭旨下來後才能作出決定。施琅的態度究竟如何呢？在他以後的奏疏中就明確提出來了。他在著名的《恭陳臺灣棄留疏》中說：臺灣為「東南數省之藩籬」，「雖屬外島，實關四省之要害」。「此地原為紅毛住處，無時不在涎貪，亦必乘隙以圖」，因此力主保留臺灣。[25]至於對外通商，他在 1685 年 4 月的《海疆底定疏》中亦有明確表述：「更考歷代以來，備防外國，甚為嚴密。今雖與其貿易，亦須有制不可過縱。」「至於外國見我制度有方，行法慎密，自生畏服而遏機端。」[26]由此可見，施琅的基本思想仍在於維護國家安全和經濟上的利益。他既注意到臺灣的戰略地位，又認為與外國貿易必須加強管理，不可放任自流。

　　康熙統一臺灣是清初政治史上的一件大事。施琅作為清軍在前線的一名主帥，他率軍攻打澎湖並促使鄭氏和平歸清，為清朝最終解決臺灣問題作出了重要貢獻。同時，他又在臺、澎直接面對英國人，以審慎態

[24]《史料》，第 53 頁。

[25]施琅《靖海紀事》，第 120-124 頁。

[26]施琅《靖海紀事》，第 133-134 頁。

度處理對英的關係問題，既注意保護英國商館，使之不受侵擾，又在通
商問題上慎重處置，不輕易表態，顯示出他所具有的靈活性和政治才
能。關於施琅在統一臺灣過程中的思想和行動，利用中外文獻進行綜合
考察，對於繼續推進相關問題研究是會有所助益的。

中琉關係
與撫卹琉球難民

明清之際的中琉關係
——以琉使入貢為中心

　　明末清初，中國內部局勢混亂，政權更替。先是李自成率軍攻入北京，明朝滅亡。接著清軍入主中原，定都北京。而不甘敗亡的明朝遺臣相續在南京、福州等地建立小朝廷，繼續與清朝對抗。在這種政權鼎革之際，作為原來臣屬於明朝，向它稱臣納貢的琉球國，如何因應局勢變化，繼續保持和發展同中國的關係，是一個頗值得探討的問題。然而，由於清代有關琉球史籍的記載過分簡略，使人無法詳細瞭解這段歷史的演變過程。本文擬根據琉球《歷代寶案》所載的檔案資料，結合歷史文獻記載，對這個問題作一初步探討。

一、琉球使臣與南明各政權的關係

　　明朝建立後，明太祖朱元璋就派人招諭海外諸國，建立與周邊國家的朝貢關係。洪武五年（1372），朱元璋遣行人楊載往諭琉球國，同年琉使入貢。從此琉球作為明朝的一個藩屬，開始與中國相通。由於當時琉球正處於東亞貿易的中轉站，而剛剛建立政權的明王朝又極需琉球的馬匹，因此中琉關係發展十分順利。[1]朱元璋不僅對琉球使臣十分禮遇，而且多次賜人賜舟，以便往來。琉球貢使幾乎年年入貢，雙方使者往返頻繁，絡繹不絕。至成化十年（1474），由於福建守臣奏稱琉使在閩「登岸焚劫，訪察不獲」，此後才將貢期改為兩年一貢。[2]但琉球與明朝的朝貢關係並沒有受到多少妨礙。琉球使臣仍然不時前往，有時是年年入貢，有時則是二三年或三五年入貢一次，並無固定。崇禎十年（1637），由於福建衙棍向琉使苛求費用不遂，向閩撫沈猶龍呈請議禁，[3]此後雙

1　參見曹永和《明洪武朝的中琉關係》，載《中國海洋發展史論文集》第三輯，臺北：中研院中山人文社科所，1988年，第283-312頁。

2　周煌《琉球國志略》，卷三，封貢。

3　《琉球歷代寶案選錄》（以下簡稱《寶案》），臺灣文獻叢刊外編第1種，臺北：臺灣開明

方貢貿關係受到一些影響。但崇禎十二年（1639）仍有琉使入貢，至十七年（1644）琉球又派遣使臣前往中國。

　　琉球這次派遣使臣前往中國，目的是要向明朝皇帝請封。據周煌《琉球國志略》云：「（崇禎）十七年，尚豐第三子尚賢遣使金應元入貢，請封；會中朝道阻，不得歸」。[4]查尚豐就位於明天啟元年（1621），至崇禎十三年（1640）去世。第二年，其第三子尚賢繼承王位。因此，尚賢此次派遣使臣入貢，目的是要得到明朝的認可（冊封），這與琉球國內王位的繼承更替有著直接的關係。

　　金應元率領使團前往中國，正值明清鼎革的歷史關頭。是年三月，李自成率軍攻入北京，崇禎皇帝在煤山自縊。五月間，明福王朱由崧在南京監國，隨後又宣佈登極，改明年弘光元年。從此建立了南明小朝廷。金應元等人抵達福建後，北京的明廷已經敗亡，因此只好取道南京，向剛建立的弘光朝入貢。同年九月，金應元一行抵達南京。據《偏安排日事蹟》載：「崇禎十七年九月己丑（初四日），琉球入貢」。[5]這批前往南京入貢的琉球使臣，指的正是金應元一行。

　　金應元等人抵達南京時，朱由崧剛剛稱帝不久，此前他正忙於發佈詔書，為崇禎皇帝、皇后及建文帝等人恭上諡號，並「頒告天下」。[6]因此，琉球貢使前來，弘光帝即令他們派使回國，宣讀詔書。金應元說：「臣於舊年（即崇禎十七年，1644）依例請賚聖安皇帝詔書，令臣蔡錦捧回開讀。」[7]這個「聖安皇帝」就是弘光帝的尊號。[8]而被派遣回國的蔡錦，當時任通事，後來由於有人參奏於他，金應元具疏予以辯白。[9]與蔡錦同時回國宣諭的，還有明朝派出的詔官。琉球世子尚質在五年後的一份諮文中說弘光元年（1645）四月內，遣使臣毛大用等駕舟前往中國，

　　書店，1975年，第113頁。
4　周煌《琉球國志略》，卷三，封貢。
5　《偏安排日事蹟》，卷五。
6　《偏安排日事蹟》，卷二。
7　《賓案》，第113頁。
8　《偏安排日事蹟》，卷十四。
9　《賓案》，第113頁。

「詔官花指揮隨送」。[10]金應元在他的奏摺中也說:「奉命護送詔官花熠回閩」的是「夷官通事鄭子廉」。[11]十分明顯,這裡的「詔官花熠」即是尚質諮文中提到的「詔官花指揮」。他與通事蔡錦於崇禎十七年冬奉命前往琉球宣讀詔書,並於次年四月間在通事鄭子廉的護送下乘坐貢使船隻返回福建。弘光朝這次遣使宣諭活動獲得成功。

在通事蔡錦回國之後,使臣金應元等人仍留在南京。他們此行的主要目的是為了「請封」,同時也希望恢復因崇禎十年的「議禁」而受阻的中琉貢貿關係。金應元在十七年底向弘光帝呈遞了琉球王世子尚賢的章疏,要求恢復互市,章疏云:「臣國三十餘島,地瘠土荒,別無出產,向賴中華絲縷以資男女紡織,以易衣食,相沿互市。不擬崇禎十年衙棍苛求費用不遂所欲,妄呈撫臣沈猶龍議禁;臣國男女一時妄絕束手,困苦哀求世子奏請。」弘光帝覽奏後即予以批准。同年十二月二十三日弘光帝諭云:「覽王奏,遠貢方物,具見忠藎。所請互市准行。白絲納稅助餉,不許夾帶硝(礦)、軍鐵。欽此。」[12]以此為標誌,因「議禁」而一度受阻的中琉貢貿關係得到了恢復。

至於請封,也得到了弘光帝的批准。《偏安排日事蹟》弘光元年三月辛丑載:「遣禮科左陳燕翼、行人韓元勳冊封琉球」。[13]三月辛丑即三月十八日,此時弘光帝決定遣使冊封。但弘光朝這次派遣使臣並沒有成功。據清初成書的張學禮《使琉球記》云:琉球王尚質「自明季請封未果」。[14]《中山傳信錄》也說:「先是,尚賢請封未報,使者留閩中」。[15]弘光帝此次遣使之所以沒能成行,主要原因在於當時形勢緊迫。弘光帝決定派遣冊使在弘光元年三月,而這時清軍已逼近南京,派遣使者賜封需要備辦船隻、禮物並鑄造印信等等,這一切非短期所能辦到,因此從

[10]《寶案》,第 135 頁。

[11]《寶案》,第 112 頁。

[12]《寶案》,第 113 頁。

[13]《偏安排日事蹟》,卷十一。

[14]張學禮《使琉球記》,載《清代琉球紀錄集輯》,臺灣文獻叢刊第 292 種,臺北:臺灣銀行經濟研究室,1971 年,第 2 頁。

[15]徐葆光《中山傳信錄》,卷三,中山世系‧尚質。

時間上看，已經來不及了。

　　弘光元年五月，清軍攻克南京，弘光帝倉惶出走，剛建立一年的弘光朝猶如曇花一現，旋即覆滅。在清軍入城之際，仍在南京等候的金應元見事不濟，只好在差官楊廷瑞的護送下返回福建。他們一路風聲鶴唳、艱苦備嘗。金應元在抵閩後說：「臣於歸途履危涉險，風鶴皆兵，差官多方看顧臣身，得有今日。一到閩中，見景星慶雲，正應昌期御籙。臣偕夷屬朝賀聖明天子，慶溢簪紳。」[16]由此可見，金應元一行抵達福建，正值隆武帝在福州稱帝之時。查隆武帝（即唐王朱聿鍵）在弘光朝敗亡後，先於閏六月初七日在鄭鴻逵、鄭芝龍等人擁戴下監國於福州，二十七日登極稱帝，同時宣佈從七月初一日起改年號為隆武元年。因此，金應元等人抵達福建當在閏六月底或七月初，此時他們所見到的正是一派慶賀景象。

　　隆武帝在登極前後，曾連續發佈三通詔書，分別宣告監國、登極和準備御駕親征各項事宜。金應元一行抵達福州後，隆武帝就諭令他們齎詔回國宣讀，同時派遣指揮閔邦基作為頒詔官一同前往。但金應元認為他作為琉球使臣，此時不便離去。他在八月中旬的奏摺中說：「但頒詔差官，蒙議著夷使護送指引，敢不遵依；緣元進退兩難，不得不說。指揮閔邦基前曾頒詔到卑國，其人役、水梢甚熟海國諸島，不待指送。且向例，進貢一官往、方一官歸，前後交接：卑國定規」。因此他建議由前護送詔官花煟回閩的通事鄭子廉並慣海水梢五人，伴送閔邦基前往頒詔，以為變通之計。[17]後來經行在禮部議奏，隆武帝允准。次年（隆武二年，1646）春間，閔邦基在通事鄭子廉的伴護下前往琉球，正月二十一日抵達。二月初五日，閔邦基被奉迎至王城宣讀詔書。三月初，琉球王世子複派遣通事鄭子廉護送閔邦基返回福建，同時向隆武帝呈進了《慶賀登極》表文和《開讀三詔謝恩折》等。[18]

　　在琉球王世子尚賢派遣金應元等人出使中國之後，他們原來期待明

---

[16]《歷案》，第 114 頁。

[17]《歷案》，第 111-112 頁。

[18]參見《歷案》，第 116-120 頁。

朝能派遣使者前來冊封，可是等來的卻不是冊使，而是一批又一批的頒詔官。弘光元年（1645）四月，當金應元還滯留南京時，尚賢又派遣使者毛大用、都通事阮士元等乘坐土船一隻，運載龍香一炷向弘光朝入貢，目的當是向朱由崧祝賀登極。可是當毛大用抵達福建時，弘光朝已處在敗亡之際，因此他們不可能前往南京，只好在福州向新建立的隆武朝進貢，並於夏季風起後乘汛駕船回國。[19]隆武二年（1646）正月，隆武帝派遣詔官閔邦基抵達琉球。四月間，尚賢複派遣王舅毛泰昌、長史金思德等人攜帶方物，上表慶賀隆武帝登極。毛泰昌等人抵達當在五月間，此時隆武帝已經離開福州，前往延平御駕親征。不過，他仍諭令地方官要予以優待。《思文大紀》云：隆武二年五月，「琉球世子差官航海入賀，並貢方物。上嘉其忠順可嘉，船准入港，餘各照例奏奪。並敕地方官照管安泊，以示柔遠之意。」[20]可見毛泰昌等人在福州仍受到禮遇。但他們並沒有住留多久，八月間清軍就從仙霞嶺馳入，九月中旬抵達福州，隆武朝隨即敗亡。而滯留福州的所有琉球使臣都被清軍收押，後來被送往北京，數年之後才返回琉球。關於此事原委，留待下節再作詳述。

再說琉球王世子尚賢因久久不見使臣歸來，因此又於次年（1647）貢期，派遣正議大夫蔡祚隆等攜帶硫磺、馬匹、螺殼各種方物入貢。蔡祚隆一行於九月十五日從琉球啟航，不幸卻迷失方向，漂到溫州外山被「海賊殘破」，於十月初七日「愁極還國」。[21]而在蔡祚隆等人出發以後，琉球王世子尚賢亦於九月二十二日在那霸去世，王位由其弟尚質繼承。第三年（1649）二月，尚質再派遣蔡祚隆乘坐土船一隻，運載硫磺4921斤前來補貢，並探詢使者未歸的原因，同時報告尚賢逝世的消息，請求賜封。但此時福建大部分地區已成為清軍的天下，蔡祚隆不能沿著傳統的貢道在福州靠岸，只得航往東北部的沙埕，向盤踞在那裡的魯王進貢。據監國魯四年（1649）五月初七日行在禮部移送琉球王中山王世子的諮文說：「內照本年四月初六日琉球國差官蔡祚隆齎諮文一角移福建

[19]《寶案》，第134頁。
[20]《思文大紀》，卷六。
[21]《寶案》，第134頁。

布政司，內稱隆武二年有進貢駕船一隻久未回國，複又有硫磺等物前來補貢等因。本部臣布政司偶缺印官，即護送來船至太師建國公鄭（彩）營中盤驗，隨後奏將貢來方物進供上用，發部查收。」[22]由此可見，這批補貢的硫磺後來由鄭彩接收了。但其後不久，鄭彩又棄魯王而去。清軍在此之前相續攻陷了寧德、福安等地，魯王被張名振、阮進等人迎至南田健跳所居住。[23]琉球與南明各政權的朝貢關係也就到此結束。

二、琉球使臣與清朝的關係

在琉球王世子最後派遣蔡祚隆兩次向南明行貢之前，琉球使臣與清朝的接觸也已經開始了。

順治三年（即隆武二年，1646），清軍平定福建，此時尚在福州等候的琉球、安南、呂宋三國使臣都被清軍收押，後來被轉送北京。《清世祖實錄》順治四年（1647）六月丁丑（初八日）云：「初，琉球、安南、呂宋三國各遣使於明季進貢，留閩未還。大兵平閩，執送京師。命賜三國貢使李光耀等衣帽、緞布，仍令各給敕諭，遣赴本國招諭國王。」[24]

這批琉球等國使臣前往北京，與鄭芝龍是有密切關係的。順治六年（1649）十一月，琉球使臣回國之後，琉球王世子曾移諮「正白旗平國公」鄭芝龍，對他看護使者表示謝意，其中談到：「近者敝使歸國，稱述厚情：丙戌歲（1646）遭劫流離，蒙恩憐念，無有啼饑而號寒者；後被貝勒王拘督赴京，又沐恩照顧庇護，無有向隅而抱泣者。至辭朝歸閩，複叨恩光，差役趕賜路費，令人無窮途之念：真所謂天覆地載，沒世奚忘耶！」[25]由此可見，這些琉球使臣從滯留福州，到被解送入京，最後又從北京返回福建，處處都受到鄭芝龍的庇護與關照。

[22]《實案》，第 136 頁。
[23]余氏《南明野史》，附錄一，魯監國載略。
[24]《清世祖實錄》，卷三十二，順治四年六月丁丑。
[25]《實案》，第 137 頁。

　　查鄭芝龍字曰甲，號飛黃（或作飛虹），福建南安石井人。他早年經商，後來充當海盜。崇禎元年（1628）受明朝招撫後，曾任福建撫夷將軍等職，掌握著海上貿易的制海權。隆武朝在福州建立時，他與鄭鴻逵佐輔隆武帝，權重八閩，但又因此專橫跋扈，頗不受節制。順治三年（1646）三月在清軍入閩之前，鄭芝龍已與清朝派來的招撫使秘密接觸，「有誠意歸附」。[26]八月清軍從仙霞嶺馳入，十一月鄭芝龍就到福州面見貝勒王，「置酒甚歡」，隨後即被挾持北去。[27]而在鄭芝龍未降清之前，由於他掌握著海上貿易制海權，因此他與海外各國貢使多有來往。順治八年（1651）鄭芝龍在一份題本中說：「臣於明朝，以……疏通外藩進貢功，擢為平國公。」[28]平國公是朱聿鍵於隆武二年六月授予的。[29]可見鄭芝龍在隆武朝確實擔負著「疏通外藩進貢」的具體事務。正是由於有這樣的背景，因此鄭芝龍降清，受他安撫的各國使臣也一起被清軍收押，後來都被解送入京。而且這些琉球使臣也是「被貝勒王拘督赴京」的，這一點與鄭芝龍相同。

　　在這些琉球使臣前往北京途中，他們似乎又在南京停留。陳學禮《使琉球記》云：琉球王「自明季請封未果，使者留滯閩中。順治三年福建平，通事謝必振自江寧具投經略洪承疇，傳送進京」。[30]這個到江寧（即南京）投書洪承疇的琉球通事謝必振，當是崇禎十七年隨金應元入貢的成員。因為在清軍入閩時，被拘留的琉球使節共有兩批：一批是金應元的一行；另一批是隆武二年到福州致賀的毛泰昌等人。但毛泰昌這一批共有 40 人，其中除毛泰昌（又作毛泰久）、金思德（又作金思義）外，還有都通事王明佐、存留在船通事田時盛等，並沒有「通事謝必振」其人。[31]而且通事謝必振到南京投書，是與明末的請封活動相聯繫的。關於這一點，後來成書的《中山傳信錄》、《琉球國志略》有更加明確的記

[26]《鄭成功滿文檔案史料選譯》，福州：福建人民出版社，1987 年，第 1 頁。

[27]阮旻錫《海上見聞錄定本》，卷一。

[28]《鄭成功滿文檔案史料選譯》，第 3 頁。

[29]倪在田《續明紀事本末》，卷七，閩海遺民。

[30]《清代琉球紀錄集輯》，第 2 頁。

[31]參見《琉球國符文：遣使齎奉慶賀登極表文方物》，載《實案》，第 123-124 頁。

載。《中山傳信錄》云：「先是，尚賢請封未報，使者留閩中。至是，與通事謝必振至江寧投經略洪承疇，轉送入京。」[32]《琉球國志略》亦云：「（崇禎）十七年，尚豐第三子尚賢遣使金應元入貢，請封；會中朝道阻，不得歸。大清順治三年，福建平，尚賢請封；使者與通事謝必振等至江寧投經略臣洪承疇，轉送入京。」[33]由此可見，到南京投書的除了通事謝必振之外，還有明季「請封未報」的使者金應元等人。他們於明季請封未果，後來見清軍平定福建，南明的大勢已去，因此轉到南京，希望能得到原是明朝督臣後來投靠清朝的洪承疇的幫助，得到清廷賜封。

但是這些使臣到達北京後，經禮部具題，認為「前明敕印未繳，未便授封」。[34]因此這次請封行動仍然沒有結果。不過，順治帝卻對他們十分禮遇，賜以衣帽、緞布，同時頒給敕諭，令其回國詔諭國王。順治四年（1647）六月初八日順治帝諭云：

> 朕撫定中原，視天下為一家，念爾琉球國自古以來，世世臣事中國，遣使朝貢，業有往例。今故遣人敕諭爾國，若能順天循理，可將故明所給封誥印敕遣使齎送來京，朕亦照舊封賜。[35]

這些琉球使臣離開北京後，直至順治六年（1649）才回到琉球。其間似乎又在海上遭遇風暴，被漂流四散。陳學禮《使琉球記》云：謝必振回國取繳敕印，「漂流日本」，[36]可為一例。

這些使臣回國後，琉球王世子即於同年十一月派遣通事梁廷翰齎書呈遞鄭芝龍，對他厚待使者表示謝意。同時又派遣通事周國盛奉表赴清廷表示歸誠，與通事謝必振一起入朝。琉球王世子在奏摺中提到：繳還明朝敕印尚需稍待時日。因此順治帝隨於順治七年（1650）五月將梁廷翰等人遣回，留下周國盛等三人等候來使。但至順治八年（1651）九月，

---

[32]徐葆光《中山傳信錄》，卷三，中山世系·尚質。

[33]周煌《琉球國志略》，卷三，封貢。

[34]周煌《琉球國志略》，卷三，封貢。

[35]《清世祖實錄》，卷三十二，順治四年六月丁丑。

[36]《清代琉球紀錄集輯》，第 2 頁。

仍不見琉使前來，順治帝擔心琉使在京日久，又於同年九月初八日將周國盛等人遣回，並再次諭世子云：

> 爾國恪承天命，奉表投誠，朕甚嘉焉！奏內有云獻琛稍寬於來禩，以故館留周國盛等三人在京，隨於七年五月遣梁庭漢（按即梁廷翰）等十九人回諭爾國。迄今故明敕印未繳，並去使亦無消息，意者海道迂遠，風濤險阻，抑有別故，未達爾國耶？來使留京日久，朕甚憫念。今賞賜表裡銀兩遣歸，沿途給與口糧，並增駕船夫役，偕通官謝必振回報爾國，聽爾國便宜覆命，用示朕懷柔至意。特諭。[37]

其實，琉球王世子並非沒有遣使。順治七年（1650），尚質派遣王舅阿榜棍、正議大夫蔡錦等奉貢入賀，只是因為船隻在洋遭風漂沒，故未能抵達。[38]八年，順治帝令周國盛等齎捧敕諭回國。九年冬，琉球王世子又派遣王舅馬宗毅、正議大夫蔡祚隆等攜帶方物入貢，並繳明朝敕印請封。馬宗毅等於順治十年（1653）閏六月抵達北京。據《清世祖實錄》順治十年閏六月戊子（二十五日）載：「琉球國中山王世子尚質遣使表貢方物，並繳故明敕印」。[39]第二年，尚質又派遣一批使者入京進貢。[40]同年（1654）三月丁酉（初七日）《實錄》又載：「琉球國中山王世子尚質遣使進貢方物，並繳故明敕印，請頒新敕印，命所司議奏」。[41]至此，清政府已著手考慮給尚質賜封的問題。

四月十八日，順治帝賜尚質及其妃蟒緞、彩緞、閃緞、織錦、紗、羅等物，又賜來使馬宗毅、蔡祚隆等緞匹、銀兩等物有差。[42]七月初一

---

[37] 《清世祖實錄》，卷六十，順治八年九月壬午。
[38] 周煌《琉球國志略》，卷三，封貢。
[39] 《清世祖實錄》，卷七十六，順治十年閏六月戊子。
[40] 周煌《琉球國志略》，卷三，封貢。
[41] 《清世祖實錄》，卷八十二，順治十一年三月丁酉。
[42] 《清世祖實錄》，卷八十三，順治十一年四月丁丑。又據《中山傳信錄》卷三載，順治帝所賜的禮物如下：「賜國王蟒緞二、彩緞六、藍緞二、素緞二、閃緞二、錦三、綢四、羅四、紗四，賜王妃彩緞四、閃緞一、藍緞二、素緞三、錦二、羅四、紗四，賞王舅彩緞表裡各四，正議大夫彩緞表裡各三、藍緞一、綢二、羅二，使者彩緞表裡各二、藍緞一、綢一、羅一、紗一，通事從人紗緞、綢布、銀兩各有差。」

日，清廷決定派遣兵科副理事官張學禮、行人司行人王垓前往琉球冊封，並定貢期為兩年一貢，進貢人數不超過 150 人，允許其中正、副使二人及隨從十五人入京，其餘俱留邊聽賞。[43]順治帝賜封尚質的詔書云：

> 帝王祇德底治，協於上下，靈承於天時，則薄海通道，罔不率俾為藩屏臣。朕懋纘鴻緒，奄有中夏，聲教所綏，無間遐邇。雖炎方荒略，亦不忍遺。故遣使招徠，欲使仁風暨於海□。爾琉球國越在南徼，世子尚質達時識勢，祇奉明綸，即令王舅馬宗毅等獻方物，稟正朔，抒誠進表，繳上舊詔敕印，朕甚嘉之！故特遣正使兵科副理事官張學禮、副使行人司行人王垓齎捧詔印往封爾為琉球國中山王，仍賜以文幣等物。爾國官僚及爾氓庶，尚其輔乃王飭乃候度，協攄乃藎守乃忠誠，慎闕職，以凝休祉，俾於奕世。故茲詔示，咸使聞知。[44]

　　然而，張學禮、王垓於順治十二年（1655）三月抵達福建，此時鄭成功正與清軍對峙於漳泉一帶，海道不靖，清政府要備辦物料造船也不可能。張學禮等人在福建停留數年，不得已於順治十五年（1658）被召回北京，暫停遣使。[45]至康熙元年（1662），清廷又重新考慮向琉球遣使問題。十月，康熙帝諭令張學禮、王垓仍為正、副使，前往琉球冊封。康熙二年（1663）四月，張、王兩人率隨從抵達福建，五月初七日從長樂梅花所放洋，六月二十五日抵達那霸港。從此，琉球與清朝正是建立起朝貢關係。

三、明清之際中琉關係繼續發展的原因分析

　　上述可見，琉球自從明末崇禎十七年（1644）遣使以來，中經南明、清朝的前後更迭變化，最終才於康熙二年（1663）與清朝建立起穩定的朝貢關係。在這近二十年時間內，琉球先是向南明進貢，遣使五次；後

---

[43] 參見《琉球國志略》，卷三。
[44] 《清世祖實錄》，卷八十四，順治十一年七月戊子。
[45] 張學禮《使琉球記》。

來又與清朝接觸，再派遣五批使者。而南明的弘光、隆武兩朝亦先後派遣使臣前往頒詔，最後由清廷派出冊使賜封，參見下表：

明清之際中琉互遣使臣一覽表

	時間	主要內容
琉球向中國遣使	崇禎十七年（1644） 弘光元年（1645） 隆武二年（1646） 隆武三年（1647） 魯王四年（1649）	金應元等人向弘光朝請封。 毛大用等人向隆武朝行貢。 毛泰昌、金思德等向隆武帝祝賀登極。 蔡祚隆向隆武朝進貢，因在洋遭劫，未達。 蔡祚隆再次攜帶硫磺補貢，由魯王部下接收。
	順治四年（1647） 順治六年（1649） 順治七年（1650） 順治九年（1652） 順治十一年（1654）	滯留閩中的琉球使者入京，向清朝請封。 梁廷翰齎書向鄭芝龍致謝，通事周國盛奉表向清廷表示歸誠。 阿榜棍、蔡錦等奉表赴京致賀，因遭風未果。 馬宗毅、蔡祚隆等攜帶方物入貢，並繳前明敕印。 琉球王再遣使者入京進貢。
中國向琉球遣使	崇禎十七年（1644） 弘光元年（1645） 隆武二年（1646）	弘光帝派遣花煜隨同蔡錦前往琉球頒詔。 弘光帝決定派遣陳燕翼、韓元勳前往冊封， 未及成行。 隆武帝派遣閔邦基隨同鄭子廉前往琉球頒詔。
	順治十一年（1654） 康熙元年（1662）	順治帝派遣張學禮、王垓前往琉球冊封，在福建逗留數年未能成行。 康熙帝再次派遣張學禮、王垓前往琉球冊封。

琉球與中國的關係，在明末清初是曲折複雜的。但這一曲折的過程並沒有使兩國關係受到妨礙，反而順利地度過難關，走上繼續向前發展的道路，為什麼這一時期的中琉關係能夠順利向前發展？我以為這是與兩國的共同努力分不開的。也就是說，在當時的歷史條件下，兩國當權者都有維護和發展中琉關係的願望和需求。

從中國的角度看，儘管當時正處在明清鼎革的歷史關頭，但新建立的清王朝以及不甘敗亡的南明小朝廷，都為了維護自己的正統地位，千方百計發展與海外各國的關係，以穩固自己的統治。在弘光朝剛建立時，朱由崧就發佈詔書，頒告天下。隆武帝剛稱帝前後，亦連續發佈三

通詔書，宣告監國、登極和御駕親征，同時都派遣使臣前往琉球宣讀詔書。弘光帝雖然在位時間很短，但他還是決定派人前往冊封，只是因為時機緊迫，未能成行。隆武帝在位時，亦通過鄭芝龍去招撫海外各國，「疏通外藩進貢」，並且對琉球貢使予以優待。清軍底定浙閩後，更是不失時機地做招撫海外各國的工作。順治四年（1647）二月十二日，順治帝發佈詔書，宣佈底定浙閩後的各項優待招徠事宜，其中專門有一款談到：「東南海外琉球、安南、暹羅、日本諸國，附近浙閩，有慕義投誠納款來朝者，地方官即為奏達，與朝鮮等國一體優待，用普懷柔」。[46]琉球使臣前往北京後，清廷確實給予禮遇，不僅賜給銀兩、緞匹，還派遣使者回國宣諭。順治八年（1652）因久久不見琉使前來，順治帝再次敕諭琉球王世子尚質，同時將館留的周國盛等人遣回，除了賜予表裡銀兩外，沿途還發給口糧，並增派駕船的水手夫役，以保證使者安全。清朝和南明各政權的這種態度，完全是為了維護各自正統地位的需要，但從維護和發展中琉關係來看，在客觀上是起到了積極的作用。

　　從琉球國內的角度說，當時中國正面臨著明清鼎革之際，琉球國內也存在著王位的繼承問題。崇禎十三年（1640），在位二十年的尚豐去世，王位由其第三子尚賢繼承。但尚賢在位沒過多久，又不幸於隆武三年（即清順治四年，1647）去世，王位再由其弟尚質接繼。王位的繼承更替，就需要得到明朝或清朝的重新賜封。因此，琉球自從明季以來不斷向中國遣使，王位的繼承問題是一個重要因素。另一方面，當時中琉雙方也面臨著一些問題有待解決。崇禎十年（1637），因福州衙棍向琉使苛求費用不遂，向沈猶龍呈請議禁。此後，琉球自崇禎十二年起沒有向中國遣使，歷時五年。由於雙方使節不通，與之相聯繫的官方貿易也就因此中斷。而琉球向來依賴中國生絲「以資男女紡織，以易衣食」。兩國貿易斷絕，琉球國內的社會經濟受到較大影響，因而有所謂「臣國男女一時望絕束手，困苦哀求世子奏請」之語。後來弘光帝允准雙方重

---

46 《清世祖實錄》，卷三十，順治四年二月癸未。又，《實案》第128-133頁亦有記載，但文字略有出入。

開貿易，特地提到允許白絲互市，「納稅助餉」。琉球使臣還提議讓他們熟悉的良商梁跡、鄭玄等十人充當牙商，專門從事對琉球的貿易。[47]由此可見，當時琉球向中國遣使，也是有其國內的政治、經濟因素的，雙方都有維護和發展兩國關係的迫切願望。

　　但值得說明的是，當時琉球向中國遣使，正值明末清初的戰亂時期，這對於琉球貢使在中國的活動也帶來了不小的困難。由於琉球原來臣屬於明朝，而清軍入主中原以後，長江以南的大部分地區仍為明朝的勢力範圍，因此琉使從福州進入，首先必然與南明政權發生關係。如崇禎十七年（1644）金應元等人向弘光朝請封，後來又與隆武朝接觸。隆武元年（1645）以後，仍不斷有琉使前往福建入貢，直至監國魯四年（1649），還有蔡祚隆攜帶硫磺補貢等等。但以後隨著清軍步步南下，南明的弘光、隆武兩朝相續敗亡，琉球使臣亦由於鄭芝龍降清而被解送入京。在這種情況下，琉球使臣卻能順應局勢的變化，改為取道南京向清朝請封。這一轉變是歷史性的，具有重要的意義。

　　明清之際在中國歷史上是一個朝代興替的重要時期，在中琉關係史上也是一個非常重要的轉捩點。在這期間，兩國關係得以繼續向前發展，完全是雙方共同努力的結果。其中琉球向中國遣使，保持了一定的靈活性，對繼續發展兩國關係創造了良好的條件。

---

[47]以上參見隆武元年八月二十九日《福建布政司諮：恩准互市輸稅》，載《實案》，第113-114頁。

清代臺灣撫恤琉球遭風難民的案例分析

　　清代中琉關係的發展，除了通貢貿易、遣使冊封等活動之外，雙方都對遭風災漂至的難民予以救助撫恤，也是一個重要方面。清朝撫恤琉球遭風難民的事例很多。從總體上說，北自奉天，南抵廣東，所有沿海各省都有撫恤的案例出現，而其中又以福建、浙江兩省最為突出。臺灣自從康熙二十二年（1683）歸入清朝版圖以後，就隸屬福建省管轄，直至清末單獨建省仍與內地保持著密切的聯繫。由於臺灣地處海上，與琉球南部諸島距離甚近，因此琉球船隻在海上遭風，往往很容易隨風漂至。研究清代臺灣對琉球難民的救助與撫恤，對於瞭解當時的中琉關係，以及清朝撫恤琉球難民的政策演變，都是有益處的。

　　有關清代臺灣撫恤琉球難民的研究，以往已有一些成果發表出來，但還不見得完善。[1]特別是近年來又發掘整理了一批新的檔案資料，使我們有可能更加全面地把握琉球難民受撫恤的案例，並就此作進一步的分析討論。本文擬探討的問題是：清代琉球船隻漂往臺灣的原因和背景，清朝有關撫恤琉球難民的政策，以及琉球難民在臺灣受撫恤和護送內渡的情況。

一、清代琉球船隻漂往臺灣的原因和背景

　　清代漂往臺灣的琉球難民究竟有多少？這是一個還很難作確切回答的問題。1980 年吳幅員先生發表《清代臺灣所遇琉球難民遭風事件》一文，主要依據琉球《歷代寶案》及其他清朝史料，共收集漂至臺灣的琉球難民事件 51 例。[2]近年筆者依據新近出版的《清代中琉關係檔案選編》、《續編》及《宮中檔乾隆朝奏摺》等，又發現了 13 個新案例，使

---

[1]　參見吳幅員《清代臺灣所遇琉球遭風難民事件》，載《東方雜誌》復刊第十三卷，第九、十期，1980 年 3-4 月；又收入氏著《在臺叢稿》，臺北：作者印行，1988 年。徐玉虎《清乾隆朝琉球難夷風漂至臺灣案件之輯釋》，載《臺北文獻》直字號，61、62 期，1983 年 3 月。
[2]　吳幅員《清代臺灣所遇琉球遭風難民事件》。

總數增加到 64 個（詳見附表）。另外，還有 3 個屬於貢船遭風漂抵臺灣的案例，由於不屬於民間性質，未被統計進去。

在這 64 個已知的琉球難民漂抵臺灣事件中，第一個實例發生於康熙五十九年（1720），最後一個發生於光緒二十年（1894），前後長達 175 年，平均每兩、三年就有一起這類事件發生。如果從相對的歷史時段來看，在 18 世紀，即 1720-1799（康熙五十九年—嘉慶四年）這 80 年間，共發生了 18 起，平均每隔四年多發生一起。而進入 19 世紀以後，即 1800-1894 年（嘉慶五年—光緒二十年）這 95 年間，共有 46 起琉球難民遭風事件發生，平均每隔二年就有一起。前段時間間隔較長而後段間隔較短，這並不意味著乾、嘉以前較少有琉船遭風事件發生，而真正的一個原因可能是早期檔案資料散失較多，使我們無法掌握全貌。如康熙朝共有幾十年，我們掌握的案件才有 1 例；雍正朝共有 13 年，我們掌握了 3 例；乾隆朝 60 年，我們亦只掌握 13 例；而進入嘉慶以後，這類事件的相關記載才明顯增多起來。

琉球難民漂抵臺灣，經地方官或普通百姓（包括原住民）求助上岸後，往往會由地方官員先瞭解遭風情況，再護送到福州，然後又由福防廳帶同琉球通事進一步查明遭風的原因，並將此報告督、撫、布政司，最後上奏朝廷。如康熙五十九年（1720）遭風漂抵臺灣的仲治等人，他們的遇難經過是：

> 難番同船六人，名前間、仲治、宇〔志〕、也德、真座、白間；於舊年（引者按：康熙五十九年）十月十一日在北山永郎部開船往中山採取木料，舟行半海陸遇颶風，帆舵俱失，船已破壞洋中，〔餓〕死前間一名，其餘漂流至臺灣淡水地方，又餓死真座一名，更仲治等四人淹淹待斃。幸〔遇〕淡水番社救活具報，解送來省。[3]

在有關琉球的檔案裡，類似這樣的記載比比皆是，綜括起來，琉球船隻在海上遭風，往往與其國內的各種經濟活動密切相關。如乾隆四年

---

[3] 《琉球歷代寶案選錄》（以下簡稱《寶案》），臺北：臺灣開明書店，1975 年，第 156 頁。

（1739），田澤實等九人從永良部「欲往山原地方運柴生意，奈遇颶風飄出大洋」。[4]乾隆十五年（1750）慶留間等四人從馬齒山「共駕小舟出港捕魚」，遭遇颶風。[5]乾隆五十年（1785），平田等廿三人從那霸「裝載米、鹽、煙、油、麻布等物」外出經商，在洋遭風。[6]嘉慶四年（1799），兼個段等二十人自那霸載茶葉、豆、茶油、煙葉等物「要往宮古島貿易」，陡遇風暴。[7]嘉慶十一年（1806），柳氏友寄等十六人從那霸往北山「裝載火柴」，在洋遭風漂流。[8]嘉慶十三年（1808），又有金城等三人從絲滿地方出航釣魚，在洋遭風等等。[9]這些在洋遭遇風暴的琉球船隻，有的是外出經商貿易，有的是出港捕魚垂釣，還有的是到外地去砍柴、運載木料、柴火等。

　　值得注意的是，除了上述這些經濟活動之外，還有相當數量的船隻是運載貢米、貢物到中山王府交納，或者經由琉球官員委派到各地去催納貢賦而遭風的。這類情況在所有遭風案件中佔有最大比重。以下我們再以雍正、乾隆、嘉慶、道光四朝為例，各舉幾個：

> 雍正九年（1731），石垣等四十八人自太平山開船「進米納貢中山王」，事竣後從那霸返回，途中遇風。[10]
> 乾隆十年（1745），多良間親雲上等四十人從麻姑山「因運漕進貢琉球國王」，在洋被風。[11]
> 乾隆十六年（1751），比屋定目指等廿二人從古米山「駕坐海船一隻，裝載糧米、草席等項前赴中山王府交納」，在洋遭風。[12]
> 乾隆四十年（1775），石原等廿五人從久米島「奉本處地方官差

---

[4] 《寶案》，第 173 頁。
[5] 《寶案》，第 177 頁。
[6] 《寶案》，第 219 頁。
[7] 《寶案》，第 247 頁。
[8] 《清代中琉關係檔案選編》（以下簡稱《選編》），北京：中華書局，1993 年，第 370 頁。
[9] 《寶案》，第 286 頁。
[10] 《寶案》，第 165 頁。
[11] 《選編》，第 14 頁。
[12] 《寶案》，第 183 頁。

令，裝載米石運往中山交納」，遭遇風暴。[13]

嘉慶十六年（1811），具志堅等十二人自中山省泊村坐駕海船一隻，「差往八重山催納貢米」，在洋遭風漂流。[14]

嘉慶二十年（1815），馬瑞慶山等十九人「經該國王差委」，在那霸乘坐海船一隻「開往宮古島催收年例粟、麥」，返回時在洋遭風，「並將粟、麥丟棄，隨風漂流」。[15]

道光五年（1825），上江洲築登之等三十人自姑米山「奉該處地方官差遣，裝載糧米二百包赴那霸府交納」，在洋忽遇颶風。[16]

道光十八年（1838），鄭氏山口等十四人自那霸奉命「差往八重山催運糧米，順帶食鹽、茶葉等物售賣」，在洋遭風。[17]

　　清代琉球國內仍是實行田地分賜制度。所有生產糧食的農田大都成為王府以及達官貴人的採地，每當收穫之後，各地出產的糧米便成為需要交納的貢賦而運往中山。清乾隆二十一年（1756）作為冊封副使前往琉球的周煌說：「中山地廣人稀，山多田少；十月布秧，五、六月熟。地氣常煖，本宜兩種；因八月後多大風拔苗，故止一熟。姑米山、八重山，產米最多。米惟國王及諸貴族官家得食，小民皆食番薯。」[18]反映的就是這種情況。此外，康熙五十八年（1719）前往琉球冊封的副使徐葆光也說：琉球「土田，皆於九月、十月耕種，五月收穫畢。各官分賜採地皆親至其地，視耕視獲；有職官或子弟督之。十月、十一月綠秧皆出水……十一月下旬，遣加謁者一員、察侍紀官二員分巡各村勸農，月餘始歸。六月中，大颶數作，海雨橫飛，果實皆落；歲以為常。非收穫早畢，必多拔禾之患。故其國秋耕、冬種、春耘、夏收者，一就雨澤之利，一避颱風之害。經年溫煖，理宜兩熟；而六月後皆曠田不事者，以此。」[19]

---

[13]《選編》，第196頁。

[14]《實案》，第296頁；《選編》，第446頁。

[15]《實案》，第319-320頁；《選編》，第481頁。

[16]《實案》，第336-337頁；《選編》，第630頁。

[17]《實案》，第373頁。

[18]周煌《琉球國志略》，卷十四，物產。

[19]徐葆光《中山傳信錄》，卷五，土田。

　　琉球「產米最多」的地方是姑米山、八重山，這在上引周煌史料中
已有記載。除此之外，太平山亦被稱為「富饒」之區，每年均與八重山
一起赴中山王府納貢。前引周煌《琉球國志略》亦云：

> 姑米山（譯曰「久米島」）：在國西四百八十里。產五穀、土綿、
> 繭紬、白紙、蠟燭、螺、魚、雞、豚、牛、馬。
> 太平山（始為宮古、後為迷姑，今為麻姑）：在國南二千里……
> 周圍五、六十里，頗富饒。每年五月歸，貢稅於中山。
> 八重山（一名北木山，土名彝師加紀）：在太平山西南四百里，
> 去中山二千四百里……較太平尤饒給，多樫木、黑木、黃木、赤
> 木、草席。產牛。馬、螺石、出麻布、棉布、海參、紅酒（名蜜
> 林酒）、五穀、琿渠、瑪瑙、珊瑚、羊肚、松紋、海芝、海松、
> 海柏等石。每年五、六月，與太平山來貢中山。[20]

　　由此可見，清代琉球船隻在海上遭風，往往與其國內的土地制度、
經濟地理分佈、氣候自然條件等等因素是密切相關的。由於產糧區主要
分佈在上述地區，因此運載糧米往中山王府納貢的多是來自姑米山（或
稱古米山、久米島）、太平山（或稱宮古島、麻姑山）以及八重山等地。
而其他島嶼亦有自己的經濟活動，如出海捕魚的多是來自馬齒山，外出
經商的大多出自那霸港。與此同時，各島之間也有不時的貿易往來。

　　船隻在海上航行，在帆船時代往往要受到風汛的強烈影響。所謂「琉
球屬島三十六，畫海界如分疆……往來稅賦有期會，冬夏候汛輸舟航」
[21]指的就是這種情況。琉球地處太平洋上，每年農曆六月以後，就常有
颱風來襲。不僅影響島內的農作物栽培，也嚴重威脅著船隻的航行安
全。因此，每年當琉球船隻前來中國，一般都要趕在夏至以前將船隻遣
回，以避免危險。然而，即使是在較平和的冬季風時期，海面上亦常有
大風或颱風出現，一旦遇到這種情況，危險同樣存在。我們在檢視琉球
船隻漂往臺灣的記錄中就發現，除了個別例子之外，其餘絕大部分都發

---

[20]周煌《琉球國志略》，卷四，輿地‧疆域。
[21]徐葆光《琉球三十六島圖歌》，載周煌《琉球國志略》，卷十五，藝文。

生在東北季風或季風轉換時期，尤其是農曆三、四月及九、十、十一月間（詳見下表）。這固然與臺灣地處琉球西南面有關。每當東北季風盛行時，船隻如果遇到風暴很容易就會隨風漂流而至。另一方面也說明，儘管在東北季風時期航行，船隻在海上遇難的風險性仍是很大的。而人們往往更傾向於在冬季風或季風轉換時航行。正是因此，漂往臺灣的琉球船隻，其季節性特徵相當明顯。

清代臺灣所遇琉球難船遭風事件按月統計表

月份	一	二	三	四	五	六	七	八	九	十	十一	十二	不詳	總計
案件數	4	2	7	11	3	2	2	3	8	9	8	4	1	64

　　琉球船隻經常在東北季風時期漂到臺灣，這與當時琉球國內船隻太小也有一定關係。徐葆光《中山傳信錄》說：琉球船隻除了貢船仿福州鳥船樣式外，「其各島往來通載之船，大小皆尖底，底板鱗次……小船，皆刳獨木為之，極輕捷；村民漁戶皆用之。一舟不勝載，則雙使為用。」[22]所謂的「小船」實際上是獨木舟，而在各島之間往來的大小尖底船，它會大到何種程度也就可想而知了。事實也正是如此。我們在琉球檔案裡發現了一些可具體測算船隻載重量的資料。如嘉慶十五年（1810）李喜清等九人自宮古運載「糧米五百四十包、馬一匹」返回那霸，在洋遭風。[23]據道光十六年（1836）玉城仁屋等人的遭風案，每包米重七十五斤。[24]如果按此推算，這 540 包糧米總重量為 40500 斤，倘若加上九個人和一匹馬，並考慮還有一些雜物，充其量也不會超過 50000 斤。也就是說，這隻船的載重量僅為 400 餘石而已（按 1 石=120 斤折算）。這樣的載重量在福建沿海地區僅屬小型漁船，根本無法與大、中型商船（載

[22]徐葆光《中山傳信錄》，卷六，舟。
[23]《寶案》，第 291 頁；《選編》，第 415 頁。
[24]《寶案》，第 368-369 頁；《選編》，第 754-755 頁。

重量為 2000 石或 2000 石以上）相比擬。[25]

　　由於船隻太小，只能用於琉球國內各島嶼之間的航行往來，但一遇強風就很難抗禦，尤其是被風漂出大洋之後，其危險性就很大。因此之故，我們發現在清代漂往臺灣的琉球難船中，幾乎很難找到幾隻還能修復並駕駛回國的，大部分船隻不是在大海中解體，就是在靠近海岸時「沖礁擊碎」了。

二、清政府對琉球難民的賞恤政策

　　琉球難民遭風漂抵臺灣，首先由地方官府予以救助撫恤，再護送內渡，最後從福州遣使回國。

　　福州自從明成化年間取代泉州設置柔遠驛以後，便成為琉球貢船、使臣往返的出入口岸，直至清代仍是如此。由於福州常有琉球船隻往來，並有留住的琉球通事人等，因此也自然成了接受各地送來琉球難民的安置和遣返中心，並由此形成一整套撫恤制度。

　　清代撫恤琉球難民的制度是逐漸形成的。在康熙末年，臺灣救助上岸的琉球難民如何護送撫恤仍在探索過程中，尚未完全制度化。如康熙五十九年（1720）仲治等四人遭風漂至淡水金包里，閩浙總督覺羅滿在接獲報告後批示：「行司查明是否琉球人氏，因〔何〕船被風飄擊碎？訊取確供。如系琉球難番，或即自臺竟行遣回、或送至省交入琉球館驛一同歸國；確查成例，妥議詳報。」[26]也就是說，當時對於臺灣救助的琉球難民是否需要送省並沒有成為定例。而後來由於這批難民仍被護送到省，並查成例予以撫恤安置，以後就成固定的模式被延續下來。

　　清朝對琉球難民的撫恤可以分為兩部分：一部分是發給口糧、鹽菜銀和行糧以資贍養；另一部分是另外加賞。發給口糧、鹽菜銀的制度是依照康熙五十三年（1714）的成例辦理的。康熙六十年（1721）仲治等

---

[25] 參見陳國棟《清代中葉（約 1780-1860）臺灣與大陸之間的帆船貿易》，載《臺灣史研究》，第一卷，第一期，1994 年 6 月。

[26]《寶案》，第 155 頁。

四人自臺灣護送到福州,即安插於柔遠驛。福防廳就此詳覆布政司云:「蒙發職查作何贍養給與口糧回國之處?案查康熙五十三年有琉球飄風難夷鳩間與人等男婦四十二名口飄至廣東,解送到閩;至閩之日,即安插柔遠驛,每人日給米一升、鹽菜銀六厘。及該國貢船返棹之日,附搭歸國;登舟之日,仍給行糧一個月在案。今此難夷仲治等四名應體照前例,每人日給米一升、鹽菜銀六厘,附搭進貢船隻歸國;至登舟之日,仍給行糧一個月,以資〔長途〕食用。」福建布政司檢查案卷後認為已有成例可循,「自應如其所議」,並批明「但米移糧驛〔道〕給與,銀在地丁支給」。[27]據此,對琉球難民的贍養撫恤有了正常的開支管道。此後凡是護送到省的琉球難民均按此定例發給口糧、鹽菜銀和行糧,直至清末沒有什麼變化,有變化的只是乾隆初年進一步對報銷管道予以調整而已。

　　除了發給撫恤銀、米之外,對仲治等人還有另外給賞。前引福建布政司另一件呈報督、撫的詳文云:「伏查五十三年鳩間與人等男婦四十二名除給與銀、米之外,每名口另賞葛布一疋、棉布一疋,係蒙前憲特行額外賞給,所動銀兩於俸工項下支銷,無關題報。今此難番四名,似應體照舊例,行令福防廳實備葛布、棉布各四疋賞給該難番承領,仍將給過銀兩支銷俸工項下;是否允協?合就詳明,伏候憲台批示遵行。」[28]福建督、撫很快就如詳允准。這項開支由於係屬「額外賞給」,與日常贍養的口糧銀米不同,因此只能俸工項下支銷;而且由於它的「額外」的,可以較為靈活處置,所以也沒有作為定例被嚴格堅持下來。事實上,在雍正年間臺灣救助的三批琉船遭風案中,都沒有額外賞給一項。直至乾隆初年由於清廷的一道上諭,才使這個制度進一步完善起來。

　　乾隆二年(1737)閏九月十五日,乾隆帝根據浙江一起琉船遭風事件發佈上諭云:

　　　　聞今年夏秋間,有小琉球中山國裝載粟米、棉花船二隻遭值颶

---

[27]《寶案》,第156頁。
[28]《寶案》,第157頁。

風，斷桅折柁，飄至浙江定海象山地方。隨經大學士嵇曾筠等查明人數，資給衣糧，將所存貨物一一交還，其船隻、器具修整完固諮赴閩省附伴歸國。朕思沿海地方，常有外國船隻遭風飄至境內者。朕□胞與為懷，內外並無歧視，外邦民人既到中華，豈可令一夫之失所，嗣後如有似此被風飄泊之人船，著該督、撫督率有司加意撫恤，動用存公銀兩賞給衣糧，修理舟楫，並將貨物查還，遣歸本國，以示朕懷柔遠人之至意。將此永著為例。[29]

　　乾隆皇帝的這道諭旨，除了要求各地對遭風難民要「加意撫恤」外，還明確表示應「動用存公銀兩賞給衣糧，修理舟楫」等等。自此以後，福建地方官員即對琉球遭風難民的撫恤標準重作調整。新調整後的標準是：自難民進入福州內港之日起，每人每日支給鹽菜銀六釐、米一升，登舟之日發給行糧一個月以資回國之用。同時給予賞物，每人賞給扣藍布四疋、棉花四斤、煙一斤、麵一斤、茶葉一斤，並酌計人數，賞給豬、羊、酒三項。所有支出動用存公銀兩報銷。[30]新實行的恤賞標準，除了以資贍養的口糧、鹽菜銀、行糧與過去相同之外，賞給的棉布、煙茶、酒肉等物品大大增加；而且這些花費都有了統一的報銷管道，並不像過去那樣分別在糧驛道、地丁銀及官員俸工項下支給。

　　乾隆四年（1739）田澤實等九人遭風漂抵臺灣三貂角，解省後照例發給口糧、鹽菜銀和行糧，並每人賞給布、棉、煙、麵、茶葉等項，九人還「共賞給豬一口、酒一埕」。[31]乾隆十年（1745）多良間親雲上等四十人遭風漂抵臺灣金包里，次年安插館驛後，除照例發給銀、米之外，還動用銀八十二兩二錢八分備辦布疋、棉花、灰麵、茶葉、生煙及「豬二隻、羊二牽、酒二埕」，由布政司會同糧驛道「當堂按名賞給」。[32]乾隆十五年（1750）慶留間等四人遭風漂抵臺灣淡水，當時由於人數較少，因此將賞給的豬、羊、酒改為「每人給豬肉四斤、羊肉四斤、酒四斤」。

[29]《高宗純皇帝實錄》，卷五二，乾隆二年閏九月庚午。
[30]見《寶案》，第 174 頁。
[31]《寶案》，第 174 頁。
[32]《選編》，第 17-18 頁；又參見《寶案》，第 177-178 頁。

又因「布疋等項，目今時價不等」，變通改為體照乾隆十一年撫恤多良間親雲上等人之例，「折給價值」，而不給予實物。[33]自此以後直至清末，凡有恤賞琉球難民的實例，除了發給口糧、鹽菜銀、行糧之外，所有給賞部分大都按照以上標準「折價給領」了。[34]

　　清政府對琉球遭風難民的撫恤是特別優厚的。尤其是乾隆二年（1737）上諭發佈以後，東南沿海各省凡遇有琉球難船遭風漂到，都動用存公銀兩從優撫恤。「無衣者酌給衣服，受傷患病者加意撥給醫藥調治」；[35]如果船隻還能使用，又會酌撥銀兩雇匠予以修固。難民護送到福州後，仍照例發給鹽菜、口糧，並賞給布、棉、麵、茶、煙及豬、羊、酒等。儘管有些時候（主要是乾隆末年至嘉慶初年）對難民在外省（或外地）已經恤賞的，至閩後就不再加賞，但大部分時候執行並不很嚴格。尤其是對臺灣送來的琉球難民，經常是照例加賞。如嘉慶十五年（1810）李喜清案、十六年（1811）具志堅案，送省後均賞給布棉酒肉，「折價給領」。[36]嘉慶十九年（1814）宮成等七人遭風案件，在臺灣已「賞給衣食等項」，到省後仍「應按照賞給布、棉等物，折價給領」。[37]道光二十四年（1844）具志堅築登之青雲上等人遭風漂抵噶瑪蘭，在臺已「賞給飯食、衣袴、番銀、茶葉等物」，抵省後亦照例撫恤給賞。[38]直至清末日本據臺前夕，這種狀況仍沒有改變，光緒十一年（1885）鄭邦選等七人遭風漂抵臺灣，後又漂到香港，「在臺在粵均有賞給飯食、綿衣」，到福州後又發給口糧、鹽菜銀等，「並照例加賞物件，折價給領，統於存公銀兩動支」。[39]光緒二十年（1894）屋良等人在洋遭風漂抵宜蘭洋面，被

---

[33] 《寶案》，第 178 頁。按，吳幅員先生認為「自（乾隆）十一年起，布疋等項折給價值」（《在臺叢稿》第 230 頁）。其實乾隆十一年仍給實物，自十五年起才折給價值。

[34] 大部分是「折價給領」，但也有一些是賞給實物的，如嘉慶十五年建西表等難民遭風案，是賞給「布、棉、酒、肉」等物。見《寶案》，第 299 頁。

[35] 《宮中檔乾隆朝奏摺》，第九輯，臺北故宮博物院編印，第 230-231 頁。

[36] 《寶案》，第 292、296 頁。

[37] 《寶案》，第 311-312 頁。

[38] 《選編》，第 863 頁。

[39] 《選編》，第 1150 頁。

當地民人救起，送閩後亦仍予以撫恤和加賞。[40]由此可見，清政府對琉球難民的撫恤政策是相當優厚且持之以恆的。特別是光緒年間中琉雙方的通貢貿易已經中斷，但對琉球遭風難民的撫恤卻仍一如既往，並沒有受到任何影響，這完全是值得肯定的。

　　清朝政府對琉球難民的從優撫恤政策，一方面是由於清政府對「懷柔遠人」的重視，另一方面也是中琉雙方長期友好關係的產物。早在雍正二年（1724）當巡臺御史禪濟布等奏報撫恤漂流臺灣的琉球難民時，雍正帝就在奏摺中批道：「荒外遠人，理應加意存撫，以示中華廣大之仁。」[41]乾隆二年（1737）乾隆帝得知有琉球難船二隻漂抵浙江，即諭令地方官員要「加意撫恤」，嗣後如有外國船隻遭風飄至者，均應動用存公銀兩予以賞恤，「以示朕懷柔遠人之至意」。乾隆五十八年（1793）當清廷得知江蘇擬將遭風的琉球船隻及粟米等項變賣時，即諭令地方官員「必當格外體恤，於照值變價外略與便宜」，「毋許該地方官估變稍有短少，致為外夷所輕也」。[42]朝廷既然有如此明確的態度，底下就會有相應的行動。我們在沿海各省的奏摺中經常可以看到「從優撫恤」、「加意撫恤」等字樣，而且往往在敘述琉球船隻的遭風過程之後，就會加上「臣查琉球國世守外藩，甚為恭順」，應請照例予以撫恤，「以仰副聖主懷柔遠人之至意」等等。這裡面固然有承迎皇上諭旨的意味，但同時也反映了當時中琉友好關係的狀況。事實上，有清一代中琉雙方都對遭風的難民予以格外撫恤和照顧的。如乾隆二十一年（1756）有四名臺灣原住民遭風漂抵八重山，其中一人因病身亡，其餘三人均在琉球受到撫恤，「該國番官按日供給口糧，並給衫襖，資送回國」。[43]諸如此類的例子還很多。有的琉球船隻自己在洋遭風，還不顧危急搶救遇難的中國船民。乾隆十年（1745）多良間親雲上等四十人在洋遭風漂至臺灣後山，「遇內地商

[40]《選編》，第 1171 頁。

[41]《雍正硃批奏摺選輯》，臺灣文獻叢刊第 300 種，臺北：臺灣銀行經濟研究室，1972 年，第 187 頁。

[42]《清代中琉關係檔案續編》（以下簡稱《續編》），北京：中華書局，1994 年，第 942-943 頁。

[43]《續編》，第 342 頁。

船在彼被風打壞，負板求生，救起徐萬興等二十人，一同飄流洋面」，後來又被風浪打至金包裡獲救。[44]像這樣在海上互救、竭誠相助的行動是相當感人的，因此他們在臺灣和福州都得到了「厚加撫恤」也是理所當然。

三、清代臺灣對琉球難民的撫恤與護送內渡

清代漂往臺灣的琉球船隻大都漂抵臺灣北部，但也有一些是漂往後山或漂至南路的。這些在洋遭風的琉球難民一經被發現，當地兵民便會設法救助，並逐程移送公所安頓，以至送省。因此，清代臺灣是如何撫恤琉球難民的，又如何護送他們內渡，也是值得探討的問題。

在早期，琉球難民漂抵臺灣，往往是由地方官員捐資予以撫恤。如雍正二年（1724）六月初四日巡臺御史禪濟布、丁士一聯名上奏云：五月初七日，有琉球難船一隻漂抵八里坌，船上廿八人「奔投上岸」，「解送來府；轉報到臣衙門」。「臣等隨捐給糧米，並飭該地方官沿途保護，毋致失所」。[45]乾隆十年（1745）多良間親雲上等四十人漂抵淡水金包裡，隨身所帶被褥俱已漂失。當地官員立即稟明巡臺御史「酌動公項各制給鋪蓋一副，並各捐俸厚加賞賚」。[46]乾隆三十七年（1772）當間仁也等一百餘人遭風漂抵南崁港，淡水同知聞訊前往查詢救援，即「捐給糧食，具文通報」；「複又捐資」將他們護送到府，「重加賞恤」。[47]乾隆四十四年（1779）石原等廿五人遭風漂抵淡水，「經該處捕魚番丁赴救登岸，並撈起濕米等項」。淡水同知「隨捐給棉衣、口食，並將濕米散給赴救番丁以示獎賞，仍按市價捐銀給難番收領」等。[48]

值得注意的是，乾隆二年（1737）清廷已明諭各省動用存公銀兩撫

---

[44] 《選編》，第 14-15 頁。

[45] 《雍正硃批奏摺選輯》，第 186-187 頁。

[46] 《選編》，第 15 頁。

[47] 《實案》，第 195-196 頁。

[48] 《選編》，第 195 頁。

恤遭風的外國船民，此後閩浙總督亦明示「即令各該縣動支存公銀兩」，妥為撫恤琉球難民；[49]而臺灣仍沿用過去的作法，除了「酌動公項」予以撫恤外，仍有一部分資助來自官員的「捐俸」，特別是知縣以下的官員此類機會更多。這可能與當時臺灣存公銀兩較少、不敷應用有關。直至乾隆五十年（1785）向裔富濱等人遭風漂抵後山，經「捕魚熟番救援到淡水三貂社」，仍有當地官員「捐給口糧」的記載。[50]

　　清代臺灣對琉球難民的撫恤是多方面的。除了發給口糧之外，由於船隻漂抵臺灣多在秋冬季，難民隨帶行李又往往被風漂失，因此常需賞給衣服、棉被、鞋襪等物。有的難民在臺患病或者身故，還需地方官員予以料理。前述乾隆三十七年（1772）當間仁也等一百餘人漂至淡水，當地官員即「捐給糧食」，隨後又有水手一名、小孩一名因患病登岸先後身故，「均經淡水同知驗明掩埋」，並捐資將難民 115 名連同行李護送到臺灣府，「重加賞恤」。[51]乾隆五十三年（1788）平良等人遭風漂抵臺灣後山，十二月從「生番地方」陸續走出，遇見內地民人帶往營汛轉送鳳山縣，「恤給口糧、衣物」。又護送到臺灣府安頓撫恤，「日給口糧，並賞賚銀錢、棉布、鞋襪等項」。[52]嘉慶四年（1799）十月兼個段等人遭風漂抵三貂角海邊，「經該處官兵救護，賞給飯食、錢文、衣服，遞送臺灣府安頓館驛；又經賞給番銀、布疋、食物等項」，委派員役配船內渡。[53]有的難民在臺受撫恤的記載特別詳細，以下再舉一例：同治七年（1868）七月末，被風漂抵臺灣北部的恭克秀等人，經民人帶往噶瑪蘭通判衙門安頓後，「給與飯食。八月初七日蒙賞給番銀二十圓，派令員役轉護起程；至初十日送到淡水同知衙門，又蒙安頓給食，並賞難夷等十三名每人布棉襖褲各一件、番銀各一圓。難夷等並將海參就地變賣番銀十七圓」。[54]

[49]《宮中檔乾隆朝奏摺》，第九輯，第 230-231 頁。

[50]《明清史料》，庚編，第四本，第 365-366 頁。

[51]《寶案》，第 195-196 頁。

[52]《寶案》，第 244 頁。

[53]《寶案》，第 247 頁。

[54]《選編》，第 1062-1063 頁。

　　由於清代臺灣交通頗為不便，因此遭風難民在某處被搶救上岸後，往往要先送到附近的衙門，再逐程轉送安置，最後抵達港口配船內渡，頗費周章。特別是當難民之中有人患病或不幸病故時，就更需要時間予以調治或處理。因而往往一起難民事件，從搶救上岸到送抵福州，動輒長達數月之久。如道光二十九年（1849）山長元等人於九月二十四日在洋遭風漂抵臺灣洋面，後來經內地民人救助，最後送抵福州已是次年的二月間。其整個移送過程詳情如下：

> 至（九月）二十七日，幸遇內地民人救助收留。二十九日，先將難夷們二十一人帶到噶瑪蘭廳衙門。尚有十五人因足難行，在彼看顧；至十一月初一日，複行護送到噶瑪蘭——一共三十六人。荷蒙該處地方官將難夷們安頓公所，賞給飯食；隨蒙查訊，並賞難夷們三十六人銅錢各二百文、布手巾大小各二條、草鞋各一雙、藍布短襖各一件、白布襯褲各一套、棉被共十八床。內難夷長善安、高那二名因水土不服，得沾病恙。蒙賞醫藥調治罔效，在彼先後病故；均蒙賞給棺衾，就地收埋標記。
>
> 至十二月十九日，蒙撥兵役將難夷們三十四人護送啟程，並賞難夷們銅錢各二百文、雨傘各一把、鞋各一雙。至二十三日，送到艋舺；又蒙安頓公所，賞給飯食、錢文。至本年（引者按：道光三十年）正月二十九日，荷蒙該處地方官委員護送，將難夷們三十四人配搭小船送到滬尾地方。二月初四日，又將難夷們三十四人配船內渡。
>
> 初六日在廈門登岸，隨即起程，行抵泉州府地方。內難夷長善柱一名因在途得沾出痘病症，蒙撥醫調治，服藥不效，在惠安縣地病故，蒙給棺衾就地掩埋。初八日，又蒙給發夫轎，將難夷們三十三人抬送起程；十一日，行抵興化府城住宿。內難夷西表一名因在途沾染出痘，醫藥不效；是夜在莆田縣公所身故，蒙賞棺衾就地收埋。所有難夷們三十二人並隨身衣包等件，沿途均蒙給發飯食、夫轎，按站接護進省；十五日，到驛安插。[55]

---

55 《寶案》，第 387-388 頁。按，原文無分段，以上引文為醒目起見，由筆者自行分段。

　　由此可見，山長元等人於道光二十九年九月二十七日獲救後，直至次年二月十五日才送到福州，總共費時將近五個月。其中在臺灣各站安頓調治花去了四個月有餘，而配船內渡直至進省前後僅十二天左右，可見清代臺灣為撫恤琉球難民所付出的人力、物力是相當大的。

　　琉球難民不管在何處被救起，都要護送到官方指定的口岸配船搭載。清代臺灣在早期只開放鹿耳門一口與廈門對渡，直至乾隆四十九年（1784）才增開鹿港與蚶江對渡，五十三年（1788）又開放八里坌與五虎門對渡，至嘉慶十五年（1810）始允准三口一律通行，「不拘對渡」，船隻可以較自由往來。[56]由於清政府對船隻管理甚嚴，因此凡遇需要配運的任務，在乾隆末年以前均須移送到臺灣府，交由臺防廳辦理。清代臺灣配運琉球難民的船隻，一般都選擇大型民船。如乾隆四十四年（1779），石原等廿五人由淡水移送到臺灣府城，由臺防廳「配搭船戶吳發利、洪雙春兩船」內渡，但後來由於洪雙春船在洋遭風，又經臺防廳將所剩難民「另配陳益利海船到廈」。[57]乾隆五十年（1785），向裔富濱等二十人亦由淡水遞送到臺灣府，在移送臺防廳「配搭晉江吳振興船隻，委員赴廈，轉遞到省」。[58]同年，在臺灣北部被救起的平田等二十三人，也是先送到臺灣府，再由臺防廳「配搭海澄縣船戶廖和山船隻」內渡的。[59]

　　從總的看，清代臺灣配船運送琉球難民有一定規律。根據檔案記載所留下的資料，大致可劃分為兩個階段：

　　第一階段，嘉慶二十年（1815）以前，此時臺灣所救助的琉球難民主要是從鹿耳門配船，對渡廈門的。儘管這時期臺灣已經開放了三個口岸，而且可以一律通行，不拘對渡，但在各地救助的琉球難民，仍須移送到臺灣府，從鹿耳門配船內渡。之所以會有這種安排，一方面是由於

---

[56] 《臺案彙錄丙集》第二冊，臺灣文獻叢刊第 176 種，臺北：臺灣銀行經濟研究室，1963 年，第 283 頁。

[57] 《寶案》，第 208 頁。

[58] 《寶案》，第 214 頁。

[59] 《寶案》，第 219 頁。

當時臺灣的政治中心仍在臺南；另一方面更為重要的，是由於此時臺南與廈門的帆船貿易仍很活躍。乾隆至嘉慶初年，「廈門商船對渡臺灣鹿耳門向來千餘號」，而且都是橫洋船，樑頭在二丈以上。[60]這對於配運琉球難民相當有利，也是較為安全的。

第二階段，嘉慶二十年以後。此時配送琉球難民內渡出現了各口通行的狀況。具體地說，在南部救助的難民主要仍由鹿耳門配運，而在北部救助的難民除了個別經由鹿耳門之外，其餘絕大部分都在淡水等北部港口配船搭載。嘉慶中葉乃至道光以後，臺灣北部的帆船貿易正日趨活躍，而南部鹿耳門、中部鹿港則在急劇衰退之中。[61]因此，配運港口的變化實際上也是臺灣經濟重心轉移的一種反映。然而，這時期琉球難民的配船內渡仍有兩點需作說明：其一，由於清代臺灣所遇琉球難民大都漂抵北部，因此這時期從北部淡水（包括八里坌、艋舺）及基隆配運的實例特別多，反而南部是較次要的。其二，儘管大部分難民均從北部配船內渡，但在咸豐初年以前，這些船隻大都在蚶江靠岸而沒有直航福州。如嘉慶二十年（1815）馬瑞慶山案、二十二年（1817）志理真案、二十五年（1820）金城案、道光十六年（1836）玉城仁屋案，以及咸豐元年（1851）永束齊案、喜久里案、宮平案等等，均是如此。[62]但至咸豐七年（1857）以後，由於福建沿海地區爆發的小刀會——林俊起義尚未平息，交通受阻，因此搭載琉球難民的船隻便改為從臺北直航福州了。緊接著進入光緒年間，兩岸已有輪船往來。特別是福建船政局製造的官輪經常航行於臺北、福州之間，從臺灣護送琉球難民內渡有了更便利的條件，因此以後琉球難民大都改乘輪船，而且直接進省，其移送速度也比過去大大提高了。

清代臺灣對琉球難民的撫恤是整個中琉關係的組成部分。由於臺灣地近琉球，因此琉球船隻在海上遭風很容易漂流而至。從總體上看，清代臺灣對琉球難民的救助撫恤是相當積極而且不斷發展的。特別是在日

---

[60]道光《廈門志》，卷五，船政略‧商船。
[61]參見陳國棟《清代中葉（約1780-1860）臺灣與大陸之間的帆船貿易》。
[62]詳見《寶案》，第320、328、369、392、393頁，以及《選編》第536-537頁。

軍侵臺事件發生以後，中琉通貢貿易出現了中斷，但臺灣對琉球難民的撫恤和救助卻仍一如既往，繼續改善。這不僅體現了清朝對琉球難民撫恤政策的連續性，而且為維護中琉友好關係的發展也作出了積極的貢獻。

附錄：清代臺灣所遇琉球遭風難民事件一覽表

序號	遭風時間	人名	簡要遭風事由	漂抵地點	出處
1	康熙 59.10	仲治等 6 人	永良部往北山採取木料	淡水金包里	寶 155-161
2	雍正 2.閏 4	下里與等 16 人	不詳	澎湖西嶼	寶 162　硃 186-187
3	雍正 2.5	宮國目指等 25 人	不詳	八里坌	寶 163-166　硃 186-187
4	雍正 9.11	石垣等 48 人	太平山往那霸進米納貢返回	淡水大鼻頭	寶 167-172
5	乾隆 4.11	田澤實等 9 人	永良部往山原運柴生意	三貂角	寶 173-176
6	乾隆 10.12	多良間親雲上等 40 人	麻姑山往中山運漕進貢	臺灣後山	選 14-18
7	乾隆 15.2	慶留間等 4 人	自馬齒山出港捕魚	淡水八尺門	寶 177-182
8	乾隆 16.11	比屋定目指等 22 人	古米山往中山王府交納糧米等	雞籠山	寶 184-186
9	乾隆 19.4	豐宇望等 21 人	奉命自中山往大筆山運米穀	淡水奇直港口	宮（9）230-231
10	乾隆 37.8	當間仁也等 118 人	多良間往宮古島避饑荒返回	淡水南崁港	寶 195-201　選 147-151
11	乾隆 42.4	向宜烈等 34 人	受撫恤的難民自福州返回琉球	鳳鼻尾海邊	寶 202-207　宮（40）819
12	乾隆 42.4	田福等 10 人	姑米山差往中山王府交納米石等	三貂角洋面	寶 202-207　宮（40）819

13	乾隆 44.9	石原等 25 人	久米島差往中山王府交納糧米	淡水	寶 208-212 選 195-196
14	乾隆 50.1	向裔富濱等 20 人	奉命自太平山往多良間載粟交納國王	臺灣後山	寶 213-217 選 205
15	乾隆 50.11	平田等 23 人	自那霸出海經商	臺灣後山	寶 218-222
16	乾隆 53.10	平良等 16 人	太平山往中山王府交納棉布返回	南路生番地方	寶 223-226、230-232
17	乾隆 55.11	古波洋等 16 人	奉差自那霸往那姑尼運貢米	臺灣海邊	寶 235-238 選 238-239
18	嘉慶 4.10	間個段等 20 人	那霸往宮古島貿易	三貂角	寶 247-252
19	嘉慶 8.9	馬齒山 1 人	運米粟往中山王府交納	鳳山縣	寶 269-271
20	嘉慶 11.5	柳氏友寄等 11 人	那霸往北山裝載柴火	雞籠山外洋	寶 369-370
21	嘉慶 13.3	金城等 3 人	自絲滿出港釣魚	臺灣北路	寶 285-289
22	嘉慶 15.3	多喜清等 9 人	奉差自那霸往宮古島裝載貢米返回	大雞籠深澳	寶 290-294 選 415
23	嘉慶 15.10	建西表等 42 人	麻姑山往琉球國公幹返回	南路四浮鑾	寶 297-306 選 451-452
24	嘉慶 16.閏3	具志堅等 12 人	泊村差往八重山催納貢米	淡水	寶 295-296 選 446
25	嘉慶 18.4	樂永儀等 9 人	那霸差往八重山運米	臺灣芝葩里	寶 307-310 選 459-460
26	嘉慶 18.4	伊良波等 3 人	在馬齒山放釣	臺灣金雞貂	寶 307-310 選 459-460
27	嘉慶 19.3	宮城等 7 人	那霸差往八重山催納米石	鳳山番社	寶 311-314 選 464-465
28	嘉慶 20.4	安里等 14 人	芭蕉島差往八重山裝載糧米	鳳山打鼓	寶 315-318 選 482-483
29	嘉慶 20.4	馬瑞慶山等 19 人	那霸差往宮古島催收粟麥返回	烏石港	寶 319-322 選 481
30	嘉慶 22.10	內間等 7 人	久高島、鳥島往外島變賣米石	艋舺金包里	寶 323-326 選 509-510

31	嘉慶 24.8	志理真等 9 人	姑米山差往那霸交納小米	雞籠澳	寶 327-330 選 523-524
32	嘉慶 25.7	金城等 8 人	邊戶村差往那霸交杉木返回	大武崙澳	選 536-537
33	道光 5.9	上江洲築登之等 30 人	奉差自姑米山運米往那霸交納	蘇澳馬賽	寶 336-339 選 629-630
34	道光 8.9	葉渡山等 14 人	那霸往名護郡裝載薪米	琅嶠山後	寶 347-352 選 662-663
35	道光 12.11	比嘉等 4 人	山北府往那霸賣薪木返回	噶瑪蘭龜山	寶 354-356 選 718
36	道光 13.1	知念等 10 人	渡名喜島往那霸賣豬返回	臺灣後山	寶 357-360 選 725-726
37	道光 13.12	真章等 5 人	八重山差往那霸交納黑繩等返回	噶瑪蘭觸奇犁	寶 361-364 選 729-730
38	道光 16.1	嘉手莉史地頭等 17 人	姑米山往中山王府交納柴木等	南路生番界	寶 365-367 選 747-748
39	道光 16.9	玉城仁屋等 36 人	久米島往中山王府交納糧米火柴	臺灣後山	寶 368-371 選 754-755
40	道光 18.1	大城築登之等 5 人	久米島差往那霸交納火柴角木等	琅嶠大秀房莊	寶 372-373 選 771-772
41	道光 18.3	鄭氏山口等 14 人	奉差自那霸往八重山催運糧米	鳳山東港	寶 373-375
42	道光 20.4	平氏友寄等 9 人	奉差自那霸往宮古島催運糧米	打鼓汛歧洋面	寶 376-377 選 815-816
43	道光 20.11	平姓大城築登之親雲上等 26 人	奉差自那霸往喜界島催運糧米返回	傀儡番界	寶 378-381
44	道光 24.4	具志堅築登之親雲上等 7 人	泊村往本部郡貿易，遇風返回	噶瑪蘭	寶 381-385 選 862-863
45	道光 29.9	山長元等 41 人	八重山往中山王府交納布定返回	噶瑪蘭	寶 386-390 選 908-909
46	咸豐 1.11	永束齊等 12 人	久米山差往那霸交納糧米	雞籠	寶 391-392
47	咸豐 1.12	喜久里等 29 人	久米山往那霸交納	八尺門外洋	寶 392-393

			貢米返回		
48	咸豐 1.12	宮平等 14 人	渡名喜島往久米山販運米等返回	噶瑪蘭	寶 393-396
49	咸豐 7.6	新垣等 9 人	那霸差往八重山催運糧米	三貂洋面	寶 401-402 選 1001-1002
50	咸豐 10.閏3	空沒俶哪等 8 人	多良間差往太平山交納布疋返回	淡水洋面	寶 407-408 選 1014
51	同治 4	比嘉、宇良等 9 人	不詳	淡水	續 1457-1458
52	同治 7.7	恭克秀等 13 人	那霸往宮古島貿易返回	噶瑪蘭	選 1062-1063
53	同治 8.8	渡嘉敏等 2 人	那霸往姑米山貿易	臺灣北部洋面	選 1071
54	同治 10.10	松大著等 46 人	八重山往中山王府交納方物返回	臺灣鳳山洋面	選 1079-1080 申 6-8
55	同治 10.10	島袋等 69 人	太平山往中山王府交納方物返回	琅嶠	選 1079-1080 申 6-8
56	同治 12.4	林廷芳等 9 人	那霸往太平山交納糧米返回	琅嶠	選 1084-1085 申 48-49
57	光緒 7.2	西銘等 14 人	南山府往八重山賣糖	臺灣縣洋面	申 996
58	光緒 8.9	久場等 8 人	那霸往太平山賣鹽茶等物	宜蘭洋面	選 1137-1138
59	光緒 8.10	向德明等 6 人	那霸開船往福建	臺北洋面	選 1135-1136
60	光緒 11.5	陳文選等 11 人	受撫恤的難民自福州返回琉球	臺灣	選 1169、1149
61	光緒 11.9	鄭邦選等 7 人	那霸開船往福建	臺灣	選 1150
62	光緒 15.10	馬如衡等 9 人	從與那原津駕坐海船出航	臺北三抱莊洋面	選 1157-1158
63	光緒 17.3	毛德昌等 11 人	從那霸駕坐海船出航	基隆洋面	選 1166-1167
64	光緒 20.6	屋良等 8 人	從北山駕坐海船出航	宜蘭洋面	選 1171

注：1.表上的人數為該案總人數，非指幸存人數。

2.出處一欄，數字代表頁碼，有加（）的代表第幾輯，漢字為書名簡稱，具體是：

寶──《琉球歷代寶案選錄》

宮──《宮中檔乾隆朝奏摺》

選──《清代中琉關係檔案選編》

硃──《雍正硃批奏摺選輯》

續──《清代中琉關係檔案續編》

申──《清季申報臺灣紀事輯錄》

從中琉關係檔案
看澳門在海外交通史上的地位

澳門作為廣東的一個外港，自明代中葉以後，隨著東西方貿易的展開而日顯重要，成為聯接海外、溝通東亞各國的一個著名商港。清朝統治時期，雖然澳門的對外貿易已出現衰退，但在對外交往方面仍然發揮著積極的作用。清政府不僅繼續利用澳門作為廣州的外港開展對外貿易，而且通過澳門與外部世界發生著各種聯繫，其中處理海上遭風事件就是一個重要方面。

清代有關澳門的檔案還沒有充分開發出來，[1]但我們仍然可以利用已經出版的檔案收集整理相關資料，以充實澳門研究的基礎。本文擬利用中國第一歷史檔案館近來編輯出版的《清代中琉關係檔案選編》、《續編》，[2]結合其他文獻記載，就清代澳門與之相關的海上遭風事件進行討論，從一個側面展示澳門在海外交通史上的地位。

一、澳門撫恤遭風琉球難民

在清代中琉關係檔案中，與澳門相關的海上遭風事件有兩類：一類是琉球船隻遭風漂到澳門；另一類是漂往其他地方的外國船員經澳門遣送回國。

琉球船隻何時與澳門發生關係史無記載，但可以肯定的是，明代就已有琉球船隻前往南洋貿易，在中國與東南亞之間扮演著「仲介貿易」的角色，[3]因此此時勢必有琉球船隻來到澳門，只是沒有確切記載而已。入清以後，有關琉球船隻遭風漂到澳門的記錄就明顯增多起來。據現有

1 參見戈斌《中國第一歷史檔案館及其館藏中葡關係檔案內容簡介》，載《澳門歷史文化國際學術研討會論文集》，澳門：澳門文化研究會，1995 年。

2 有關清代中琉關係檔案的整理，中國第一歷史檔案館已經出版 3 本，其中第三本即《清代中琉關係檔案三編》沒有澳門的資料，因此本文只利用《選編》和《續編》。

3 謝必震《中國與琉球》，廈門：廈門大學出版社，1996 年，第 224-229 頁。

的清朝檔案，第一個實例發生於乾隆二十四年底至次年初（1760），共
有難民 50 人，其遇難經過及獲救情況，根據福州將軍杜圖肯的奏報如
下：

> 該難番麻支宮良等俱系琉球國太平山人，於乾隆二十四年五月二
> 十一日由太平山裝米前赴中山王府貢納明白，本年十二月初八日
> 返棹，隨帶行李箱盒及零星日用雜物，在中山那霸港口開船。不
> 料至十二月二十三日在洋陡遭颶風，船不能進，只得將貨物拋
> 棄。至二十五日船桅吹折，隨浪飄流，於乾隆二十五年正月十三
> 日飄到廣東香山縣澳門洋面。幸遇澳甲看見來救，將船牽進內港
> 停泊，蒙香山縣賞給口糧。奈原船損壞難以修葺，情願就地變賣，
> 當經香山縣飭令埠保公同變售番銀三百五十兩，兌收明白，於本
> 年三月二十七日在香山縣起程，逐程護送前進閩省。該難番原系
> 五十名，現存四十六名，於五月十六日到閩，蒙恩安置館驛，格
> 外撫恤，將來只可附搭便船歸國。[4]

從這份奏摺可以看出，當時琉球船隻遭風漂往澳門，原因之一是運
載糧米前往中山王府交納。在清朝時期，琉球國內仍實行田地分賜制
度。「米惟國王及諸貴族官家得食，小民皆食番薯。」[5]因此每當夏收之
後，幾個主要產糧區如太平山、八重山、姑米山的運糧船隻就會紛紛北
上，將收穫的糧米作為貢賦交納給王府，等到東北季風起後再駕船返
回。[6]船隻在海上航行，在帆船時代要受到海潮、風汛的強烈影響。特
別是夏季，海上「大颶屢作，海雨橫飛」，[7]船隻遇難的危險性就很高。
但是在東北季風期，如果遇上強風也很危險，強勁的東北風會把船隻一
直往南刮去，有的就會漂抵澳門甚至更遠的地方。

清代漂往澳門的琉球船隻除了運糧船外，有的是外出經商貿易的，
如乾隆二十五年（1760）又有一起遇難的琉球船漂抵澳門，據福州將軍

---

[4]　乾隆二十五年六月二十四日，福州將軍杜圖肯奏琉球國飄風難民照例撫恤折，《清代中琉關
　　係檔案選編》（以下簡稱《選編》），北京：中華書局，1993 年，第 75 頁。
[5]　周煌《琉球國志略》，卷十四，物產。
[6]　參見本書《清代臺灣撫恤琉球遭風難民的案例分析》。
[7]　徐葆光《中山傳信錄》，卷五，田土。

杜圖肯奏云：

> 訊據琉球國存留通事毛允恭開報：難番大城等俱系琉球國中山
> 人，於乾隆二十五年七月內裝米駕小船往屬島貨賣，兌換棉花，
> 於九月內開船要回中山，因風不順莫能駛回。至十月初三日陡遭
> 颶風，隨將棉花拋棄八十包，任風飄蕩，直至十月十二日飄泊廣
> 東香山縣澳門地方。原小船朽爛不堪，情願就地變價，又將濕水
> 棉花二十五包，一併變銀。於本年（即乾隆二十六年——引者）
> 正月內在粵起程，沿途護送來閩。[8]

值得注意的是，這起琉球船隻遭風事件與前一起在時間上頗為接
近。前者是十二月二十三日在洋遭風，次年正月漂抵澳門；而這一起是
十月初三日突遭颶風，同月十二日漂泊廣東澳門地方。兩者同屬於東北
季風期。可見清代琉球船隻漂往澳門，是有明顯的季節性特徵的。

另一方面，這些漂往澳門的船隻都能得到妥善處理。「澳甲」看見
有難船即前來相救，「將船牽進內港停泊」。當琉球難民提出情願將船隻
或貨物就地變賣時，亦「經香山縣飭令埠保公同變售」，並賞給口糧，
加以撫恤，再派人逐程護送入閩。清代凡是有琉球船隻漂至中國沿海，
均須移送到福建省，再交由福州地方官安頓撫恤，最後遣送回國。從明
成化年間開始，福州就作為中琉雙方人員往來的官方指定口岸，直至清
末從未改變，因此澳門所遇琉球難民亦必須送往福州，不可例外。

清代究竟有多少琉球船隻漂抵澳門？尚難以確考，但就目前收集到
的檔案看僅有 4 例。其中前兩例已如上述。第三例是一隻運糧船在海上
遭風，又受到匪船的搶劫，最後「漂收廣東省香山縣」，並未指明澳門
地方。[9]第四例則是一隻貢船，與前三起均屬民船不同，它屬於官方性
質。

這隻貢船是嘉慶十五年（1810）前往中國納貢的二號船隻。是年共

---

[8]　乾隆二十六年六月初四日，福州將軍杜圖肯奏琉球國飄風難民照例撫恤折，《選編》，第
83-84 頁。

[9]　嘉慶元年七月二十日，護福建巡撫姚棻奏撫恤琉球國遭風難民折，《選編》，第 289 頁。

有兩隻貢船裝載表文、奏章、貢物以及官伴水梢人等前往中國，其中頭號船裝載硫磺 6300 斤、紅銅 1500 斤、白剛錫 500 斤，官伴水梢共 118 員名，又進京入監官生 4 名、跟伴 4 名，官生進貢的圍屏紙 5000 張、嫩熟蕉布 100 匹；而二號船裝載硫磺 6300 斤、紅銅 1500 斤、白剛錫 500 斤，並有都通事、跟伴水梢人等共 82 員名。於九月十四日一起開駕，到馬齒山候風。十一月十五日開洋，十七日在洋遭風，丟棄附帶貨物，至晚兩船即不相見。「十九日北風愈猛，頭號船砍去大桅，又丟棄貨物，任風漂蕩，至二十三日漂至廣東惠來縣香黃澳洋面」。而二號船又在海上漂流了好幾天，直至十二月初三日才「漂收該省香山縣屬澳門娘媽閣海面，船內蓬索多有損壞」。[10]

　　琉球貢船在洋遭風，清政府是極其重視的。早在嘉慶八年（1803），就有一隻琉球貢船漂抵臺灣沖礁擊碎，清廷聞訊後即發佈上諭云：

> 外藩尋常貿易船隻遭風漂至內洋，尚當量加撫恤，此次琉球國在洋沖礁擊碎船隻，系屬遣使入貢裝載貢品之船，尤應加意優恤。其撈救得生之官伴水梢人等著照常加倍賞給，嗣後遇有外藩貢船遭風漂失之事，均著照此辦理。[11]

　　由於清廷的關切態度，因此地方官員也不敢怠慢。當兩廣總督獲悉二號貢船已漂入粵洋停泊在澳門娘媽閣洋面時，即一面具折上奏，一面「複派同知司能任、署都司楊大鵬，並派舟師前赴澳門，將第二號貢舡帶赴省河照例辦理。」[12]與此同時在香山縣屬澳門方面，遇難的琉球船員「經該處地方官到船查驗撫恤，賞米貳拾包、銀捌拾貳兩、酒、豬等物。拾伍日，派撥小船引到廣東省城地方。貳拾壹日，奉廣東巡撫賞給白米、灰麵、豬、酒等物。貳拾伍日，將貳拾貳員名並貢物、行李，先

---

[10] 嘉慶十六年正月二十六日，閩浙總督汪志伊奏琉球國貢船遭風加意優恤折，《選編》，第 428-429 頁。

[11] 嘉慶十五年十二月二十六日，兩廣總督百齡等奏琉球國貢船漂入粵洋照例加倍撫恤折，《選編》，第 424 頁。

[12] 嘉慶十五年十二月二十六日，兩廣總督百齡等奏琉球國貢船漂入粵洋照例加倍撫恤折，《選編》，第 425 頁。

由陸路護送來閩，沿途均蒙文武官兵護送，賞給飯食。至本年貳月初柒日到館安插。」[13]可見，廣東各級地方官員對此次遭風事件的處理頗為認真迅速，顯示出直至清朝嘉慶年間，清政府對澳門地方的管理有時還是相當有效率的。

二、澳門遣送遭風外國船員

如果說清政府對澳門所遇琉球難民的撫恤救助，反映了當時中琉友好關係的一個側面；那麼因遭風漂往各地的外國船員經澳門遣送回國，則更突出了澳門在清代對外交往關係中的地位和作用。

康熙二十二年（1683）清朝統一臺灣以後，清政府的對外交往政策轉為積極。一方面開放海禁，允許商民前往南洋貿易；另一方面，在江、浙、閩、粵四省設立海關，開展對外通商。與此同時，對因遭風漂往中國的外國船民均予以撫恤，並根據不同情況，移送到有關通商口岸附搭便船回國。其中，琉球難民一般移送福州，日本難民移往浙江乍浦，而東南亞或西洋各國的遇難船民則移往澳門。

有關清代澳門遣送外國船民歸國的記載，就目前所知較早的為乾隆三十五年（1770）兩廣總督李侍堯的一份題本。該檔集中彙報了上年（乾隆三十四年）廣東「發遣難番歸國」的情況，其中涉及到澳門的部分如下：

> 又一起，沒來由國難番唧哆呢等共拾壹名，在本國裝載檳榔等貨赴廣南貿易，在洋被風，損壞桅篷，於乾隆三拾肆年伍月拾捌日飄至電白縣地方。經該縣驗明船隻難以修復，並據該番等願將船隻就地變賣，搭船回國，隨將破船及貨物變賣給領清楚，護送至省，轉送香山縣飭交澳門夷目領回安置，候搭便船歸國。嗣據香山縣申報：該難番拾壹名內，將難番喏嗶等肆名附搭澳門夷商萬威利瓜路第拾伍號洋船，於乾隆三拾肆年拾壹月初三日開往哥斯

[13] 嘉慶十六年三月十三日，閩浙總督汪志伊為琉球國貢船漂收廣東護送到閩事題本，《清代中琉關係檔案續編》（以下簡稱《續編》），北京：中華書局，1994 年，第 1116-1118 頁。

達貿易，順道回國。又將難番 哆呢等肆名附搭澳門夷商弗浪斜
嘮呢勞第拾捌號洋船，又將難番呲哩等三名附搭澳門夷商華貓殊
第貳拾三號洋船，俱於乾隆三拾肆年拾壹月初拾日開往哥斯達貿
易，順道回國。

又一起，沒來由國難番嶙呀石壹名，在本國同伴拾人，駕船壹隻
前往柬坡寨買檳榔，運往咖喇吧國貿易。駛至柬坡寨港外洋被風
打爛船隻，嶙呀石壹人抱板飄流登岸，往各處覓食，於乾隆三拾
肆年正月貳拾三日行至陸豐縣屬地方，經該縣盤獲恤給口糧，護
送南海縣訊明移交香山縣，飭發澳門夷目收領，候搭便船歸國。
嗣據香山縣申報，於乾隆三拾肆年拾貳月貳拾壹日附搭澳門夷商
馬諾哥思達第拾肆號洋船，開往哥斯達貿易，順道回國。[14]

從以上資料可以看出幾點：

1、這些「難番」均是「沒來由」人，分別駕船前往廣南、柬埔寨
等地貿易而遭遇風暴。「沒來由」在閩南語又與「巫來由」同，即今馬
來亞。[15]在下引檔案中我們還會看到，有時也被誤寫為「沒由來」。

2、這些「難番」都是先移送香山縣，再「飭發澳門夷目收領」，由
他們負責安排洋船搭載歸國的。亦是說在澳葡萄牙人有義務替清朝遣送
需要發遣回國的難民，澳門實際上成為清政府處理涉外事務的一個窗
口。

3、乾隆三十四年（1709），共有 4 艘洋船開往哥斯達貿易，搭載
12 名難民回國。哥斯達又譯作「哥什嗒」，即葡語 costa 的對音，地指
今印度半島東西海岸一帶。[16]可見運送難民回國與葡萄牙人在澳門傳統
的貿易航線是相一致的。

乾隆三十五年（1710），仍有外國船民經澳門搭船歸國。據兩廣總
督李侍堯呈遞的一份題本云：

---

[14]乾隆三十五年三月十四日，兩廣總督李侍堯為彙報發遣難番歸國日期事題本，《續編》，第
614-615 頁。
[15]參見翁佳音《大臺北古地圖考釋》，臺北：臺北縣立文化中心，1998 年，第 33 頁注 22。
[16]參見陳倫炯《海國聞見錄》，上卷，小西洋記。

茲據廣東布政使司布政使閔鶚元詳稱：

乾隆三拾伍年分，查有一起沒由來國難番麻林木大等壹拾貳名，在該國駕小船壹隻，裝載檳榔往柬坡寨國發賣，被風於乾隆三拾伍年陸月初拾日飄至海康縣屬地方，經該縣撫恤口糧護送至省，交南海縣安頓撫恤。隨據該番等情願將船貨變賣，給價收領，於本年柒月拾玖日遞往香山縣撫恤，轉發澳門夷目收領，覓船附搭歸國，於乾隆三拾伍年拾月拾捌日分搭夷商知古列地等船回國。（中略）

又一起，噶喇吧難番班正爛等玖名，在國置買椰玉、毛燕窩、番席等物，駕船載往柬坡寨販賣，於乾隆三拾伍年閏伍月貳拾玖日被風飄至瓊山縣屬地方，經該縣撫恤口糧安頓。隨據該番等以船隻壞爛，不能修復，願將船隻及椰玉、毛燕窩、番席等物就地變賣，獲價清楚，護送至省，交南海縣撫給口糧，轉遞香山縣飭發澳門夷目收領，覓搭便船歸國。內除難番謨答壹名在途病故外，尚有捌名俱於乾隆三拾伍年拾貳月初三日分搭夷商馬諾哥斯達、弗浪斜勝呢勞各船回國。[17]

　　這一年共有 20 名「難番」經澳門搭乘洋船回國，其中除了 12 名係屬馬來人之外，還有 8 名（原 9 名，1 名途中病故）是噶喇吧即今印尼雅加達人。他們都因遭風漂往海南島的海康、瓊山等縣，再從那裡送往廣州，經撫恤後最後送抵澳門。

　　至道光三年（1823），又有 16 名呂宋「難夷」經澳門回國。這些「難夷」原共有 17 名，他們於道光二年三月十二日自呂宋「駕船出洋，往本國內罵悅地方買賣穀食貨物」，但中途遭風漂至臺灣三貂角地方，船隻擱淺損壞。後來經福建省訊明恤給口糧，派人護送到廣州，再遞至香山縣「交澳門夷目收領」。其中 1 名在途身故，其餘 16 名於道光三年二月二十七日「附搭便船開行回國」。[18]

---

[17] 乾隆三十六年二月十二日，兩廣總督李侍堯為琉球等國難民歸國日期事題本，《續編》，第 640-641 頁。

[18] 道光四年正月二十八日，兩廣總督阮元為彙報發遣難番歸國日期事題本，《續編》，第 1025-1026 頁。

由此可見，清代每年從澳門遣送回國的外國船民大約是十幾二十人。他們有不少為東南亞各國的遭風難民，如來自馬來西亞或印尼雅加達等，但也有一些是呂宋「難夷」即西班牙人。這些人搭乘的洋船都在每年年底或年初趁東北季風向南開行，顯示澳門與南洋及西亞、歐洲各國交通貿易的密切關係，而這一切正是清政府視澳門為對外交往窗口的一個重要因素。

三、清政府對澳門的管理及其影響

清政府早在康熙二十三年（1684）開放海禁以後，就在澳門設立粵海關駐澳總口，內置關部行臺和大碼頭、南灣、媽閣、關閘 4 個小稅口，負責征稽進出澳門的船鈔貨稅。雍正三年（1725），兩廣總督孔毓珣進一步疏請在澳核定洋船總額，以加強對澳門葡萄牙船隻的管理。原疏文云：

> 查澳門夷船舊有一十八隻，又從外國買回七隻，大小共二十五隻。請將現在船隻，令地方官編列字號，刊刻印烙，各給驗票一張，將船戶、舵工、水手及商販夷人、該管頭目姓名，俱逐一填注票內。出口之時，與沿海該管營汛驗明掛號，申報督撫存案。如有夾帶違禁貨物，並將中國人偷載出洋者，一經查出，將該管頭目、商販夷人並船戶舵水人等，俱照通賊之例治罪。若地方官不實力盤查，徇情疏縱，俱照諱盜例題參革職。此夷船二十五隻題定之後，如有實在朽壞不堪修補者，報明該地方官查驗明白，出具印甘各結，申報督撫，准其補造，仍用原編字號。倘有敢偷造船隻者，將頭目、工匠亦俱照通賊例治罪。地方官失於覺察者，亦俱照諱盜例革職。[19]

清政府對澳門的管理，在初期還是相當嚴格的。雍正八年（1730），將香山縣丞移駐前山寨，專管澳門民夷事務。乾隆八年（1743），又題

---

[19] 印光任、張汝霖《澳門紀略》，上卷，官守編。

請添設海防軍民同知一員，駐紮前山寨，原縣丞移駐望廈村。澳門海防同知專司海防，同時兼理民夷事務。凡洋船入口，須先報明同知衙門，「給予印照」。[20]澳門同知亦常臨澳視察，或因船隻、人員等事件與葡萄牙人公文往來，催促辦理。如嘉慶十七年（1812）四月初四日，澳門海防軍民同知箚夷目：「定本月初五日臨澳，查詢西洋人高臨淵等三名，是否搭船回國一案，即預備公館。」嘉慶十九年十二月初八日，署澳門海防同知諭澳門夷目：本月初十日親臨澳門，查閱地方情形，要葡萄牙人「預備公館，並派撥夷兵，在三巴門伺候，大炮臺放炮。」[21]

除了澳門同知之外，香山縣知縣、縣丞、海關總口官員等亦常與葡萄牙人有公文往來，查詢各種事件，尤其對船隻的管理更為重視。清政府在澳門額設洋船 25 隻，「遞年往趁出口及回帆日期，並大小西洋、呂宋船隻，來澳頂額營生，向由夷目稟報」。嘉慶十七年（1812），有一隻大西洋船來澳頂補第十號船額缺營生，八月二十日進口，至二十六日始行稟報。因此，署香山縣左堂即於二十八日箚令葡萄牙人：「嗣後如有洋船回澳，應即隨時稟報。」同年十月初五日，署香山縣左堂又諭夷目啊啊哆：「查明本年九月初四日，在河面所見澳來夷三板之難夷等系何國人？在何處洋面遭風？曾否到澳？於何日駕駛三板進埔？有何別項情弊？」嘉慶二十年（1815）六月十二日，管理澳門總口稅務的官員亦在第二十二、第三、第一等號洋船進口後諭令葡萄牙人：「傳知各夷商，嗣後夷船進口，立即報明本關。」[22]

由於清朝政府的重視，因此在整個清朝前期特別是乾、嘉年間，地方官員對澳門情況的瞭解掌握是頗為具體的，管理也較有成效。如前引乾隆三十四、三十五年兩廣總督李侍堯有關難民回國日期的題本，哪號船隻搭載多少人、何時開航，均有詳細記載，甚至連「夷商」的名字都

[20] 梁廷枏《粵海關志》，卷七，設官。

[21] 方豪《流落於西葡的中國文獻》，載《方豪六十自定稿》下冊，臺北：臺灣學生書店，1967年。參見李德超《臺灣出版之有關澳門史料及庋藏之澳門檔案舉隅》，載《澳門歷史文化國際學術研討會論文集》，第 29-39 頁。

[22] 參見方豪《流落於西葡的中國文獻》，以及李德超《臺灣出版之有關澳門史料及庋藏之澳門檔案舉隅》，載《澳門歷史文化國際學術研討會論文集》，第 29-39 頁。

沒有漏過。這些船號和「夷商」名字，如果查照《廣東通志》所載「澳船二十五號名目」的資料，兩者均相互吻合。如乾隆三十四年（1769）第十五號洋船萬威利瓜路、第十八號弗浪斜嘮呢勞、第二十三號華貓殊、第十四號馬諾哥思達，在《通志》裡都可以找到，而且發音完全一致。乾隆三十五年（1770）運載難民回國的知古列地、馬諾哥斯達、弗浪斜勝呢勞等夷商船隻，如果對照《通志》也很容易辨認出來，它們即屬於第六、第十四、第十八號洋船。[23]由此可以看出，清政府對澳門地方的管理，是他們能夠以澳門為基地從事對外交往的基本前提。

明代中葉以後，澳門被葡萄牙人進入租居，葡人的勢力逐漸在澳門得以擴展，但從明代以至清鴉片戰爭以前，中國政府一直對澳門擁有管轄權、領土主權以及司法、財政等權力。「這種情況繼續有三個世紀之久，直到 1849 年為止。」[24]由於澳門地處珠江口外，正當東西兩洋要衝，明末以前對外貿易發展到了鼎盛的階段。清政府正是利用這個有利條件，在繼續開展對外貿易的同時，把澳門作為一個對外窗口處理各種涉外事件，包括海上遭風事件，從而使得澳門在清代海外交通史上仍然發揮著獨特而積極的作用。

---

[23] 參見阮元《廣東通志》，卷二百八十，經政略二十三。

[24] H.B.Morse:The Chronicles of the India Company Trading to China1635-1834,Vol.I,p.8-9，引自鄧開頌、黃啟臣《澳門港史資料彙編（1553-1986）》，廣州：廣東人民出版社，1991 年，第119 頁。

大陸移民
與閩臺區域歷史

歷史上大陸向金門的移民及其人口分析

金門地處海上，緊鄰廈漳泉，是最靠近大陸東南沿海的一片島嶼。歷史上金門由 4 個主要島嶼組成，即金門島（史稱浯洲，俗稱大金門）、烈嶼（俗稱小金門）、大嶝和小嶝。這 4 個島嶼總面積 175 平方公里。明清以前，金門一直隸屬同安縣管轄。1913 年曾劃歸思明縣。1914 年始單獨設立一縣。抗日戰爭期間金門被日軍佔領，未淪陷的大嶝島劃歸南安縣兼管。1949 年以後，大小嶝歸屬同安縣，大小金門及周圍小島仍由國民黨控制，組成金門縣。本文所要探討的地域範圍即以歷史概念為准，包括大金門、小金門及大小嶝在內。

由於金門與大陸距離甚近，因此歷史上其移民人口主要來自大陸東南沿海，尤其是閩南地區。兩地人員往來十分頻繁，關係密切。大陸向金門移民是什麼時候開始的，經歷了怎樣的過程？金門人口變動情況如何，原因何在？這是本文所要探討的主要問題。

一、大陸向金門的移民及其特徵

大陸向金門移民起源甚早。據說遠在晉朝，由於中原多故，就有蘇、陳、吳、蔡、呂、顏六姓難民避居島上。[1]1955 年，金門本島曾發現有古磚，據考古學家鑒定，此類古磚系屬兩漢至六朝時期的文物，而且在同一地點後來還發現了不少，「花紋亦複不一」。[2]這些古磚到底是怎麼傳入金門的，可否認為即是晉時中原難民的遺物？還很難作出確切的判斷，但至少可以說明在很早以前金門就有大陸的移民了。

唐時，金門為萬安監牧馬之地。林焜熿《金門志》說：唐「德宗貞元十九年（803），閩觀察使柳冕奏置。從牧馬監陳淵來者十二姓，蔡、許、翁、李、張、黃、王、呂、劉、洪、林、蕭。」[3]關於柳冕奏置萬

---

1 道光《金門志》，卷二，分域志·沿革。
2 增修《金門縣誌》，卷三，人民志，金門縣誌編修委員會編印，1991 年，上冊，第 353 頁。
3 道光《金門志》，卷二，分域志·沿革。

安監的事蹟，在兩唐書均有記載。《舊唐書》云：德宗貞元十三年（797），柳冕「兼御史中丞、福州刺史，充福建都團練觀察使。冕在福州奏置萬安監牧於泉州界，置群牧五，悉索部內馬五千七百匹、驢騾牛八百頭、羊三千口，以為監牧之資。」[4]《新唐書》亦云：「柳冕字敬叔。唐德宗貞元十三年「會冕奏閩中本南朝畜牧地，可息羊馬，置牧區於東越，名萬安監，又置五區於泉州，悉索部內馬驢牛羊合萬餘遊畜之。」[5]由此可見，萬安監是唐貞元十三年奏置的，而在此之後，陳淵才奉命來到金門，建立牧場，作為泉州五個牧區之一。[6]當時跟隨陳淵來的是否真有十二姓已無從查考，但此事在金門開發史上卻具有重要意義。陳淵到金門牧馬，一方面他帶來了一批將士到島上拓荒，建立營寨；另一方面也為後來的移民奠定了基礎，因此從這一點看，陳淵到金門牧馬可以說是金門開發史上的一件大事，或者說是一個重要轉捩點。

宋元時期，大陸向金門移民顯然已有較大進展。「宋初，島居始輸納戶鈔。咸淳間（1265-1274），複稅弓丈量田畝。除在官田地依舊外，以弓六尺為步，水田二百四十步為一畝，受米五升；中田米三升，下田米二升，為調軍征給。」[7]當時前往金門的移民有許多都是從事農業墾殖的。相傳在南宋時期，泉州的梁克家、傅自得、曾從龍三大家族都有人前往金門，開山海之利。他們在後浦、古寧頭、金山灣等處興築埭田，其中梁府在後浦築造的後浦埭，後來被人繼承下來，直至明末清初仍在使用。[8]而曾府、傅府的埭田主要在古寧頭，稱浦頭埭。古寧頭最早叫古龍頭，據說它的來歷是由於曾府原先居住在泉州的龍頭山，因而得名。[9]

4　《舊唐書》，卷一百四十九，柳登傳附柳冕傳。
5　《新唐書》，卷一百三十二，柳芳傳附柳冕傳。
6　按，前引《金門志》云柳冕於貞元十九年奏置萬安監，實誤，但此年是否即陳淵來金門設立牧區的時間，亦未可知。
7　道光《金門志》，卷三，賦稅考・賦稅。
8　道光《金門志》，卷二，分域志・港埭。
9　參見道光《金門志》，卷二，分域志・沿革；增修《金門縣誌》，卷六，農業志，中冊，第958-959頁。

　　當時移往金門的除了這些大家族外，還有許多是一般的平民百姓。元初官府在金門設立鹽場，編民丁充入鹽籍，「以十丁為綱，共一灶」，「每丁日辦鹽三升」，[10]此時的移民人口又增加了鹽丁灶戶這一部分。宋末元初曾隱居於小嶝的邱葵，在他的《詩集》中亦提到金門的一些村莊地名，如後浦莊、李洋、龍湖莊等等。[11]此外，從一些宗族資料也可以看出當時的移民情況。據金門本地的姓氏調查，現在仍居住在島上的古老姓氏，有的其源頭可以直接追溯到宋元時期，如吳姓，居住在內洋的一支是南宋時遷往李洋開基的；另一支於宋末避亂遷居烈嶼。呂姓，有一支屬呂蒙貞的後裔，亦於南宋時從南安遷往浯洲西倉開基；另一支則於元朝從晉江遷入，肇基於呂厝，如今諸呂子孫在金門分佈甚廣。而林姓，住在烈嶼的一支是宋理宗年間從晉江遷入的。張姓原居泉州，南宋末年有一支遷往青嶼，元代中葉再分遷古寧頭。王姓，有一支於元初卜居於金門山後。何姓亦於元初從晉江遷入浯島開基等等。據不完全統計，當時從閩南各地遷入金門的至少有十幾姓，他們分居各地，有的姓又有好幾個支派，各自繁衍子孫，因此又形成了不同的稱呼，如山灶許、後浦許、後倉許、後岐許、陽翟陳、陳坑陳、湖前陳、斗門陳等等。[12]

　　明清時期，大陸向金門的移民達到了高潮。此時一方面金門設置千戶所，有一批軍隊從大陸調往戍防；另一方面由於中國東南沿海商品經濟的發展，特別是明代中葉以後，福建沿海一帶人口眾多，土地磽确，人口對土地的壓力造成當地居民紛紛下海經商捕魚；加上明末清初的戰亂，鄭氏政權以金、廈兩島作為抗清據點，因此這一時期金門人口的急劇增加是不言而喻的。關於明清時期的人口數量，我們將在以後集中討論。這裡先指出一點，在隆慶二年（1568）洪受編撰的《滄海紀遺》中，已列載了浯洲島大小村莊數十個，這與道光年間修纂的《金門志》相比，鄉（村）數相差不多，而且主要村莊均已經出現了，[13]可見這時期金門

---

[10]道光《金門志》，卷三，賦稅考・鹽法。
[11]參見邱葵《釣磯詩集》。
[12]增修《金門縣誌》，卷三，人民志，上冊，第376-386頁。
[13]洪受《滄海紀遺》，山川之紀第一。

的移民規模和土地開發程度。此外，據 1991 年增修《金門縣誌》記載，金門共有 81 個古老姓氏，分成 160 多個支派，其中至少有 80%的支派都是明清以後才遷入的。[14]這時期的移民從明朝開始，一直持續到清末，有的甚至到了民國初年還在繼續，如居住在後浦的汪姓，有一支是同光年間才從惠安遷入的，另一支則是清末來自同安；同樣的，居住在後浦的唐、盛兩姓，都是清末民初分別從晉江、惠安遷入，而住在後浦、西黃的章、項、連三姓，則遲至民國初年，其中章、項兩姓分別來自廈門、泉州，連姓遷自惠安。

縱觀金門歷史上的移民過程，它的起源甚早，而且持續時間很長。如果從唐貞元年間陳淵到金門牧馬算起，直至清末民初，前後跨越了1000 多年。這與金門諸島較靠近大陸，移民容易渡海有密切關係，因此它的開發比同屬海島的臺、澎地區要來得早。從移民的人口結構看，在早期有牧馬將士，元明時期有鹽丁灶戶，以及明朝以後的戍防軍隊、將士眷屬等等，但更大量的仍是一般的老百姓。他們或從事墾殖，或捕魚經商，構成了島內土地開發和社會經濟發展的主體。金門的移民開發歷史除了上述這些基本特徵外，還有兩點特別值得注意：

（一）移民人口的增長並不是均衡的，既有人口急劇增多時期，也有移民中斷的現象。大陸向金門移民主要集中在幾個歷史轉捩點，如宋末元初、元末明初、明末清初，這時由於大陸發生戰亂，沿海居民為了躲避戰火，紛紛逃亡海上，因此這些時候金門的移民人口特別多。但另一方面，由於金門的戰略地位重要，有時又成了戰爭或籌防的重點，島內居民被迫內遷，從而出現人口倒流。這種現象共有兩次。一次在明朝初年，此時洪武帝為了備倭，於「洪武二十年（1387），徙大嶝、小嶝二都人民於內地」，直至成化六年（1470），二都人民才「奏複其舊」。[15]在這 80 多年的時間裡，大小嶝「一嶼皆墟」。[16]另一次在明末清初，鄭氏以金、廈兩島為抗清據點。康熙二年（1663），清軍攻佔兩島，鄭經

---

[14]增修《金門縣誌》，卷三，人民志，上冊，第 376-386 頁。以下所引姓氏資料皆來源於此。
[15]何喬遠《閩書》，卷十一，方域志‧同安縣。
[16]張日益《訪邱釣磯先生故居記》，載《釣磯詩集》。

退往臺灣，此時清軍在島上大肆屠殺，並盡徙遺民進入內地，金門再度成為「荒越」之地，[17]直至康熙二十二年（1683）清朝統一臺灣後，才准許居民重返故土。由此可見，宋元以後乃至明清，大陸向金門的移民實際上是大起大落的，既有移民的高潮，也有人口劇降的時期。戰亂、移民相互交織在一起，並不斷重演，出現了移民重複開發的現象。

（二）由於金門較靠近大陸，因此島上居民與內地之間的往返遷徙活動更加頻繁，由此形成了相當緊密的宗族網路。有的移民自大陸遷入之後，又從金門返回內地，出現了兩地共祖的現象。顏姓於宋初從永春遷往金門開基，繁衍於小徑、賢厝，元末明初又有一支從金門回遷同安縣城，後來再遷往後塘村等地，如今後塘村顏氏宗祠裡仍有一副楹聯云：「桃源世澤分浯水，魯國人文煥玉堂。」反映同安、金門兩地顏姓的血緣關係。[18]金門下坑陳姓亦是宋末自晉江遷入的，此後又有一支從下坑分出遷往同安西浦村；而居住在青嶼的張姓最早是來自泉州，後來再分派從青嶼遷往同安，繁衍於東園村。以前每逢過年或其他節日，同安、金門的陳、張宗親都要相互拜年或共同參加祭祖活動。[19]

有的姓氏是遷居金門後又回遷大陸，再從大陸返遷金門，如烈嶼青岐洪姓，最早是由南安遷入開基的，後來有一支遷往海澄，明代中葉再從海澄遷入，繁衍於金門水頭、後豐等地。山後王姓原屬王審知後裔，元初肇基於山後，後來又有人回遷晉江中舍裡，至明代中葉再從晉江遷入金門的田浦開基，稱田浦王；另一支亦於清初從晉江遷浯，卜居於後浦，稱後浦王。有的甚至回遷外省，如居住在後浦的黃姓一支，明初從泉州前往金門開基，景泰年間遷往江西，清初又從江西返遷後浦。[20]這種移民的來回遷徙活動，使得金門與大陸之間形成了縱橫交錯的移民網路，同時也更加密切了兩地的血緣關係。

[17]康熙二十六年丁卯《欽命金門總鎮大元勳陳公功德記》，載增修《金門縣誌》，卷二，土地志。

[18]岩立《金門賢厝與同安後塘同宗》，載《同安文史資料》，第 6 輯，1986 年 6 月。

[19]陳延鉗《西浦與下坑、東園與青嶼同祖同宗同根生》，載《同安文史資料》，第 9 輯，1989 年 9 月。

[20]參見增修《金門縣誌》，卷三，人民志，上冊，第 376、379、383 頁。

二、明清至 1949 年金門人口分析

歷史上金門人口究竟有多少？這個問題很難作出全面的回答。唐宋時期由於資料缺乏，已難以詳述。明代以後逐漸有一些資料出現，其中與明代人口有關、可資參考的有如下幾則：

1、嘉靖三十九年庚申（1560）三至五月間，倭寇洗劫金門。在倭寇攻掠陽翟之後，附近村民曾逃入官澳城避難。據洪受說：當時「諸社驚危，相率逃竄於官澳巡檢之敝城中，望風而至者萬餘人也。」[21]但由於官澳城狹小，又缺乏水源，難民乾渴難忍只好突圍，倭寇乘機大肆屠殺，被抄劫掠屠者竟達「萬四千餘人」，極其悲慘。[22]當時陽翟為十七都富盛之鄉，而官澳城地處浯島東北角，距陽翟不遠。這場劫掠僅陽翟附近「諸社」就損失了 1.4 萬餘人，可見在明嘉靖年間，金門總人口至少已有好幾萬。

2、與上引資料可以相佐證的，是明隆慶二年（1568）洪受在《滄海紀遺》自序中說：「浯之生齒，蓋在萬計也」。[23]書中還收錄了作者本人撰寫的《撫院訴詞》兩篇，其二又云：「切以本都戶籍五百，人口數萬，邇年荒旱，丐道求食。」[24]值得注意的是，洪受這裡說的是「本都」人口，即他居住的十八都。當時金門本島分成十七、十八、十九 3 個都，另外還有烈嶼、大嶝、小嶝諸島。如以十八都「人口數萬」觀之，至少應在 2 萬以上，[25]而以此推及全金門，其人口總數起碼也應在 7、8 萬之眾，因此洪受說當時「浯之生齒」，數以「萬計」，是一點也不過份的。

3、清康熙二十六年丁卯（1687）金門士紳曾立一塊《欽命金門總鎮大元勳陳公功德記》，據該碑刻云：「維茲金島，方昔盛時，煙火數萬

---

[21] 洪受《滄海紀遺》，災變之紀第八。
[22] 洪受《滄海紀遺》，詞翰之紀第九。
[23] 洪受《滄海紀遺》，自序。
[24] 洪受《滄海紀遺》，詞翰之紀第九。
[25] 洪受說的「本都戶籍五百」，指的是官府登記在冊的戶數，這種官方戶籍與實際戶數差距甚大，難以為據。參見嘉靖二十一年《唐愛上巡撫扣定米數議》，載《泉州府志》，卷二十三，鹽政。

家。家習詩書，敦禮讓，風稱古焉……癸卯冬，大師渡江，明遺勳鄭，東保臺灣，而斯島成荒越。」[26]從這段碑文來看，所謂「方昔盛時，煙火數萬家」，指的是康熙二年癸卯（1663）冬清軍「渡江」以前的情況，亦即指明鄭抗清時的人口數字。當時鄭氏擁有十數萬軍隊，[27]加上沿海移民人口，因此這時期金門人滿為患是不難想見的。如以每戶人家 5 口人計算，所謂「煙火數萬家」，至少應在 10 萬人以上。阮旻錫《海上見聞錄定本》云：康熙二年「清兵入島，遺民尚數十萬，多遭兵刃。」[28]這裡所說的「遺民尚數十萬」指的是金、廈兩島的數字，如果以金門諸島而言，估計在 10 萬以上亦當不成問題。

由此可見，明代金門人口經歷了一個發展過程，大致在嘉靖、隆慶年間，金門總人數已有 7、8 萬，僅十八都就有「數萬」人，十七都陽翟、官澳諸社也有 1 萬餘人。至明末清初，金門人口甚多，保守估計至少應在數萬戶、十幾萬人的規模。

清康熙二十二年清廷決定展界以後，原來一度成為廢墟的金門諸島又漸漸恢復了往日的生機，至乾隆中葉已是「地畝日辟，民人輻輳」。[29]清代金門的人口資料較明朝時期豐富得多，儘管它還不夠準確，但已相當具體了。

在清朝初年，戶籍人口仍與賦稅聯繫在一起，因此官府掌握的人口數往往偏少，與實際情況相距甚大，但至康熙五十一年（1712），由於清廷宣佈此後「滋生人丁，永不加賦」，官府徵收丁口銀以康熙五十年的丁冊為准，因此以後官府統計的人口數就逐漸接近實際。據《馬巷廳志》載：乾隆四十年（1775），金門十保民戶男女老幼共計 60623 人，乾隆四十一年（1776），浯洲、烈嶼二鹽場戶口共計 12988 人，其中成年男子 3631 人、婦女 2839 人、幼男 4160 人、幼女 2358 人。如果把上

---

[26]增修《金門縣誌》，卷二，土地志，上冊，第 292 頁。

[27]參見楊彥杰《鄭成功兵額與軍糧問題》，氏著《臺灣歷史與文化》，福州：海峽文藝出版社，1995 年，第 59-74 頁。

[28]阮旻錫《海上見聞錄定本》，福州：福建人民出版社，1982 年，第 52 頁。

[29]《清高宗實錄》，卷七百六十，乾隆三十一年五月己巳。

述兩項合計，乾隆四十年前後，金門的民戶、鹽戶人口總數為 73611 人。

　　道光十二年（1832），金門又有一次人口統計，據《檔冊》記載，此時十保人口共有 12146 戶、59492 人，其中男 36942 人、女 22550 人，另外還有陳坑澳漁船 198 戶、舵水 500 丁，大小嶝漁船 35 戶、舵水 80 丁。其中十保人口數具體見表 1.

表 1　道光十二年金門十保人口統計

保名	鄉數	戶數	人口數		
			男	女	合計
劉浦保	11	603	2115	1243	3358
陽田保	13	817	2670	1787	4457
汶沙保	12	721	2228	1482	3710
倉潮保	34	1212	4550	2880	7430
瓊山保	8	804	2775	1538	4313
後浦保	27	2849	5862	3513	9375
古賢保	15	1383	3474	2286	5760
古湖保	14	1443	4316	2251	6567
烈嶼保	33	1333	4925	3108	8033
小嶝保	（2）	122	369	253	622
總計	125	12187	33284	20341	53625

資料來源：道光十二年《檔冊》，載《金門志》卷三，賦稅考。

按：①表上總計一欄為筆者實計數。據該《檔冊》原載：戶數為 12146 戶，男 36942 人、女 22550 人，合計 59492 人，均與實計數不符。

②鄉數與該《金門志》卷二分域略的記載也不相符，據卷二所載資料統計，倉湖保應為 33 鄉、後浦保 15 鄉、古賢保 10 鄉、古湖保 11 鄉，共計 166 鄉。

　　值得指出的是，表上統計的人口數與《檔冊》記載的總數不符，其中戶數表上總計比《檔冊》記載的還多，但男女人數卻比《檔冊》記載的要少，不知何故，但無論如何，此時金門十保民戶總數約有 5 萬餘人，如果再加上鹽戶和漁戶人口，估計總數在 6 萬以上，比乾隆年間的人數

約略減少。

　　民國三年（1914）金門開始籌議設縣，而在此之前的 1912 年，金門十保人口調查的實數是「民戶一萬七千三百餘，丁口六萬三千五百餘」。[30]至 1915 年，十保人口總數已上升為 18183 戶、79357 人（實計 75216 人），其中男性 44141 人、女性 35216 人（實計 31075 人）。1920 年，則為 18013 戶、75499 人，其中男性 44392 人、女性 31107 人。這兩年的人口統計情況詳見表 2 。

表 2　1915、1920 年金門人口統計

保名	鄉數	1915 年				1920 年			
		戶數	男	女	人口數	戶數	男	女	人口數
劉浦保	12	1088	2566	1808	4374	1086	2652	1804	4456
陽田保	13	1277	3204	2321	5525	1277	3211	2338	5549
汶沙保	13	1186	2903	1395	4298	1195	2930	1389	4319
倉潮保	32	2242	5268	4731	9999	2444	5281	4733	10014
瓊山保	13	1246	2072	1585	3657	2779	4850	3801	8651
後浦保	15	2782	8881	6583	15464	1258	8950	6621	15571
古賢保	16	1977	4824	3822	8646	1996	4982	2458	7440
古湖保	11	2737	4998	2440	7438	2732	4879	3829	8708
烈嶼保	30	1965	4874	3824	8698	1956	2095	1584	3679
大小嶝保	21	1683	4551	2566	7117	1287	4562	2550	7112
總計	176	18183	44141	31075	75216	18013	44392	31107	75499

　　資料來源：劉敬《金門縣誌》，卷六，戶口志。

　　按：①據該《金門縣誌》卷一方域志‧都圖記載，各保的鄉數除了大小嶝之外，均與表上數字不符，具體是劉浦保 10 鄉、陽田保 12 鄉、汶沙保 12 鄉、倉湖保 33 鄉、瓊山保 11 鄉、後浦保 14 鄉、古賢保 15 鄉、古湖保 10 鄉、烈嶼保 32 鄉、大小嶝保 21 鄉，總計 170 鄉。

　　②1915 年人口數，據該《金門縣誌》卷六原載：男 44141 人、女 35216 人，合計 79357 人，與表上實計數不符。

[30]民國三年《金門僑商黃安基等議金門改縣原呈》，載增修《金門縣誌》，卷四，政事志。

　　1929 年以後，又有多次人口統計，特別是 1930 年代以後，統計方法愈趨嚴密，逐月逐季都有統計報表，每年有人口總數，其中抗日戰爭期間由於金門被日本人佔領，人口統計僅剩下未被佔領的大嶝島，但 1945 年 10 月金門光復以後，是年底的人口數字又恢復到原來的狀態，即包括金門諸島。以下將現已收集到的歷年人口數造列成表 3。

表 3　1775—1949 年金門人口統計

時間	戶數	人口數			備註
		總數	男	女	
1775		73611			包括 1776 年鹽場戶口
1832	12146	59492	36942	22550	此為原載數，實計數見表 1
1915	18183	79357	44141	35216	此為原載數，實計數見表 2
1920	18013	75499	44392	31107	
1929	8404	46467	25005	21462	
1936.2	8507	50368	27559	22809	
1937.6	9230	57515	30346	27169	
1938.12	1136	7608	3827	3781	僅為非淪陷區大嶝島的數字
1939.12	1238	7474	3736	3738	同上
1940.12	1227	7467	3746	3721	同上
1941.12	1215	7483	3703	3780	同上
1942.12	1219	7281	3770	3511	同上
1945.6	1383	7412	3799	3613	同上
1945 底	9097	51440	26559	24881	
1946.12	9203	51620	26243	25377	
1947.3	9228	51580	26410	25170	
1948.1	9278	49485	23119	26366	
1949.1	9235	47469	22463	25006	

資料來源：1929 年以前引自《馬巷廳志》、《金門志》、劉敬《金門縣誌》，1936 年以後，據福建省檔案館《民國福建各縣市（區）戶口統計資料（1912-1949）》，及該館館藏檔案 11-11-1134、11-11-896、11-11-1075、11-7-4850 編制。

　　從表 3 資料可見，清朝以至 1949 年的金門人口是起伏不定的，1775 年（乾隆四十年）金門十保民戶加上次年的鹽戶人口共計 7.3 萬多人，

而至 1832 年（道光十二年）十保民戶則降為 5 萬餘人，若加上鹽戶、船戶估計亦僅 6 萬多。1912 年仍為 6 萬多人，1915 年和 1920 年上升到最高峰，分別為 7.9 萬和 7.5 萬多人，但以後便持續下降，1929 年猛降至 4.6 萬餘，此後大部分年份均為 5 萬多人，少的亦僅 4 萬多人而已。

　　為什麼金門人口在清朝至 1949 年基本上呈下降趨勢？究其原因主要有以下兩點：

　　一、人口大量外遷。金門人口主要來自大陸。明清以前，其人口的遷徙移動與大陸沿海各地發生密切關係。明末清初以後，由於閩南地區戰事頻繁，一部分居民為了躲避戰亂，開始向臺澎地區轉移。據臺灣學者許雪姬對她家鄉澎湖瓦硐村的調查，澎湖人口 70%來自金門，而瓦硐村共有 10 姓，其中就有方、呂、吳、陳、許 5 姓是從金門遷來的。他們遷入的時間大都在清朝初年，僅吳姓是道光初年從金門水頭遷往澎湖開基的。至於遷徙原因，在清初 4 姓「皆受迫於明末倭寇、荷蘭、及明鄭和清廷對金廈兩島的爭奪戰，不得不離開金門。」[31]也就是說，明末清初的戰亂是導致這個時期金門人口外遷最主要的因素。以後仍有人繼續從金門遷出前往臺澎地區，或者原先居住在澎湖的人口再向臺灣發展，以致如今在臺灣的金門人不少，共有 2 萬餘人，主要居住在臺北縣，其次為臺北市和高雄市。[32]

　　除了遷往臺澎之外，道光以後隨著五口被迫開放通商，金門人口也大量向海外遷移。1914 年，國民政府內政部在籌議金門設縣的呈文中說：「自海禁大開，潮流所趨，人民尤具冒險性質，往往隻身遠適異國，經營生計，故資本實業，均有專家，而商民在南洋，勢力尤頗占優勝。」[33]金門人之所以在清末民初大量遷往海外，除了當時出洋較為容易之外，也與他們受生活所迫大有關係。道光《金門志》說：「地不足耕，其無業者多散之外洋，如呂宋、實力、交留巴等處，歲以數百計，得歸

---

[31]許雪姬《澎湖的人口遷移——以白沙鄉瓦硐村為例》，載《中國海洋發展史論文集》，第三輯，臺北：中研院中山人文社科所，1988 年，第 61-94 頁。
[32]增修《金門縣誌》，卷三，人民志，上冊，第 372 頁。
[33]民國三年《內政部呈大總統》，載增修《金門縣誌》，卷四，政事志。

者百無一二焉，其貿易獲利歸者千無二三焉。」[34]民國初年修的第一部《金門縣誌》也說：「金門濱海民多業漁，但各種漁具，悉從舊式，故所獲日少；而耕種又不注重墾荒，致舉目多蕪廢之地，此由於往南洋謀生，得資厚，故棄難而趨易。」[35]至抗日戰爭前後，金門移往海外的人口已經不少。當時每年都有人外遷，如 1947 年第一季度的戶口統計報表顯示，在這三個月之內就有 653 人從金門遷往外地，其中男性 546 人、女性 107 人，而且 18-45 歲的青壯年占絕大多數。在 18-24 歲的 144 個外遷人口中，移往外國的就有 125 人；25-34 歲 390 個外遷人口中，移往外國的 350 人；35-45 歲 47 個外遷人口中，移往外國的 29 人。總計上述 653 名外遷人口，遷往外國的達到 543 人，占總數的 83.1%，而遷往外縣的僅 75 人、外省的 35 人，各占總數的 11.5%和 5.4%。[36]1946 年金門縣報告說，在抗日戰爭以前，金門旅居海外華僑約有 1.5 萬人，每年匯款回家每人約 683 元法幣。[37]這些華僑最多居住在新加坡，其次為菲律賓，其他散處於荷屬群島各地。[38]現在原籍屬金門的華僑已繁衍發展到了 21 萬多人。[39]

　　二、除了人口外遷的因素外，導致金門人口下降的另一個重要原因是流行病盛行。歷史上由於金門醫療條件差，且社會環境惡劣，時常出現瘟疫流行，從而導致人口的大量死亡。僅據林焜熿《金門志》記載，在乾隆以後就經常有饑荒和疫情出現，如「乾隆五十三年（1788），疫。嘉慶二十五年（1820），大疫，饑。道光元年（1821）秋，疫。二年（1822），旱，大疫。三年（1823），疫。十二年（1832）夏，時幼孩多痘殤。二十六年（1846），大疫。咸豐八年（1858），饑，大疫。同治十一年（1872），

[34]道光《金門志》，卷十五，風俗記·商賈。
[35]劉敬《金門縣誌》，卷十三，禮俗志·耕漁，民國十年修。
[36]民國三十六年第一季度《金門縣戶口統計報告表》，福建省檔案館館藏檔案（以下簡稱「檔案」）11-7-4850。
[37]民國三十五年一月《廈門等七市縣淪陷損失調查·金門縣》，檔案 36-14-5666（1）。
[38]民國三十七年一月二十四日，福建省銀行金門辦事處《行務座談會記錄》，檔案 24-9-71。
[39]增修《金門縣誌》，卷十，華僑志，下冊，第 1276 頁。

疫；自七月至十一月不雨，幼孩多痘殤。」[40]至民國初年，疫情仍然不斷。據金門縣戶口統計資料，在 1946 年 1 月—1947 年 3 月一年零三個月的時間裡，共有 1086 人死亡，其死亡原因除了老年性疾病居於高位外，傷寒、鼠疫、猩紅熱、各類疹病都是導致人口死亡的主要病因。[41]在 1948 年 1—6 月，共有 448 人死亡，其中 1—3 月鼠疫和霍亂這兩種流行病就吞噬了 101 個人的生命，占同期死亡總數 292 人的 1/3 以上。[42]此外，據 1991 年出版的《金門縣誌》記載，在 1945、1946 等年份都有鼠疫流行，其中 1945 年瓊林首當其衝，死亡 100 餘人。第二年後浦、古寧、金山一帶仍然鼠疫猖獗，死者 200 餘人。[43]

　　不過，這裡需要強調指出的是，相對於流行病而言，金門人口的外遷顯然更為重要，因為在歷史上瘟疫流行是常見的事，而且各地都有，但我們在前面已經談到，明代中葉以後，金門人口曾出現幾次高峰期，有時甚至達到「煙火數萬家」即 10 萬人以上的規模，究其根本原因，仍在於當時從大陸遷入金門的人口比從金門遷出的要多得多，即「入大於出」。而在道光以後，金門人口的外遷日益增多，不但繼續有人遷往澎湖、臺灣，而且更多的是向海外發展，因此這時金門人口經常出現「入不敷出」的現象，特別是 1920 年代末期以後最為明顯，從乾隆年間的 7 萬多人下降至 4、5 萬人，就是這種現象的直接反映。

---

[40]道光《金門志》，卷十六，舊事志‧祥異。按，該《志》刊於光緒八年，故道光以後仍有一些資料被補入，一直述至清末。

[41]詳見金門縣人口統計報表，檔案 11-11-896，11-7-4850。

[42]金門縣人口統計報表，檔案 11-11-917，11-11-1076。

[43]增修《金門縣誌》，卷四，政事志，中冊，第 689 頁。

金門商業貿易的發展與變遷

　　金門是最靠近大陸的一組海島。由於地理上的因素，因此這片島嶼開發甚早。遠在唐宋時期，就有大陸移民前往放牧墾殖。明清時期，特別是鄭成功以金、廈兩島抗拒清軍，金門的人口發展曾達到歷史最高峰，清末以後則逐漸衰落。[1]商業貿易與島上居民的社會生活是息息相關的，因此也是一個很值得探討的問題。本文擬利用地方文獻、碑刻及檔案資料，就明清時期以迄 1949 年以前金門的商業貿易狀況作一考察，以期從一個側面具體瞭解金門的經濟發展變遷，及其與大陸、臺灣之間的相互聯繫。

一、明末清初金門商業貿易的繁榮

　　歷史上的金門主要包括浯洲（俗稱大金門）、烈嶼（俗稱小金門）、大嶝和小嶝 4 個島嶼。其中大金門和小金門最為重要，不僅這兩個島的面積較大，而且人口眾多，社會經濟也較為發達。

　　金門早期的商業貿易如何，史無記載。道光《金門志》云：元時，「其作巨艦行販者，稅納於市泊官。」[2]這似乎說明當時已有較大規模的海上貿易活動，但從當時的移民和土地開發情況看，這種貿易的規模究竟有多大，實在很難確定。

　　明清以後，金門移民人口日多，社會經濟也逐漸活躍起來。永曆年間浯洲洗馬溪一帶已是「艟艘叢泊」，商漁船隻甚多。洗馬溪在後浦港（今金門縣治所在地）之南，而後浦在金門的地方經濟中一直居於領先地位，隆慶年間，「後浦為最盛」。[3]至明末以前，金門已有船隻至臺灣，與原住民進行鹿皮貿易。萬曆三十一年（1603）曾隨沈有容到臺灣征倭的陳第在《東番記》中說：「漳泉之惠民、充龍、烈嶼諸澳，往往譯其

---

[1]　參見本書《歷史上大陸向金門的移民及其人口分析》。

[2]　道光《金門志》，卷三，賦稅考·賦稅。

[3]　洪受《滄海紀遺》，山川之紀第一。

語，易其鹿脯、皮、角」。[4]1624 年荷蘭人到達臺灣也發現，每年大約有
100 艘中國帆船到大員捕魚，並向原住民購買鹿皮、鹿肉，「這些帆船
上載有許多進入內地收購鹿皮鹿肉的中國人」，「聽說每年可得鹿皮二十
萬張，乾鹿肉及乾魚也很多。」[5]

　　荷蘭人佔領臺灣後，確實仍有烈嶼船隻到臺灣捕魚並收購鹿皮的。
如《大員商館日記》1638 年 4 月 10 日載：「本日，自烈嶼有戎克船三
艘來至此地港口，從事於漁業與收購鹿皮。船中裝米 110 擔（或約 6 拉
索得 Last）和鹽 1½拉索得，船員共計七十六人。」[6]除此之外，每年在
冬季魚汛過後，則有不少船隻運載貨物到大員，從事商業貿易活動。如
上引資料又載：1637 年 4 月 12 日，有來自烈嶼的 15 艘小戎克船到大
員，運載赤瓦 17000 枚、柱 50 根、板 3000 塊等。次日，又有 3 艘烈嶼
船隻運載砂糖桶的板和瓦、柱、木板等到大員。5 月 15 日，有 1 艘烈
嶼船隻載柱 26 根、板 300-400 塊、瓦 15000 枚等航抵大員。這些到大
員貿易的烈嶼船隻，一般都是在 3 月份以後，乘南風盛發時前往臺灣
的，所載貨物大多為板、柱、瓦以及砂糖桶用的板等粗貨，極少數還載
有砂糖、酒、白蠟、金條等，[7]可見當時前往貿易的船隻可能大部分都
是從漁船轉換而來的，具有亦漁亦商的性質。

　　這些人經常到臺灣活動，逐漸與荷蘭人建立起關係，有時還會受到
他們的派遣。1654 年，有一艘烈嶼船隻就把荷蘭人交運的一批貨物和
三名荷蘭人直接運回大陸，為此，荷蘭駐臺長官卡薩（Cornelis Cesar）
於 8 月 27 日專門寫信給鄭成功說：

　　　偉大的尊貴的長官：
　　　我鄭重地告訴閣下這樣一件事：一艘屬於烈嶼居民名叫阿獅
　　　（Hamsia）的帆船，船長是他的兒子，名叫三官（Angiok Saqua）。

---

[4]　陳第《東番記》，載《閩海贈言》，卷二。
[5]　村上直次郎譯注、中村孝志校注《バタヴィア城日誌》第一冊，東京：平凡社，1970 年，
　　第 75 頁。
[6]　引自曹永和《早期臺灣歷史研究》，臺北：聯經出版事業公司，1981 年，第 244 頁。
[7]　參見曹永和《明代臺灣漁業志略補說》表一，載上引書。

4 月 20 日，我們派遣這隻帆船載一些糧食到福摩薩東部村莊坪尾壩（Pimaba）去。我們答應他在完成這次航行任務後，就付給他滿意的報酬……他們在坪尾壩裝進以下貨物準備來大員：麋皮九十七包、鹿皮十五捆、山羊皮三十八捆。但是三官竟然不在大員靠岸，而駛往中國。我們不知道這三個荷蘭人和這批獸皮運往何處，我們只知道這隻帆船在中國靠岸，這批獸皮被一位住在廈門名叫洪伯爺（Angpeoya）的官員沒收後出售了。不知道這些荷蘭人往哪裡去，也不知道是否被轉移到別處去。但是這裡傳說他們被船上的中國人殺害了。這真是一大罪過。這是我們不能容忍的。尤其是這個船長和他的朋友們過去每年都來大員貿易，我們在各方面都給予優待，可是現在他竟以怨報德。

　　荷蘭人要求鄭成功幫助找回他們的人和皮貨，可是鄭成功對此似乎沒有予以答覆。[8]

　　這封信值得注意的地方有兩個：一、信上提到「這個（烈嶼）船長和他的朋友們過去每年都來大員貿易，我們在各方面都給予優待」，可見當時有一批烈嶼（或金門地區）的商人，經常到臺灣與荷蘭人做生意，並與他們有一定交往。二、信上提到有一位住在廈門名叫洪伯爺（Angpeoya）的官員把船貨沒收了。這個「洪伯爺」使人很容易聯想到鄭成功的著名將領洪旭。他是金門後豐人，曾被隆武帝賜封為忠振伯。早年追隨鄭芝龍，後來佐輔鄭成功，一直在鄭軍中居於高位。他經常負責管理錢糧和海外貿易事物，曾幫助鄭泰建造大船通好日本，後來又在臺灣主持對日本、暹羅等國的貿易。他的兒子洪磊也是一名大商人，直至 1683 年清朝統一臺灣時仍有商船在海外活動。由於洪旭曾被賜封忠振伯，又是一名高官，因此一般人不敢直呼其名而稱他為「洪伯爺」是很自然的。

　　由於金門人經常前往臺灣，因此荷蘭人對金門、烈嶼的情況也頗為瞭解。荷蘭人說：金門「該島長約五哩……在該島西南端的山丘上有一

8　胡月涵（Johannes Huber）《十七世紀五十年代鄭成功與荷蘭東印度公司之間往來的函件》，《鄭成功研究國際學術會議論文集》，南昌：江西人民出版社，1989 年，第 306-308 頁。

座城市，距海岸不遠，水深便於泊船，即在南季風中也頗為安全。」「如
果攻佔敵人（引者按，指鄭成功）的根據地金門及其市街，公司將會獲
得很大的利益。」而烈嶼，它是「位於廈門以東、金門以西的小島」，「只
有漁夫居住」。[9] 由此可見，當時荷蘭人對金門的記述是相當準確、具體
的。「在該島西南端的山丘上有一座城市，距海岸不遠」，這座城市顯然
指的是後浦，而且荷蘭人認為如果佔領這座市街及金門島，「公司將會
獲得很大的利益」。這說明明末清初金門已頗為繁榮，尤其是後浦一帶
更是重要的商業區。這時期金門的繁榮顯然與鄭成功在那裡駐軍，從事
海上貿易有密切的關係。

二、清代金門商業貿易的發展演變

鄭成功收復臺灣以後，由於當時清、鄭雙方的對立，清政府在沿海
一帶實行遷界，金門也一度成為廢墟，直至康熙二十二年（1683）清朝
統一臺灣後，金門才逐漸從沉寂中復蘇過來。

乾隆三十一年（1766），清政府將安海通判移駐金門，不久又移往
馬巷，在金門派駐縣丞。此時清政府實行了一些相對寬鬆的政策，有利
於經濟發展。乾隆三十二年（1767）六月，陳桂洲撰寫的《清金門通判
王忻去思碑》云：「我府尊王公，於（三十一年）八月間新涖茲土……
除口稅而工商不煩，輕賦徭而士農樂業。」[10] 這就是當時社會經濟日趨
繁榮的一種反映。乾隆四十一年（1776），清政府復於金門的大小嶝澳、
陳坑澳設立澳甲，稽查船隻出入，其中大小嶝澳屬金門左營管轄，陳坑
澳系右營管轄，澳內有「盛」字號商船、渡船、小艇等，「俱領照牌」，
出入掛驗輸稅。[11]

乾隆年間，金門的船隻共分為四類：第一類為大商船，樑頭在一丈

9　村上直次郎譯注、中村孝志校注《バクヴィア城日誌》第三冊，1661 年 3 月 22 日條，東京：
　　平凡社，1975 年，第 193、195 頁。
10 增修《金門縣誌》，卷二，土地志，金門縣誌編修委員會編印，1991 年。
11 道光《金門志》，卷三，賦稅考・船政。

以上，「應領給關牌、廳照，前往奉天、天津、浙江、廣東、臺灣等處貿易，各赴關徵稅，編馬巷廳新字號」；第二類為小商船，樑頭在七尺以下，「應領廳照，前往南北各港及本省等處貿易，在廳徵稅，編馬巷廳管字號」；第三類小船，樑頭五尺以下，「應領廳照，在廳屬採捕、貿易、徵稅，編馬巷廳坑、登本澳字號」；第四類名叫討海，樑頭三尺以下，僅在金門附近採捕，「朝出暮歸」。[12]由此可見，當時金門的各類船隻甚多，既有在廳屬採捕、貿易的，也有遠赴奉天、天津、浙江、廣東、臺灣，以及前往南北各港和本省等處貿易的大小商船。至清末，後浦港一帶仍然是船隻聚集。據《金門育嬰堂規條》云：「又南門出入口岸掛驗商、漁船隻，於鋪保持牌掛驗時，南北船隻每隻勸捐錢二百文，臺、澎船隻每隻捐錢三百文，由鋪保隨牌繳局，給予收單。」[13]這表明，當時後浦南門口岸仍是船隻經常出入的地方，這些船隻既有前往南北各港貿易的，也有前往臺灣、澎湖的，前者屬於小商船，後者則是大商船，因此對它們分別勸捐的標準也不一樣。

清代在廈門設有海關正口，下轄「清單口岸」和「錢糧口岸」兩類小口，分別監管稽征各種船隻。「清單口岸」是專管大商船的，而「錢糧口岸」負責小商漁船和渡船等。如金門的大商船要出海貿易，就必須先到廈門港清單口岸報驗，再赴正口納稅，然後才可以出航，廈門港口岸「稽查金門、烈嶼、安海、浯嶼、島美各渡貨物」；至於小商船出海，則不必到正口，只須赴劉五店錢糧口岸報驗納稅，即可放行，劉五店小口負責「稽查金門、烈嶼、後浦、大小嶝及本地水陸各貨」，[14]船隻出入頗為方便。

由於清代金門有不少船隻赴南北各港及臺澎等處貿易，因此島內也有各種商行和商家店鋪。據道同年間設立的金門育嬰堂《規條》云，當時在後浦街上有大小鋪戶 200 餘間。為了充實育嬰堂經費，仿照泉州育嬰堂的辦法，制定章程，分別向各商家鋪戶勸捐：

---

[12] 劉敬《金門縣誌》，卷七，賦稅志·船政。
[13] 道光《金門志》，卷四，規制志·育嬰堂。
[14] 道光《廈門志》，卷七，關賦略·海關。

如有力之家，可以成數交明，則用總捐之法。其大小鋪戶，本街
計有二百餘間。其中亦有殷實，聽其量力總捐外，每間生理各給
竹筒一個，權作按日施捨，或定日積貯一二文、三五文不等，每
至月底，由堂中發單該堂工人持單走取：此用日積之法也。其典
商，除總捐外，每月仍如各鋪戶先題定月捐若干，亦於每月底提
單走取。又廈門、同安二處渡船，亦先題定月捐若干，亦由堂工
於月底持單走取：此用月捐之法也。其客商行郊，就貨出入酌抽
絲毫，應由該行郊勸收，交局中董事隨時給予收單，發帳撥用。
15

　　從這個章程可以看出，當時金門不僅有大小鋪戶、典商等等，而且
也有經營大宗貨物進出口的「行郊」。行郊是一種類似於商業同業公會
的組織，在清代閩南和臺澎地區十分普遍。在臺灣，有著名的「臺南三
郊」、「鹿港八郊」和「臺北五郊」；在閩南也有廈門的臺郊、鹿郊，泉
州的鹿港郊、笨郊、淡郊等等，這些行郊在清代兩岸貿易中都發揮著重
要作用。而清代金門也有行郊存在，而且與「客商」相連，經營貨物出
入，顯然說明當時金門對外交通貿易甚是繁榮。
　　清代金門究竟有哪些商家店號，已很難作出具體說明。道光十八年
（1838）金門士紳人等曾為浯江書院捐資設立膏火，在捐資石刻名單中
有：

邱源發、童金興、李恒升各捐銀六十圓
董和勝捐銀四十圓
許源成捐銀十四圓
許源興捐銀十圓
許振成、許廣興各捐銀八圓
協茂號捐銀六圓
集興號、陳成興、黃振源、振泰號、郭利豐、葉合興、葉合順各
捐銀四圓。16

15《金門育嬰堂規條》，道光《金門志》，卷四，規制志・育嬰堂。
16道光十八年《浯江書院捐充膏火題名碑記》，何培夫主編《金門・馬祖地區現存碑碣圖誌》，

上述這些名字雖然無法判定都是屬於商家店號，但從命名的一般規律看，應該說大部分都與商業有關係。清代金門有一些專門經商的大家族，在當地相當有名，如葉姓，清代從同安遷入，居後浦等地，他們經營有「廣盈、葉振美、德義、源合諸商家」。聚居於後浦東門的周、魏、蘇三姓，都是清初才從大陸遷入的，周姓後來富甲一方，「咸同間擁有東門外一帶良田」；魏姓「咸同間以經商起家，富與同里周姓埒」；蘇姓也是「咸同間其裔以務農兼商致富，有一周二魏三蘇之稱」。[17]這些家族的興盛，幾乎都與商業貿易活動直接相關。此外據現存碑刻記載，後浦港的許姓很早就到那裡開基，他們擁有港內一帶海地，並設有漳碼、同、廈三個渡頭，歷來為「許姓納糧世守之業」，由「許姓各房自行置船管駕」，直至清末民初仍擁有很大權力。[18]

由於金門商品經濟的發展，因此後浦地方在清中葉以後已經形成了頗具規模的街市。據道光《金門志》載，在後浦有頂街、中街、觀音亭街、新街、橫街仔、總爺街、北門街、南門街、沙尾街、西轅門街等街道，還有衙口市、東轅門集、專汛口集、街頭集、觀德堂集5個集市。這些集市平時都是村民小販前來交易各種農副產品的場所，如東轅門集「每日販賣海鮮聚此」，專汛口集「歲時聚賣蔬菜及蠣房」，街頭集「村民至浦販賣雞鴨及雜穀聚此」，觀德堂集「村民賣蒭草聚此」，而衙口市，在「鎮署轅門外曠地，架柵為市，俗呼衙門口」，[19]「賣魚及豬肉多聚此」，[20]顯然各個集市都已專門化。至於頂街、中街、觀音亭街、新街等，則是金門主要的商業街道，商家鋪戶多集中於此。

金門商業除了平時交易各種農副產品外，大宗的輸入貨物主要是糧食、肥料、種子和日常生活用品；輸出的主要是水產品和花生、花生油

臺北：中央圖書館臺灣分館，1999年，第41頁。又，道光《金門志》卷四規制志‧書院亦載有此碑，但將立碑時間誤為道光元年。
[17]增修《金門縣誌》，卷三，人民志。
[18]民國元年九月十三日《嚴禁爭占後浦許姓渡頭世業碑記》，何培夫主編《金門‧馬祖地區現存碑碣圖誌》，第52頁。
[19]以上見道光《金門志》，卷二，分域略‧街市。
[20]增修《金門縣誌》，卷二，土地志。

等少量農產物。水產品交易大都在島外進行。漁民外出捕魚，一般都在當地就把漁獲出售，再把錢及少量的魚運回來。道光《金門志》說：「及網罟大獲，又多販入同、廈、漳州去，所出不如所聚」，[21]即是指此。至於輸入的貨物，糧食顯然是最重要的。金門土地貧瘠，「民多食紅薯雜糧，以前食湖廣米及粵之高州〔米〕；迨臺灣啟疆，遂仰臺運自廈轉售，風潮遲滯，市價頓增……邇來福清之薯絲、石井之糙米，時棹小船駁載入口」。[22]可見清代以前金門糧食主要來自湖廣和粵之高州，清代以後由於臺灣土地開闢出來，臺米遂成為金門主要的食糧來源，除此之外也有一部分糧食來自福清和南安石井等地。

　　由於金門為缺糧地區，民食攸關，因此當地人對商業管道能否通暢極為關注。乾隆年間，有人擬在金門設立官牙抽扣分肥，立即遭到全體士民的激烈反對。據乾隆四十六年（1781）四月十保紳衿士庶同勒的《奉憲永禁》碑云：當時有土棍陳邦耀父子先後呈請瞞充官牙，企圖壟斷市場。金門後浦、古賢、古湖、瓊山、劉浦、倉湖、汶沙、陽田等保耆民聞訊後大駭，聯合起來呈請泉州府馬巷分府出示嚴禁。「為此，示仰金門十保紳士、軍民、商賈、人等悉知：嗣後爾等地方凡有本土出產並商販一切民生食用等物，各市集悉照舊，聽民自便交易；永遠不許奸徒妄報官牙，貽累民生，以杜患害。本署分府熟察金門地方情形，為萬民除累，故如爾等所請，出示永禁。各宜凜遵，勿違！特示。」[23]這是為了保障金門商業能貨暢其流的一項重要措施。

　　然而到了道光末年，由於西方資本主義列強的入侵，清政府財政日益枯竭，加上官僚腐敗，多方聚斂，因此廈門海關對船隻的徵稽管理越來越緊，並且增設口費等等，以致使船隻出入頗為不便，金門的商品流通亦大受影響。當時人曾痛切地指出：

　　　金門渡船及商、漁小船，系由馬巷廳通判給領照牌。其出入口則

---

[21]道光《金門志》，卷十五，風俗記・耕漁。

[22]道光《金門志》，卷十五，風俗記・商賈。

[23]乾隆四十六年四月《奉憲永禁》碑，何培夫主編《金門・馬祖地區現存碑碣圖誌》，第14-15頁。按，增修《金門縣誌》卷七經濟志亦載有此碑，但文字稍有出入。

由劉五店海關報驗徵稅，而金門縣丞暨協鎮中軍派口胥盤驗，商旅便之。自道光末年，劉五店海關派丁分駐金門後浦，稽查更為嚴密。近複另設海防局委員給領旗照，商船出入口費頭緒更多；而廈門大關哨船複時時邏視，勒令賈船歸入正口。但金門不產米穀，恃外來船隻之接濟；民食艱難，至是彌甚。似宜酌立章程，以甦商民之交困也。[24]

可見到了清朝末年，金門的商業貿易已出現了衰敗的趨勢。

三、民國以後金門商業貿易的衰落

民國四年（1915）金門設縣以後，為了滿足新立縣份的財政需要，地方政府更是趁機巧立名目，橫徵暴斂。這時設立的各種苛捐雜稅多如牛毛，如當稅、契稅、印花稅、特別印花稅票、屠宰稅、丁米加成、丁米加價，以至菸酒捐、水果捐、魚捐、小豬捐、紅料杉捐、芋捐、戲捐、攤捐、肉捐、肉捐附加、紙捐、鋪捐、網捐、夫頭捐、馬加魚捐、蠣房捐、赤石菜捐等等，難以枚舉，其剝削程度遠比清末更甚。在這種情況下，商家鋪戶不堪重負，紛紛宣佈倒閉，有的甚至移往海外，整個商業貿易出現了嚴重萎縮的狀況。民國十年（1921）修的《金門縣誌》說：

> 金屬島縣，幅員甚小，日用諸物咸從漳廈輸入，就地出產，惟有花生成油一種少有輸出，商業不振由來久矣。近因捐稅繁重，貿遷愈難，更有一落千丈之勢。鉅商大賈，百不一見，有之，悉從南洋致富而歸也。[25]

而商業貿易日趨衰落的同時，金門的商人們也組織起來，成立了各種商業團體。宣統三年（1911），各商號已組成廈門商務總會金門分會，會所設於後浦觀音亭街，設總理1人、議員若干人。民國設縣以後，又將該分會改名為金門縣商會，遷往新址，設會長、副會長各1人、會董

---

[24]道光《金門志》，卷三，賦稅考・船政。
[25]劉敬《金門縣誌》，卷十三，禮俗志・商賈。

20 人、特別會董 4 人，與此同時，各商號也紛紛組成同業公會。據增修《金門縣誌》載，1936 年金門各商業公會團體有：

> 五穀業同業公會會員 36 名理事長王延植
> 綢布業同業公會　　　14 名王和祥
> 海味雜貨同業公會　　19 名許乃余
> 藥材同業公會　　　　15 名楊朝來
> 蘇廣貨業同業公會　　11 名陳卓凡
> 糕餅同業公會　　　　23 名林煥章
> 木器同業公會　　　　11 名許金發
> 屠宰業同業公會　　　15 名洪阿榮[26]

　　這些同業公會，最重要的顯然仍是五穀業，除此之外還有海味、雜貨、藥材、蘇廣貨業等，可以說自明清以來金門的商業結構並沒有發生多少變化。

　　抗日戰爭以後，金門商業由於受到日軍佔領期間（1937-1945）的破壞，加上當時經濟狀況不良，商業貿易更加蕭條。據 1946 年 1 月調查，抗戰以前金門「原有商鋪 300 家，主要經營業務為糧食、布疋、肥料等，因戰事停閉者有 140 家」，[27]也就是說，戰後僅剩下 100 多家商號。1946 年政府開始對各種商業進行核准登記，至 12 月，共登記了 205 家，據說全縣有商家數 254 家。第二年 1-3 月，又登記了 22 家（實計 20 家），與上年登記的合計為 227 家（實計 225 家），仍沒有達到預期的總數。[28]1948 年 7 月，據金門縣的另一份調查報告，此時「商店百餘家，皆銷售零星貨物。物產以魚物較大宗，餘如甘薯、花生，出產亦豐。」[29]可見這時的商家數亦僅為 100 多家而已。現將 1946 年 1 月—1947 年 3 月登記的商家情況列一表於下：

---

[26]增修《金門縣誌》，卷四，政事志。
[27]福建省檔案館館藏檔案（以下簡稱「檔案」），36-14-5666（1）。
[28]《金門核准各種商業登記家數分業統計表》，檔案 36-14-5301。
[29]民國三十七年七月《金門縣漁業調查報告》，檔案 36-1-132。

表 1　1946 年 1 月—1947 年 3 月金門登記各種商家情況一覽表

業別	銀行業	公用業	交通業	紡織業	服飾業	百貨業	糧食業	飲食業	京果業	醬園業	油業	煙酒業
家數					10	8	31	16	3	8	13	14
業別	魚業	加工業	礦業	五金業	電料業	瓷器業	建築業	竹木器具製造業	化學業	文化業	美術業	醫藥業
家數	11	1		2		4	8	7		5	4	24
業別	澡堂業 旅館	理髮業	娛樂業	代理業	保險業	牲畜業	屠宰業	其他		總計		
家數	2	10				3	13	28		255		

資料來源：檔案 36-14-5301。

　　從表 1 可見，當時登記的所謂「商家」，包括金融、保險、交通、工業、手工業、建築業及各種服務性行業等，基本上是當時社會經濟的總調查，而非專指商業。單就商業而論，充其量亦不過 100 餘家而已，與上述的其他資料是相吻合的。在這 100 餘家商號中，經營糧食的共有 31 家，仍居主要地位，其次依序為醫藥、煙酒、油、魚、醬園、百貨等等。

　　民初金門的糧食主要來自海澄、同安，據說抗戰以前平均每年要輸入地瓜 10 萬擔、稻穀 4 萬擔；種子來自同安，另外也有地瓜苗（「黃薑

仔」種）輸自長泰，戰前在旺季每圩輸入數十萬藤。[30]金門不產棉花，除了當地婦女用木棉苧麻自織的土布以外，其他布匹均靠外地輸入，主要來自上海、廈門。金門最主要的輸出物為海產品和花生，花生每年有 1.5 萬擔輸往廈門、海澄，海產每年輸出量約 3700 擔，占戰前總漁獲量的 75%。[31]因此，當時金門與廈門、同安、海澄等地的交通貿易關係是最為密切的。

　　抗日戰爭以後，金門經濟蕭條破敗，較出名的商家不多。據散見於檔案的零星記載，抗戰以前後浦中街有黃金榜開的祥泰號，後來黃本人前往海外謀生，商店關門。抗戰勝利後，中街有黃查某開的黃奇香、觀音亭街有許乃恒開的瑞記、石坊腳有王裕鑫開的金裕、中街有李自武開的金源泰、董光得開的金和興、珠浦鎮（不記街名）有周文通開的福生春、王維恒開的合隆，以及承泰、承美兩家經營的米商。[32]

　　此外，據銀行帳本以及《（銀行）新舊經理移交清冊》，我們還可以看到許多商號或商人的名字。這些商號都是由於當時經濟蕭條，經營資金短缺，不得不向銀行透支借貸。在透支時需要有擔保人，並寫一張契約交給銀行，有的還附有擔保品。透支的期限全部都是三個月。詳見表 2。

表 2　1946 年 6 月—1947 年 3 月金門各商家向銀行透支帳目表

（單位：法幣）

建賬日期	帳號	商家	期限	到期時間	利率	透支金額	擔保人
1946.8.19	31	怡春	3 個月	1946.9.18	70%	10 萬	許原順，附擔保品金鐲 1 個、戒指 3 只、金盾 1 個。
	33	合興	3 個月	11.3	70%	6 萬	金瑞泰、金和興和記、金順源
	52	瑞美	3 個月	11.5	70%	8 萬	
	28	立德	3 個月	11.2	70%	20 萬	有清、金和美

[30]渭奇《長泰與金、臺人民的關係的回顧》，《長泰文史資料》，第 3 輯，1981 年 11 月。
[31]本段所述除了已注明出處者外，其餘均來自檔案 36-14-5666（1）。
[32]以上資料散見於檔案 22-3-408（2）、22-3-409、22-3-410、4-4-925。

	4	葉德興	3 個月	1946.12.28		50 萬	龍和、回生堂
	5	存德堂	3 個月	1947.1.10		50 萬	龍和、福興
	23	福安堂	3 個月	1946.12.20		30 萬	立清、向成
	31	怡春	3 個月	1946.12.20		25 萬	
	52	瑞美	3 個月	1947.2.26		50 萬	金瑞泰、美華
1946.12.4	55	金鴻大	3 個月	1946.12.31		50 萬	同源、正春
	61	正興	3 個月	1947.2.29		50 萬	瑞美、金瑞泰
	70	成記	3 個月	1946.12.11		20 萬	天生堂、振美
	76	瑞源	3 個月	12.23		20 萬	向成、金春
	79	金和興	3 個月	12.31		30 萬	安平、協春
	81	金源泰	3 個月	1947.1.10		25 萬	新的、瑞秀
	65	新的	3 個月	1946.12.9		20 萬	成記、□□勝
	4	德興	3 個月	1947.2.28		？	文化社、回生堂
	30	昭德	3 個月	6.5		100 萬	金和興、福興
	31	怡春	3 個月	5.7		50 萬	和記、萬順
	61	正興	3 個月	6.3		50 萬	寶藏興、□源
	70	成記	3 個月	4.25		50 萬	天生堂、振美
1947.3.14	78	段西林	3 個月	6.14		100 萬	福興、文化社
	81	金源泰	3 個月	4.13		25 萬	金瑞泰、新的
	86	楊生□	3 個月	3.14		50 萬	存□、義泰
	94	新慶興	3 個月	5.10		40 萬	新源、新全春
	115	金勝源 仁記	3 個月	5.7		50 萬	存□、文化社

資料來源：《福建省銀行餘額表》，檔案 24-2-3039、24-2-3042、
24-2-3051。

　　從表上資料可以看出，當時商家向銀行透支，他們的擔保人大都是
商人，而且這些擔保人有的也向銀行透支，因此他們之間實際上是互相
作保的。從透支金額看，1946 年 8 月建賬的透支額最多為 20 萬元（法
幣），而 12 月建賬的卻普遍提高，多者達到 50 萬元；第二年更高，最
多的達到 100 萬。透支金額的大幅度提高，主要是由於這時期法幣急劇
貶值，因此 8 月份的帳目中還記有利率 70%（極高！），到了後來就乾
脆不記了，銀行必須根據當時貨幣貶值的情況隨時而定。有的商家連續
向銀行透支，如怡春號 1946 年 6 月 18 日向銀行透支 10 萬元，9 月 18

日到期，可是 9 月 20 日又向銀行透支 25 萬，至 12 月 20 日到期；第二年 2 月 7 日又透支了 50 萬，仍以三個月為限。瑞美號也是如此，1946年 8 月 5 日向銀行透支 8 萬元，11 月 5 日到期；同月 26 日再透支 50萬，直至次年 2 月 26 日到期。同樣的情況還有葉德興、正興、成記、金源泰等，足見這時期金門商家資金普遍短缺的狀況。

　　當時金門的商業貿易是很不景氣的。1948 年 1 月 24 日福建省銀行金門辦事處有一份《行務座談會記錄》云：「本縣物資缺乏，舉凡日用必需品及糧食均仰靠於外地……商家均係零售商，市面交易概以現金為主，票據難以推行，對外地亦以貨易貨，且邇來代介僑款商家競相劃撥，造成商家所存現金有限，吸收存款甚難，匯款更難。」「金門為一島嶼……糧食自給不足，尚需仰石碼、海澄、廈門等處供應，商場狹小，商民資金有限」等等。[33]商業貿易的不景氣，反過來也使得銀行很難吸收存款，開展業務，而島上居民除了自謀生計外，有不少人還必須依靠外匯來補貼家用，維持簡單的生活。島內物質缺乏，資金有限，但外匯黑市卻相當猖獗，金融秩序混亂，在這樣的情況下要發展正常的商業貿易顯然是不可能的。

　　縱觀明末清初以來金門的商業貿易，大致有兩個高潮，一個在明末清初，一個在乾隆至道光年間。前者與明鄭的歷史有關，而後者則由於當時的政策較為寬鬆，有利於商品經濟的發展。道光末年以後，金門的商業就開始走下坡路，但急劇惡化是在光緒以後，尤其是民國年間更甚。這時期一方面是戰亂頻仍，另一方面官僚政治腐敗，苛捐雜稅層出不窮，貨幣急劇貶值，社會動盪不安，百姓窮困潦倒。因此，一個地方商品經濟的發展與否，實際上是當時社會政治、經濟狀況的一種綜合反映。

---

[33] 民國三十七年一月二十四日福建省銀行金門辦事處《行務座談會記錄》，檔案 24-9-71。

明清時期崇武在閩臺關係中的地位與作用

　　崇武地處福建沿海中部，北連湄洲灣，南控泉州港，東臨臺灣海峽，歷來是海上交通要道和軍事重鎮。崇武在閩臺關係史中的地位如何？特別是明清時期，閩臺之間的聯繫更加密切，已進入新的歷史階段，崇武發揮的作用又是怎樣？至今人們還不很清楚。本文擬根據現有方志、檔案及鄉土資料，就上述問題作一初步探索。

一、明朝末年崇武與臺灣的經濟關係

　　崇武與臺灣的關係發生於何時，史無記載。從收集到的族譜資料看，最早的一個移民案例當屬明朝著名詩人黃吾野的後裔黃象良。《崇武文獻黃氏家譜》載：九世四房「象良公，東昱公子，現籍臺灣赤山後」。象良的父親生於明萬曆三十四年（1606），按一代人間隔 20 年計算，黃象良長大成人東渡臺灣當在明崇禎年間，約 17 世紀 40 年代。

　　黃象良渡臺的原因亦不清楚。黃氏家族代有經商傳統，如三世黃逸叟「晚年植有貨產」，黃邦潛「與兄孔朝公商遊惠間」，黃怡齋「少挾貨從其兄與諸從兄貰貸於龍溪、南靖二邑間。既壯，乃商遊京師」。四世黃恪軒與易齋、忍軒「兄弟數人，皆貲甲崇中而尤稱最」，其子「希申公商遊卒於外」，直至七世黃勉齋「商遊外籍寧波府」，八世黃東贊「商遊於外籍江南」，九世黃與喬「商遊於山東青州府」等等。「商遊外籍」成為黃氏家族外遷的重要因素之一。黃象良因經商東渡臺灣的可能性是很大的。

　　從社會經濟的角度看，崇武人於明末移居臺灣，或與臺灣發生關係，可能有以下幾方面的因素：或經商、或農墾、或捕魚。經商規模在當時不可能很大，因為它需要在閩臺兩地社會經濟充分發展的基礎上，才有可能建立起廣泛的聯繫，加上荷蘭人佔據臺灣，他們為了攫取巨額商業利潤，更希望直接從大陸購運商品。農墾的移民活動倒是大量存在。黃宗羲《賜姓始末》載：崇禎年間，閩大旱，鄭芝龍「乃招饑民數

萬人，人給銀三兩，三人給牛一頭，用海船載至臺灣，令其芟舍開墾荒土」。據荷蘭人記載，在據臺末期，臺南已經形成了一個不包括婦女兒童在內的「約有二萬五千名壯丁的移民區」。[1]可見當時的移民規模甚大。在這個移民高潮中，崇武人或由於生活所迫，或為了避難而遷徙臺灣者當不在少數，只是至今仍找不到有說服力的史料加以證明。

然而，崇武人到臺灣海峽捕魚、進而與臺灣發生關係的史料，則似乎有跡可尋。荷蘭人《大員商館日記》載有詳細的大陸至臺灣船隻活動情況，現據曹永和先生整理的「臺灣、大陸間船隻往還狀況表（1636.11-1638.12）」摘引若干於下：

表 1　1638 年 Chimboy 漁船前往臺灣捕魚狀況表

時間	由何地至大員	船種	船數	搭載貨品
1638.11.30	Chimboy	漁船	2	鹽
1638.12.1	Chimboy		10	鹽
1638.12.9	Chimboy	漁船	1	鹽 30 擔

資料來源：曹永和《明代臺灣漁業志略補說》，氏著《臺灣早期歷史研究》，第 208-209 頁。

上表所引都是從 Chimboy 開往臺灣大員的漁船。Chimboy 的發音與閩南語「崇武」的發音十分接近，本文暫且把 Chimboy 作為崇武。[2]

捕魚業是崇武人最主要的經濟活動之一。《崇武所城志》載：「崇武濱海，軍民人等以漁為生。冬春則綸帶魚，至夏初則浮大緡取鰆鮫、鯊、鯧、竹魚之類。夏中則撒鱟緡、鯧緡，秋中則旋網金鱗、鮑鰵、鯗等……其山前、吳產二宗居民，則另設密網於春冬之季專取白蝦……東西澳、後海澳人，各沿海步施大網、施罟網，取小魚、烏魚、鱸、鱠、鯙、鯽、

---

[1] 甘為霖《荷蘭人侵佔下的臺灣》，見《鄭成功收復臺灣史料選編》（增訂本），福州：福建人民出版社，1982 年，第 95 頁。

[2] Chimboy 又作 Chumbue 等，江樹生把它譯成「潯尾」，考慮到荷蘭文獻有關閩南的地名、人名往往根據閩南人的發音譯寫而成，很難判定，因此本文暫且把它當成「崇武」，不作定論。但正如本文所云，崇武人歷來有出海捕魚的傳統，他們很早就與臺灣發生關係當無問題。關於 Chimboy 的音譯，參見江樹生譯注《熱蘭遮城日誌》第一冊，臺南：臺南市政府，2000 年，第 415 頁。

白丁、蝦、鎖管、衛螺、香螺之屬，難以名舉」。甚至有整族人都從事漁業生產。如大岞山「其地張姓居多，食指千餘，俱以出海為業」，「一戶在山前之陽，亦姓張，土名吳產庭。生齒漸繁，錯列而居，以漁為業」。[3]崇武地狹人稠，土地磽确，所在居民只能以海為生。漁民在海上捕魚往往要追蹤魚群而去。而在每年的 12 月至次年 2 月間，臺灣西沿海正是烏魚的發海期，大陸各地漁船於年底相繼前往，至次年 1、2 月間滿載而歸。崇武漁民自然也不會失此機會。

　　崇武漁船從何時開始到臺灣捕魚尚不清楚。從曹永和先生整理的資料看，1636 年沒有 Chimboy 漁船到達大員。1638 年 1 月至少有一艘 Chimboy 漁船從大員駛回，[4]這說明 1637 年已有 Chimboy 漁船來到臺灣，但規模似乎不是很大。1638 年 11 月—12 月間，來到大員的 Chimboy 漁船驟然增加至 13 艘之多（而且該表僅整理至 1638 年 12 月 14 日），這一狀況表明：如果把 Chimboy 當成福建沿海著名的漁業港口崇武，那麼 1638 年似是崇武漁民瞭解到臺灣西部漁場進而大規模前往採捕的一個轉捩點。但由於《大員商館日記》對大陸漁船的記載不見得很完整，因此這一推斷亦只能待後證明。

　　還需要進一步說明的是，崇武漁船在當時所處的地位。據荷蘭人記載，當時到達臺灣西海域採捕烏魚的大陸漁船甚多。其主要出發地除 Chimboy 外，還有來自烈嶼、廈門、莆頭、金門、Sapecangh 等處。先將上述各處於 1638 年 11 月—12 月間抵達臺灣的船數作一比較：

---

[3]　《崇武所城志》，生業、山水、民居，見《惠安政書‧附崇武所城志》（以下簡稱《崇武所城志》），福州：福建人民出版社，1987 年，第 41、34、32 頁。

[4]　曹永和《明代臺灣漁業志略補說》，氏著《臺灣早期歷史研究》，臺北：聯經出版事業公司，1981 年，第 218 頁。

表 2　1638 年大陸主要港區前往臺灣的漁船數比較表

出發地	船數
烈嶼	46
莆頭	15
Chimboy	13
廈門	7
Sapecangh	7
金門	5

資料來源：曹永和《明代臺灣漁業志略補說》，氏著《臺灣早期歷史研究》，第 217 頁。

　　從上表可以看出，1638 年 11 月—12 月間到達臺灣捕魚的船隻以烈嶼為最多，其次是莆頭和 Chimboy，它們的漁船數已十分接近。當然，這樣的統計未必十分準確，因為還有「不明地點」的 17 艘未計，而且不同年份也會有所變化，它所能顯示的只是當時到臺灣捕魚的各地船隻之大致比例狀況。

　　漁業生產在閩臺關係史中佔有重要地位，尤其是在臺灣尚屬開發初期的明代，漁民的生產活動直接導致了大陸人民瞭解臺灣並移居臺灣。從這一角度看，崇武人民——以漁業生產為其主要產業，在密切早期閩臺關係方面發揮了自己應有的作用。

二、清代崇武在兩岸經濟交往中的重要地位

　　康熙二十二年（1683）清朝統一臺灣。從此，海峽兩岸對峙局面結束，閩臺兩地的社會經濟得到了迅速發展。雍正元年（1723），清政府增設彰化縣，並於臺灣北部設立淡水同知。乾隆四十九年（1784），新開臺灣中部的鹿港與泉州蚶江對渡，五十三年（1788），又開北部的八里坌與福州五虎門對渡。至此，福建、臺灣之間共有 3 條航線可以通航（另一條廈門——鹿耳門開設於康熙二十四年），閩臺兩地的政治、經濟、文化聯繫日愈密切。

　　臺灣中、北部的開發對福建沿海具有重要意義。因為福建沿海地少人多，耕地不足，而臺灣中、北部是著名的產糧區。臺灣大米輸入福建及福建等地手工業品運往臺灣，構成閩臺兩地經濟交往的重要內容。而崇武港正位於福建中部，內有人口稠密並富於經商傳統的泉州腹地；外向海洋，距離臺灣中部港口最近。優越的地理位置使它有可能在閩臺交通史上發揮著重要作用。

　　《彰化縣誌》載：「彰邑與泉州府遙對，鹿港為泉、廈二郊商船貿易要地。內地來鹿者……崇武以北風為順，獺窟次之。故北風時，廈船來鹿，必至崇武、獺窟方放洋」。[5]道光《惠安縣續誌》亦載：「崇武澳離深水外洋約二百五十里，係北風按，冬間商船往來寄椗之區……可往南北經商、採捕，東通臺灣」。[6]崇武在海上交通的重要位置可以概見。由於崇武系北風良港，又地處要衝，因此不僅當地船隻出海需經崇武，就是廈門商船渡臺，在北風季節也需航抵崇武，然後放洋。

　　崇武航臺灣的具體細節，由於舊《針簿》未見而無法詳述。但在《彰化縣誌》中卻載有從鹿港航泉州的情況，可資參考。

> 自鹿港出洋，水色皆白；間有赤塗色水者，則溪流所注也。回顧臺山，羅列如畫，蒼翠在目；已而漸遠，水色青藍，遠山一角，猶隱約波間。旋見青變為黑，則小洋之黑水溝也。過溝，水色稍淡，未幾深黑如墨，橫流迅駛，即大洋之黑水溝也。險急既過，依然清水，轉瞬而泉郡之山影在水面，若一抹痕。俄而水漸碧色，碧轉為白，則泉之大隊山在目前矣。[7]

　　「大隊山」系「大墜山」之誤，在泉州灣口，崇武之西南方。

　　崇武離臺灣中部港口最短距離僅 90 海浬。舊志載，獺窟航往鹿港為八更，[8]在崇武在獺窟之東，航抵鹿港至多在七更左右。一更約 2 個小時，所有崇武航向臺灣，在舊帆船時代約需 14 個小時。崇武人航臺

5　道光《彰化縣誌》，卷一，封域志・海道。
6　道光《惠安縣續誌》，卷一，輿地志・海防。
7　道光《彰化縣誌》，卷一，封域志・海道。
8　道光《彰化縣誌》，卷一，封域志・海道。

多採取夜航形式,如在晚飯後 6 點下船,航抵臺灣約是次日上午的 8 點左右。故崇武當地有歌謠云:「暮下三嶼嶨,梧棲太陽紅。」《崇武所城志》亦載:「海接東南一夜舟」,[9]指的就是這一情況。

由於崇武與臺灣相距密邇,為「渡臺捷徑」,[10]不僅穿行於閩臺之間的船隻多取道崇武,就是臺灣中部商船欲北上經商,亦需先航抵崇武,然後北行。《彰化縣誌》載:「鹿港泉、廈郊船戶欲上北者,雖由鹿港聚儎,必仍回內地各本澳,然後沿海北上。由崇武至莆田,湄洲至平海……」,一直航抵寧波、上海、膠州、旅順、蓋州、錦州等地。[11]可見,崇武在大陸—臺灣交通線上居於重要的樞紐地位。

崇武由於擁有優越的地理條件,再加上當地人民以海為田,航海技術高超並富有冒險精神,因此給當地商品經濟的發展創造了有利條件。

清代閩臺兩地的商品經濟發展到巔峰狀態。擁有巨額資本,從事於進出口貿易的大商人稱為「郊商」,並根據貿易地點或貿易品種的不同組成了名目繁多的「郊」的同業組織。在臺灣,最著名的有臺南三郊(北郊、南郊、糖郊)、鹿港泉、廈郊和臺北三郊(北郊、泉郊、廈郊);在福建,也有泉州的鹿港郊、笨郊、淡郊等碑刻被發現。[12]其中,與本論題最有關係的是鹿港泉郊和臺北泉郊,先見下述史料。

《彰化縣誌》載:「遠賈以舟楫運載米粟糖油,行郊商皆內地殷戶之人,出貲遣夥來鹿港,正對渡於蚶江、深滬、獺窟、崇武者曰『泉郊』」。[13]鹿港泉郊和臺北泉郊均指對渡於蚶江、深滬、獺窟、崇武等地進行貿易的大商人組織。

清代鹿港共有八郊,除泉郊外,還有廈郊、布郊、糖郊、染郊、簸郊、油郊、南郊等,而泉郊居於諸郊之首。道光十四年(1834)鹿港《重修天后宮碑記》載有各郊商捐款數額,現摘引於下:

[9] 《崇武所城志》,碑記附詩,第 130 頁。

[10] 吳忠《募修崇武所城序》,《崇武所城志》,碑記附詩,第 105 頁。

[11] 道光《彰化縣誌》,卷一,封域志·海道。

[12] 見《閩臺關係族譜資料選編》,福州:福建人民出版社,1985 年,第 469 頁。

[13] 道光《彰化縣誌》,卷九,風俗志·漢俗。

　　泉郊金長順捐銀一百六十大員

　　廈郊金振順捐銀六十大員

　　布郊金振萬捐銀一十五員

　　糖郊金永興捐銀一十大員

　　染郊金合順捐銀一十大員

　　籤郊金長興捐銀一十大員

　　油郊金洪福捐銀八大員

　　南郊金進益捐銀五大員[14]

　　上述捐款題刻可見，泉郊金長順在鹿港諸郊中居於榜首，其經濟實力遠在各郊之上。又據臺灣等地學者研究，鹿港泉郊共擁有二百餘家商號，而廈郊僅一百餘家、南郊七八十家、布郊七八十家、油郊四五十家、染郊三四十家、糖郊十八家。[15]鹿港泉郊的發達昌盛，實際上意味著臺灣中部與崇武等地商業貿易之繁榮。

　　再看臺北泉郊。臺北泉郊居艋舺（今臺北市萬華區）。歷史上，這一帶為泉州府「三邑人」（即晉江、南安、惠安）的勢力範圍，「以其人多也，而商業大權，亦為渠等所掌握。船頭行業為其主要貿易，分為泉郊、北郊」。[16]泉郊在當地亦十分顯赫，據說有五十餘家商號，清中葉捐貲興建艋舺龍山寺後殿，嘉慶二十三年（1817）因媽祖救泉郊等海難，曾獻一匾額，以答神庥，今猶懸於後殿。[17]

　　在臺北諸郊商中，最有名的要數張德寶。臺北有諺語云：「第一好張德寶，第二好黃阿祿嫂，第三好馬悄哥」。而這個「第一好」的張德寶，正是崇武張氏的後裔。「張德寶」的創始人是張秉鵬。據臺北《張秉鵬墓誌銘》云：「泉之客於淡為多，艋之豪於客者，翁為最。……翁

[14]《臺灣中部碑文集成》，臺灣文獻叢刊第151種，臺北：臺灣銀行經濟研究室，1962年，第43頁。

[15]參見粟原純《清代臺灣にわける米穀移出と郊商人》，《臺灣近現代史研究》，第5號，第20頁。

[16]逸生《頂廈郊之辯證》，《臺北文物》，第10卷，第1期。

[17]陳乃蘗《本市寺廟顯靈傳說》，《臺北文物》，第9卷，第1期。

諱惟明，號和平，先世自鑑湖分派……」。[18]又據崇武《鑑湖張氏分支世系考錄暨入閩特紀》載：「鑑湖張氏出自關郡張氏……至十八世本支系入惠安小斗崇武水頭鑑湖張氏宗祠，一世祖也。……本小宗入崇武支親甚盛，分為蝦仔刊及四吉刊，並分居在省內外及臺灣等地，還有部分僑居他國」。崇武張氏至今仍是當地大姓，分支繁盛，而這一艋舺首富張德寶，其先祖正是源自崇武鑑湖一派。

張秉鵬於乾隆四十八年（1783）渡臺，先充當行商夥計，後自營泉郊，創「張德寶」行。其去世後，次子張世抱繼其志，生意愈興，並於臺北購置了大片田產，每年入租穀達萬石以上。其兄弟數人亦各創商號，除張德寶外，尚有德春、德吉、德裕、德利等行，資本雄厚，勢力甚大。[19]

臺北泉郊和鹿港泉郊都是斜對於崇武、蚶江等地進行貿易。至道光年間，這兩地商業發展到鼎盛階段。當時泉郊的主要貿易貨品：「出口貨以大菁、米、苧、蔴、糖、木材等為主，入口以金銀紙、布帛、陶瓷器、鹹魚、磚石為大宗」，閩臺兩地商船往返，絡繹不絕。[20]道光十二年（1832），興泉永道周凱云：「惠安之獺窟、崇武、臭塗各澳，朦朧漁船小照置造船隻，潛赴臺地各私口裝載貨物，俱不由正口掛驗，無從稽查，無從配穀，俗謂之偏港船」。[21]這種「偏港船」實際上是棄漁經商或亦漁亦商的漁船，足見道光年間崇武、臺灣之間貿易之興盛。

從崇武的鄉土資料看，也留有當年兩岸貿易的痕跡。光緒十二年（1886）《重修造蓮城南門關聖夫子廟碑記》云：十一年重修崇武南門關帝廟，各地商人紛紛解囊，「旬日內捐貲已得三分有一，嗣晉南、臺灣等處亦先後樂輸」。在下面的「題捐芳名」裡，又有「臺，吳彬霖敬捐銀肆拾大元」的記載。這是臺灣商人到崇武捐款的確切記錄。

另外，據崇武老人回憶，在清末民初，崇武「南街還有隆吉、合和、

[18]王一剛《艋舺張德寶家譜》，《臺北文物》，第 8 卷，第 2 期。
[19]參見曾文欣《張德寶與漳泉拼》，《臺北文物》，第 2 卷，第 1 期。
[20]《艋舺耆老座談會記錄》，《臺北文物》，第 2 卷，第 1 期。
[21]道光《廈門志》，卷六，臺運略。

益隆三家商行，專做臺灣生意」。[22]隆吉號姓魏、合和號姓林、益隆號姓陳。在此三家商行中，益隆號至今還找不到相應的資料，而（魏）隆吉、（林）合和號則有二至三例碑刻得以佐證，詳見下表。

表 3　清末崇武對臺貿易商號捐資修廟造路碑刻資料表

時間	商號	捐款數（元）	資料來源
光緒十一年	林合和	12	重修造蓮城南門關聖夫子廟碑記
光緒十一年	隆吉號	10	重修造蓮城南門關聖夫子廟碑記
光緒廿四年三月	隆吉號	2	修造雲峰庵北畔路碑
光緒廿四年三月	林合和	2	修造雲峰庵北畔路碑
光緒廿四年五月	隆吉號	2	重修（崇武南門）路碑

由於崇武處於對臺貿易的交通線上，因此這一本來糧食奇缺的邊海一隅，卻無匱乏之虞。《崇武所城志》載：「所城孤懸海上，碁置區外，東西南北僅一面通陸，凡四方商船之往來，無不停泊於此，可資有無。與惠邑陸用馬車者不同，遇歲歉不至米珠薪桂者，此海之利商也」。[23]該《志》又載有詩云：「擊楫日通彰化米，敲針冬釣坎門魚。」[24]有人認為，該詩句為明朝詩人黃吾野所作，這是誤解，因為在明代臺灣尚未有彰化地名，可能的解釋是，這詩之前半句應為清朝雍正以後崇武與臺灣交通貿易的真實寫照。

三、明清時期崇武的軍事地位及其作用

崇武不僅是海上的交通要道，同時也是軍事重鎮。歷代王朝統治者對崇武的重視，並不在於它的漁業生產、海上交通和商業貿易，而恰恰在於它的重要戰略地位。遠在宋代崇武就設有「小兜寨」，到了洪武年間，為了防倭而興建崇武城，以後屢廢屢修，延續不斷，至今仍能見到

[22]陳學其《昔日崇武的漁業生產與海港通商情況》，崇武《鎮志參考資料》，第 7 期。
[23]《崇武所城志》，山水，第 35 頁。
[24]《崇武所城志》，碑記附詩，第 131 頁。

保存基本完好的古老城牆。

明清兩代，福建與臺灣之間雖然長期處於和平狀態，但也曾出現多次的對峙或戰爭。有的是屬於國內矛盾各社會力量之間的抗衡與較量，有的則是為維護國家主權而起的反侵略鬥爭。在眾多軍事鬥爭中，崇武以它特殊的地位發揮了重要作用。

最早的一個實例是，明萬曆三十年（1602）沈有容從崇武出發，率軍擊敗盤踞在臺灣的倭寇。明萬曆年間，倭寇在東南沿海活動猖獗，他們經常流竄於臺澎，四處襲擾，為害甚大。沈有容偵知情況後，毅然從崇武率軍出發，橫渡海峽，給倭寇以痛擊。關於此次東征的情況，沈有容在其自傳稿《仗劍錄》中有詳盡描述，引錄於下：

> 至九月初二日，賊由浙回萬安所，攻城焚船，掠草嶼耕種之民，泊西寨十日。容整船崇武以俟。賊聞知，由烏邱出彭湖，複往東番。容遣漁民郭廷偵之。十二月十一日統舟師二十四艘往勦。至彭湖溝遇颶風……候三日，始得十四船，餘皆飄散，亦有至粵東者。容度賊七艘，我舟倍之，乃下令過東番。次日遇賊艘於洋中，追及，火攻，斬級十五，而投水焚溺無算，救回漳泉漁民被擄（者）三百餘人。[25]

可見這次征戰雖十分艱險，但卻取得了重大勝利。更為寶貴的是，由於史料留下了沈有容「整船崇武以俟」的明確記載，使得我們至今仍能知道崇武作為軍事重鎮，在當年抗倭鬥爭中所起的作用。

續沈有容擊敗倭寇之後，中國東南沿海依然是戰亂頻繁。直至明末清初，荷蘭人佔據臺灣，國內又值明清鼎革，各種民族矛盾、社會矛盾交織在一起。鄭成功抗清、復臺，以至施琅統一臺灣，這些重大軍事活動均與崇武有一定關係。

楊英《先王實錄》載：永曆五年（1651）「五月初四日，藩督大師掠永寧、崇武二城，所獲頗多而回」。又載，次年五月，清軍「集舟師

---

[25] 見姚永森《明末保臺英雄沈有容及新發現的洪林沈氏宗譜》之附錄，《臺灣研究集刊》，1986年第 4 期，第 88 頁。

數百隻來犯中左」，鄭成功命陳輝等督率「水師百餘號往迎之，遇敵於崇武」，敗之。「虜遂披靡退走。虜由崇武登岸而逃，奪其大船十餘隻而回」。永曆十四年（1660）四月，清軍又一次進攻中左，鄭成功「遣中沖鎮蕭拱宸率轄兵同援剿左鎮、奇兵鎮、宣毅前鎮、宣毅後鎮合艅拋（泊）崇武，堵禦泉港並上流虜船」。[26]可見，崇武是清、鄭激烈交戰的一個地點，是鄭氏抗清保衛金、廈的前沿陣地。

　　由於崇武處於清鄭交鋒的前線，因此很多崇武人也參加了鄭成功的軍隊，在後來收復臺灣的鬥爭中貢獻出自己的力量。據傳，當年大岞村漁民張虎、蔣大竹曾是鄭軍的著名舵手，並於征臺中榮立戰功。《崇武所城志》亦載：「何中俊，字二為，從漢軍鄭克塽歸誠，受都督僉事」。「羅瑞洛，偽姓鄭……劉公琯玉成造就之，隨征金廈臺澎，例加左都督番銜，世襲」。[27]何、羅兩人當同屬鄭軍部將，特別是後者。因為在清代文書中，鄭成功常被稱為「偽姓」，羅瑞洛或許原來姓鄭，與鄭成功關係特殊，因此歸清後才需要劉琯的「玉成」和「造就」，「隨征金廈臺澎」，並授予官爵。

　　至於參加清軍、跟隨施琅統一臺灣的崇武人，《崇武所城志》記載就更多了，現刪引列表於下：

表 4　崇武人參加清朝統一臺灣一覽表

時間	姓名	主要事蹟
1681	曾春	隨施琅「征臺澎，複領前鋒之任」
康熙間	林琦	「平逆有功」
1683	劉琯	隨施琅「平臺澎」
1683	林連得	「大師攻澎湖，得督駕領前鋒」
（1683）	陳元	「從施公琅破臺澎」
？	黃二	「隨身臺澎」
（1683）	呂明	「隋征臺澎」

[26] 以上見楊英《先王實錄》（校注本），福州：福建人民出版社，1981 年，第 33、47、227 頁。按，鄭成功 1651 年襲破崇武事件，《崇武所城志》亦有記載，但時間為「四月二十五日」，何者為是，待考。

[27]《崇武所城志》，清武蹟，第 72、71 頁。

　　資料來源：《崇武所城志》，清武蹟，第 68-71 頁。

　　必須指出的是，鄭成功收復臺灣與施琅統一臺灣，二者都是愛國主義行動。雖然他們之間有過矛盾與衝突，但在維護國家領土完整統一方面是一致的，都為中華民族的根本利益作出了不可磨滅的貢獻。

　　清朝統一臺灣後，閩臺兩地在行政上形成一個整體。崇武雖然未設正口，但仍是一個軍事要地。鴉片戰爭期間，英國船艦橫行於東南沿海，閩臺兩地同時受犯，這時崇武也進入了戰備狀態。沈汝翰《稟陳查辦夷務情形》說：「竊照夷情反復無常，閩省當浙粵往來之衝，晉惠為海口最多之地，防範宜嚴⋯⋯如晉江之永凝、梅林、深滬、惠安之崇武、獺窟、下垵，誠為至要，業已設防」。崇武民眾不僅於海口修造工事，而且「團練陸路義勇」、「雇募水勇船隻」。[28]至道光二十三年（1843），泉郡各口共團練 1370 鄉，壯丁達「十萬餘人」。[29]

　　中法戰爭爆發後，閩臺兩地再次受到嚴重威脅。法國侵略軍憑藉海上優勢，先襲擊馬尾水師基地，進而分犯基隆、滬尾，封鎖臺灣海峽。在此期間，崇武人也深受其害。據左宗棠諮報：「惠安小樵地方陳細糞之船，於（光緒十年）十一月初間由省出口，至十一月十二日駛至竹塹口外；遇法人兵船，被放火箭，射中大帆。該船急沖沙汕，船工、水手登岸脫逃；後開大砲，該船被焚」。[30]「小樵」即崇武小岞之異名，該船由福建航往臺灣，卻遭到法國兵艦的轟擊，以致焚毀。

　　清政府為了打破法艦封鎖，解救臺圍，一方面要求福建、廣東及南北洋大臣，趕緊運送兵械糧餉；另方面於閩臺之「鹿港、泉州設道濟公棧，通臺灣文報」；[31]同時，又從江陰、山海關、湖北、湖南等地抽調數萬軍隊，馳赴福建，增援臺灣。湖北、湖南援軍約於光緒十年底至十一年初抵達泉州，光緒十年十一月初七日清廷諭云：

---

[28]見《鴉片戰爭在閩臺史料選編》，福州：福建人民出版社，1982 年，第 332-333 頁。
[29]《鴉片戰爭在閩臺史料選編》，第 362 頁。
[30]《中法越南交涉檔》，臺北：中研院近史所，1962 年，第 2709 頁。
[31]《中法越南交涉檔》，第 2745 頁。

電寄曾國荃：……臺事萬緊，疊諭楊岳斌調度南洋五船援臺；著即由江西迅速赴閩，查照吳鴻源於惠安縣屬之崇武、獺窟等澳渡臺之路，相機赴臺援剿；毋庸再赴金陵，致稽時日。此旨，著曾國荃迅即電知楊岳斌知悉。[32]

電文中提到的吳鴻源是福建援軍統領，已先期抵達臺灣。楊岳斌為湖北大軍統帥，清廷諭令他「查照吳鴻源於惠安縣屬之崇武、獺窟等澳渡臺之路，相機赴臺援剿」。可見崇武是當時援軍渡臺的一個主要港口。在法軍圍攻臺灣，海峽情勢萬分危險的情況下，崇武與沿海各口一樣，為保衛國家領土、抗擊侵略作出了重要的貢獻。

崇武與臺灣的密切關係，從上述中可以概見。這裡需要進一步說明的是，明清時期崇武與臺灣的密切關係，實際上只是海峽兩岸密切交往的一部分。崇武由於地處海濱，是交通要道和軍事重鎮，因此它有可能在閩臺關係史上發揮較大的作用。同樣道理，閩臺兩地的密切關係，在某種意義上說，也是在海峽兩岸眾多港口的交往中形成的，崇武只是其中一個例子。因此，加強對港口的研究，對於深入理解閩臺區域歷史的形成和發展，無疑具有不可忽視的意義。

附記：本文與周立方先生合作。在撰寫本文之前，筆者曾到惠安縣之螺陽、崇武等地調查採訪，得到蔡永哲、劉賢複、陳學其、汪峰諸位先生的熱情幫助，謹此向他們致以深深的謝意。

---

[32] 《清德宗實錄》，卷一百九十七。

崇武天后宮與閩臺關係的若干史事

　　泉州與臺灣近在咫尺，歷史上關係十分密切，因此泉屬各地至今仍散佈者許多能反映閩臺關係的文物古跡，如著名的「泉郡鹿港郊公置」大鐵鐘、蚶江《海防官署碑記》、開元寺提准大殿碑文、鄭成功和施琅的墳墓、祖祠等等，都是顯著代表。其實除了這些人所熟知的文物古跡外，在城鄉各地還有許多尚未聞名的史跡，有的雖然已經毀壞，也是很值得發掘研究的，本文所要探討的崇武天后宮就是其中一個例子。

一、早期沿革以及當時的澎湖形勢

　　崇武隸屬惠安縣。歷史上此地是沿海居民渡往臺灣或兩岸船隻往返貿易的重要口岸，而且也是一個軍事重鎮，因此與臺灣、澎湖的關係特別密切。[1]崇武天后宮就建在崇武城外西南方的江口山下，亦稱「天妃宮」。1957 年 3 月，這座廟宇曾被大火燒毀，1983 年在當地一批老漁民的倡議下又於原地重建。重建以後的天后宮仍保持原來的規制和以崇武匠工為代表的閩南風格。整座建築分前後兩進，前進為門廳，硬山頂，面闊 5 間，進深 2 間，上為穿斗式木結構；中有拜亭和左右回廊；後進為面闊 5 間的歇山頂大殿，上係八角藻井式木結構，下有精雕的磐龍石柱一對。有關崇武天后宮的歷史沿革，《崇武所城志》有一段記載，刪引於下：

> 天妃宮，在城外西南江口山之下……崇瀕海，舟楫出入，賴其神功，塑像而祀焉。但規制狹小，嘉靖間，汪光甫、張瑞有、張君聘等拓而大之……後風雨傾圯。萬曆三十一年癸卯，緣首張陽春、連澄、魏師軒、董儒儼等募眾重新，參府施公德政顏額曰「海國耀靈」；以區曰「滄海永鎮」……至清順治乙未年，何家璃捐資修整，並鋪門外石埕、石欄。播遷以來，惟此宮完固如舊，是

---

[1]　參見本書《明清時期崇武在閩臺關係中的地位與作用》。

亦神靈之有赫也。²

《崇武所城志》的這段記載僅至清初遷界，但從中可以看出，崇武天后宮的歷史頗為悠久，它至少在明中葉以前就已經存在了。早期「規制狹小」，嘉靖年間曾經擴大，萬曆三十一年癸卯（1603）和順治十二年乙未（1655）又有兩次重修，以至遷界時都沒有受到什麼破壞。

這段引文最值得注意的是在萬曆三十一年的那次重修後，「參府」施德政曾予以題額、贈匾，此事與當時臺澎的形勢有直接關係。

明萬曆三十二年甲辰（1604），荷蘭人第一次入據澎湖。此時澎湖已為明軍汛地。荷蘭人佔據該島，目的是要引誘沿海商人到那裡貿易，並勾結明朝腐敗官員，以打開對華通商的大門。沈有容《仗劍錄》說：「至甲辰七月十三日，紅夷韋麻郎、栗葛等聽高宷勾引，以千人駕艣艘索市於澎湖。遣通事林玉入賄宷。當事者以林玉下獄，而差官諭麻郎者四。麻郎愈肆鴟張，至毀軍門牌示。」³當時澎湖作為明軍的戰略要地，荷蘭艦船乘機入據，而且「愈肆鴟張」，這對明朝當政者來說是公然的挑釁，於是「兩臺宵旰」，「日議剿、議守至勤」。⁴當時具體擔負驅荷任務的是總兵施德政和浯嶼把總沈有容。

施、沈兩人一方面調集水師、整頓軍旅，屯兵於金門料羅灣，由施德政親自指揮；另一方面重申海禁，凡「沿海亡民奸闌私市物者，將軍拘得其一二，抵於法」。⁵於此同時，由沈有容渡海前往澎湖，採取先禮後兵的方式諭令荷蘭人撤退。沈有容臨行前「請貸林玉，欲用為內間，遂至澎湖」。剛登島時，即碰到稅監高宷派遣的差官周之范，有容嚴厲譴責周之範，「折其舌」，然後直抵韋麻郎艦船。沈有容《仗劍錄》說：

〔荷〕船大如城，銃大合圍，彈子重二十餘斤，一施放，山海皆震。容直從容鎮定。坐譚之間，夷進酒食，言及互市。委曲開譬

2　《崇武所城志》，廟祀，見《惠安政書·附崇武所城志》（以下簡稱《崇武所城志》），福州：福建人民出版社，1987年，第29頁。

3　沈有容《仗劍錄》，《臺灣研究集刊》，1986年第4期。

4　陳學伊《諭西夷記》，載《閩海贈言》，卷二。

5　李光縉《卻西番記》，載《閩海贈言》，卷二。

利害，而林玉從旁助之。夷始懾，俯首求去。

經過 20 多天的反復較量，荷蘭人終於明白了強行佔據澎湖不會有好結果，於是不得不離開。臨行前，荷蘭人贈與沈有容方物，皆不受，僅「收其烏銃並火鐵彈」，荷人「圖容像以去」。[6]

荷蘭人此次從澎湖撤軍，與施德政、沈有容在沿海一帶的積極備戰是有密切關係的。而當時籌防的重點就在崇武、金門等地，因此施德政在崇武天后宮重修以後，為這座剛修葺一新的廟宇題詞，「顏額曰『海國耀靈』；以匾曰『滄海永鎮』」。如今再回過頭來重溫這兩個題詞，聯繫當時的沿海形勢，更可見其含義重大。

其實施德政在沿海備戰，除了對付荷蘭人外，也為了對付不時入據澎湖的倭寇等勢力。萬曆三十六年（1608），即荷蘭人從澎湖撤軍以後的第四年，澎湖又傳來警訊，此時有倭寇入犯，因此施德政再派遣水師船隊前往該地。當年春施德政與李楊、徐為斌等人登廈門城外的醉仙岩，賦詩唱和，不知不覺間為這段歷史留下了雪泥鴻爪，抄錄於下：

> 偏師春盡渡彭湖，聖主初分海外符。鼖鼓數聲雷乍發，舳艫百尺浪平鋪。單傳日下妖氛惡，那管天邊逆旅孤。為道凱歌宜早唱，江南五月有蓴鱸。
>
> 　　　　句吳施德政題
>
> 揆才自分老江湖，襪線深慚佩虎符。舸艦森森鯨浪靜，旌旗獵獵陣雲鋪。風生畫角千營壯，月照丹心一劍孤。主德未酬倭未滅，小臣何敢輒思鱸。
>
> 　　　　楚斬李楊題和施正之韻
>
> 閩南要路險彭湖，元將專擔靖海符。萬里艅艎瑩斗列，蔽空旗旆彩霞鋪。魚龍吞氣煙波定，蜑蟻馳魂窟穴孤。天子綸音勤借著，那思蓴菜與江鱸。
>
> 南路參軍徐為斌肅勒李恩府和施恩府韻千……七律以……
>
> 萬曆戊申春吉旦題並書

---

[6]　以上均見沈有容《仗劍錄》。

　　這裡的「萬曆戊申」即萬曆三十六年。而明軍渡澎的時間當在是年的「春盡」即農曆三月間。此時明朝政府已經恢復了對澎湖的巡汛制度，每年春、冬兩季都要派船隻前往，「春以清明前十日出，三個月收。冬以霜降前十日出，二個月收」。[7]萬曆三十六年的清明是農曆二月二十日，此時水師哨船按理應該已經出發了，而施德政的詩卻說「偏師春盡渡彭湖」，顯然是另外派出的一支軍隊。其原因是澎湖不斷傳來消息，「單傳日下妖氛惡」，由此也驚動了朝廷，在接到「聖主初分海外符」之後即派兵前去增援。當時率船隊前往的應該就是李楊。他自稱為「老江湖」，而且是施德政的「小臣」，「襪線深慚佩虎符」，但他滿懷「月照丹心一劍孤」的豪情，率軍而往，立志報效「主德」以酬滅「倭」的夙願。

　　施德政作為明末福建總兵官，在應對澎湖屢受外患的事件中一直居於顯要位置，因而他在崇武天后宮以及廈門等地留下的題詞、詩賦，成為我們瞭解當時臺澎形勢的難得史料，頗為珍貴。

二、清朝兩次修建與臺灣史事的關聯

　　清朝統一臺灣後，崇武仍是渡往臺、澎的海口要地。此時的崇武天后宮情形如何？《崇武所城志》還收有多篇相關的碑刻文字，其中有一篇較詳細記載了從乾隆到嘉慶年間這座廟宇的興革修建情況，現引錄於下：

重修崇武天后宮序

恭維天后宮，跡顯湄洲，祀典膺累朝之寵錫；靈揚水德，慈航慶薄海之安瀾。凡在海邦名區，具見古殿窮碑，崇奉靈祇，以報利濟之功。

崇武天后宮，地臨濱海，山拱水朝，環抱周密，勝概獨擅。昔人度地建宮，允合形勢。乾隆丁未歲，公中堂福，禱神默佑，平定東寧，舟師穩渡，凱音立至。神有翼贊殊勳，奉旨發帑金建新鼎

7　乾隆《泉州府志》，卷二十四，軍制。

建，更舊制而廣廓。中懸御書匾聯，金碧輝煌，洵海疆一巨觀矣。
越十餘年，斗栱棟柱蠹蟻齧蝕漸朽，嘉慶壬申歲，延建邵道李□
渡臺催穀，捐奉重建。堪輿謂地狹廣風水不宜，是此之前建，再
修縮興新。不料工程未竣，木蠹複生，形不解，僉議改作，遵循
故址。瓊玖等屬在瀕民，深荷福佑，爰出領倡，鳩金重建。從此
金湯永固，廟食崇海者億世，亦舟楫蒙庥，報賽神祗者萬家矣。
是為序。

嘉慶二十四年歲次己卯閏四月穀旦

董事何瓊玖、張興祖、經對塀、黃文秀[8]

　　以上這篇《序》文，記載了乾隆末年以至嘉慶二十四年（1819），
崇武天后宮兩次重新修建的緣起和經過。而且這兩次修建都與臺灣有
關：第一次是清廷派軍鎮壓林爽文起義，第二次則是「延建邵道李□渡
臺催穀，捐奉重建」，最後由何瓊玖等人完善其事。

　　林爽文起義爆發於乾隆五十一年（1786）。先是清政府調發各省軍
隊前往征剿，但未能奏效，於是又於次年（1787）六月改派大學士福康
安赴臺督辦，此即碑文中提到的「公中堂福」。福康安奉旨馳抵福建後，
原擬從大擔門渡海，但因正值東北風猛烈，船隻被漂往崇武，只好改在
那裡候風渡臺。十月二十八日以後，福康安等人先後從崇武率軍啟航，
一晝夜間，十餘萬大軍即全部抵達鹿港，被認為是「渡洋罕有」的奇蹟。
[9]此後，清軍很快就掌握了戰事的主動權，不久即控制局勢，鎮壓了林
爽文起義。由於此次渡臺被認為是整個事件的轉捩點，有如「天神默佑」
一樣，[10]因此清政府對此特別重視。乾隆五十三年（1788）四月十六日
上諭云：「前此福康安自崇武澳放洋，前抵鹿仔港，千里洋面，一晝夜
即已抵達，皆仰賴天后助順靈應垂庥，實深欽感……著於天后舊有封號
上加增『顯神贊順』四字，用答神庥而隆妥侑」，並再書匾額一面，「交

8　《崇武所城志》，碑記，第125頁。按，原文在碑題之下還有廟宇的分金記述，上引文從略。

9　乾隆五十二年十一月初一日，欽差協辦大學士福康安奏大兵已到鹿港酌籌進剿折，《天地會》
　　（四），北京：中國人民大學出版社，1983年，第127-128頁。

10福康安奏摺，《天地會》（四），第127-128頁。

福康安等於沿海口岸廟宇應懸處所，敬謹懸掛」。[11]於是就有前碑文中由官府「奉旨發帑金建新鼎建」崇武天后宮之事。

這次「建新鼎建」實際上是重建，不僅將舊廟拆除另選新址，而且規模也比過去擴大很多，中間還懸掛乾隆皇帝的「御書匾聯，金碧輝煌」。筆者曾到崇武調查，發現這座廟宇已經不在了，當年乾隆皇帝御賜的匾聯亦已蕩然無存。據說這是因為 1950 年代的一次失火而被燒毀的，不過當地老人還能說出匾額上書有「恬瀾昭貺」四個大字。值得注意的是，與重建崇武天后宮的同時，在海峽對岸的鹿港，清政府也撥款建了一座新天后宮（鹿港原來就有一座天后宮），而且裡面也懸掛著一塊御賜匾額，題「佑濟昭靈」。[12]這兩座天后宮遙遙相對一二百年之久，它既記載著當年那段歷史，也是崇武與臺灣交往關係的一個縮影。有關這座廟宇與鹿港商人的關係，以後還會談到。

崇武與臺灣的交通往來，還體現在嘉慶年間再次建造崇武天后宮方面。這次重建據說是由於當年選址不當，廟的狹廣與「風水不宜」，因而導致斗橡棟柱很快就被蠹蟻蝕壞，非重建不可。而直接原因則是嘉慶十七年壬申歲（1812）「延建邵道李□渡臺催穀，捐奉重建」。這個姓李的分巡延建邵道叫李華封，黔西人，嘉慶十年至十九年（1805-1814）擔任斯職。[13]而他此次渡臺，實與臺灣米穀的官運制度有密切關係。

清政府在臺灣土地逐漸開墾出來以後，就建立了官運兵眷米穀的制度（又稱「臺運」）。即將臺灣多餘的官米官穀運回內地，以接濟沿海地區的駐軍和班兵眷屬。至乾隆末年，清政府已相繼開放了臺灣的鹿耳門、鹿港、八里坌三口與福建的廈門、蚶江、五虎門對渡，此時每年從臺灣運回大陸的兵眷米穀達 8 萬多石，其中有 2 萬多石是從鹿港運出的，分濟福州、莆田、晉江、南安等地（參見下表）。此外，由官府運往內地的臺穀還有一部分是屬於臨時「採買」的，以補充各地義倉。泉

---

[11] 《清高宗實錄》，卷一千三百三，乾隆五十三年夏四月戊申。
[12] 《敕建天后宮碑記》，道光《彰化縣誌》，卷十二，志·記。又參見林龍文《臺灣中部古匾偶拾》，《臺灣文獻》，第 28 卷第 2 期。
[13] 《福建通志》，總卷三十三，職官志。

州蚶江口岸與鹿港對渡，而鹿港的腹地則是清代臺灣最主要的產糧區彰化平原，因此可以想見，清代泉州與鹿港之間的這條航線是臺米內運最重要的線路之一。崇武當年有詩句云「擊楫日通彰化米」，[14]正是這種交通狀況的反映。

臺灣三口配運兵眷米穀表

配運港口	運出之地	收用之地		兵米兵穀		眷米眷穀
鹿耳門	臺灣	龍溪		▲2370.669		
	臺灣	龍溪、同安、平和				△3806.4
	鳳山	福州		△1500		
	鳳山	南澳		▲3638.816		
	鳳山	漳浦		▲5914.816		
	鳳山	海澄		▲983.322		
	鳳山	漳浦、詔安				▲3456
	嘉義	廈門		▲24154.2		▲1920
鹿港	嘉義	福州		△5500		
	彰化	福州		△875		
	彰化	莆田				▲3727.2
	彰化	晉江				▲5414.4
	彰化	南安				▲465.6
八里坌	彰化	閩縣		▲1040.72		▲5536.8
	彰化	羅源		▲2205		△460.8
	彰化	福安		▲2073.6		
	彰化	侯官		△543.6	▲1294.52	
	彰化	連江				▲456
	彰化	長樂				▲648

資料來源：本表據道光《廈門志》，卷六，臺運略·配運，參照道光《彰化縣誌》，卷六，田賦志·支運兵餉米穀編制。米從▲，穀從△。單位：石。

按：從鹿耳門運往漳浦、詔安的眷米原作 3476 石，但根據眷米發放的標準是每戶每年 1.2 石，因此應為 3456 石之誤，表上數

---

[14]《崇武所城志》，碑記附詩，第 131 頁。

　　字由筆者修訂。

　　然而至嘉慶十四年（1809）以後，由於清政府實行的官運是一種官方強制的力役制度，受到渡臺商船的規避與抵制，因此臺穀出現了大量積壓。清政府為了疏通積穀，一方面擴大船隻配運的數額和範圍，把原來規定的只有大型商船才配載官穀，擴大到不管什麼船隻包括小型漁船都要配穀；而且每船配載米穀的數量也比以前多。另一方面增開港口，不僅在已開鹿耳門的基礎上又相續增開了鹿港、八里坌實行三口對渡，至嘉慶十五年（1810）又奏請此「三口通行，不拘對渡，一體配運兵（穀）」。[15]但清政府積壓的官穀依然如舊，不得已，在一些時候只好另外雇用商船實行集中專運。如嘉慶十六年（1811），總督汪志伊奏請封雇大號商船 20 隻，分三次運回臺穀 10 萬石；二十三年（1818）又委員雇船運回 7 萬石；二十五年（1820）再運回若干。[16]而延建邵道李華封於此時「渡臺催穀」，顯然與當時臺穀積壓是有直接關係的。

　　分巡延建邵道設於康熙九年（1670），駐在延平（今南平），領閩江上游的延平、建寧、邵武三個府。而李華封作為貴州人，他任職於閩西北，在渡臺前還要先到崇武候風，並「捐奉」重建天后宮，可見崇武在清朝官員中的重要地位。但他此次重建並沒有更改廟址，只是把原來建得太大的廟宇縮小一點，以適合風水要求。可是工程還沒竣工，蟻患又起，不得已再由當地人何瓊玖等「領倡」鳩金，把「風水不宜」的廟宇乾脆拆掉，改為「遵循古址」，這才解決了問題。官府、百姓都把媽祖視為航海的保護神，他們對這座天后宮的重視是很自然的，這也是崇武天后宮歷次興修重建的一個深層的社會因素。

三、鹿港「日茂行」與崇武天后宮及其他

---

[15]《臺案彙錄丙集》第二冊，臺灣文獻叢刊第 176 種，臺北：臺灣銀行經濟研究室，1963 年，第 283 頁。

[16]道光《廈門志》，卷六，臺運略。

乾隆末年，崇武、鹿港兩地興建天后宮均與清政府有關，而且都與鹿港泉郊「日茂行」的創始人林振嵩有密切關係。

林振嵩是泉州永寧人。他生於雍正九年（1731），大約30歲時從永寧赴臺灣鹿港謀生，從事販鹽生意。此時鹿港尚未正式開放，因此販賣私鹽獲利甚厚。至乾隆四十二年（1777），林振嵩在鹿港已經很有名氣，被稱作「紳士」，並聯合其他「郊商」在官員的宣導下「捐貲建置旱園（按即敬義園），充為義塚」。[17]此時林振嵩顯然已經在鹿港創立了「日茂行」，並且名列各「郊商」之首。

林爽文起義爆發後，林振嵩很快就率領子侄參加了清軍的鎮壓行動。他自備糧糧，招募義勇，並資助清軍餉銀五千兩，幫助收復彰化縣城等地。事後，林振嵩父子三人，「皆以監生加六品職」；侄子林文湊「以千總實缺用。」[18]乾隆五十二年（1787）冬，清政府決定在鹿港興建天后宮（俗稱「新祖宮」），林振嵩再次受命負責工程建設。他於此盡心盡力，勉力輸誠，又捐資「四千八百圓」補足了工程款，最終才完成了這項任務。[19]

林振嵩不僅直接負責鹿港天后宮的建造，而且對崇武這座新建的天后宮也特別關注。乾隆五十六年（1791），回到老家的林振嵩見到崇武天后宮管理不善，於是便立即建議地方官員要加強管理。如今崇武天后宮內仍保留有一塊殘缺碑刻，便是這段歷史的記錄，引錄於下：

> （上缺）屬嵀濕，最易損壞瓦木。或遇演戲，則（下缺）暑日則赤體群臥於（下缺）莫□□嚴禁，無以肅清神廟，寔屬有□聖恩崇敬之誠。合□懇叩，乞恩准出示嚴禁，並飭惠邑主嚴著保甲看守，庶廟宇永固清潔，而靈□享禱於千□等情。據此，除行惠安縣著令保甲稽查看守外，合行出示嚴禁。為此，示仰行旅商賈暨經過兵役、附近居□□□□悉：自示之後，爾等當知神靈憑依之所，務須肅清崇奉。倘敢仍前寓宿廟中，積貯物件，及無賴棍徒

---

[17]道光《彰化縣誌》，卷二，規置志·養濟。

[18]道光《彰化縣誌》，卷八，人物志·軍功。

[19]《勅建天后宮碑記》，道光《彰化縣誌》，卷十二，藝文志·記。

群□□□種褻瀆污穢，以致廟宇門窗損壞，許該職員林振嵩等並
該處保甲查實指名，赴轅稟究，本道定即查挐嚴懲，決不姑寬。
各宜凜遵勿違！特示。
乾隆伍拾陸年玖月。[20]

　　此時，林振嵩剛完成了永寧林氏宗祠的修理，便來到崇武。儘管這
塊碑刻文字已經漫漶不清，但我們仍能透過字裡行間，理解其中的主要
內容。林振嵩認為崇武天后宮也是朝廷下令建造的，如果不能肅清崇
奉，任憑無賴棍徒群聚，或任人「寓宿廟中」、「積貯物件」，不僅「無
以肅清神廟」，而且有違「聖恩崇敬之忱」，是大不敬的表現。因此，他
建議地方官員要嚴加整治。當地官員確實很快就採取了行動，不僅立碑
示禁，而且明確表示如果以後有人再犯，允許「該職員林振嵩等並該處
保甲查實指名，赴轅稟究，本道定即查挐嚴懲，決不姑寬」。顯示在鹿
港發跡的林振嵩，回到家鄉以後仍有很大的影響力。而他的這些作為實
與清廷的「聖恩」權威是聯繫在一起的，崇武天后宮由此亦扮演了重要
角色。

　　林振嵩在乾隆四十二年（1777）發跡以後還多次回到泉州，在晉江、
永寧各地都留下了他的足跡。道光《晉江縣誌》載：「乾隆丁酉，吊橋
朽敝，重造者林公振嵩。」[21]這裡的「丁酉」即指乾隆四十二年，而他
「重造」的吊橋即是現在泉州城外很有名的順濟橋。在永寧姑嫂塔牆
上，至今也還留有一塊重修姑嫂塔塔峰的碑記，亦與林振嵩有關，順便
引錄於下：

重修塔峰記

關鎖塔者，泉南形勝也。位主離宮，煥文明之象；高出海甸，表
堤岸之觀。自辛卯秋震擊去蘆尖，越戊戌重修，兩都倡義。自興
工迄落成，費百有十員。既屬一時義舉，爰志都人盛事。至踵起

[20] 參見鄭振滿、丁荷生編纂《福建宗教碑銘彙編・泉州府分冊》（中），福州：福建人民出版
社，2003年，第766頁。
[21] 道光《晉江縣誌》，卷十一，津梁志・順濟橋，見晉江縣地方誌編纂委員會整理本，福州：
福建人民出版社，1990年，上冊，第213頁。

為全墻之修者，不能無厚望焉。

十九都陳元老、□廷新、王世懋、陳仕貴、商世楠；二十都高志紹、董俊金、盧其珊、林振嵩、李恩寮。

大清乾隆戊戌孟冬，董事英山、郭仲山、許陳彪鐫。[22]

　　這裡的「乾隆戊戌」即乾隆四十三年（1778）。也就是說，林振嵩在重造晉江順濟橋的第二年，又與多人合作，重修了永寧的姑嫂塔。從碑上捐題名單看，當時參加重修的共有 13 人，其中十九都 5 人、二十都 5 人、董事 3 人，而林振嵩即名列「二十都」之內，表明此時雖然林振嵩已在臺灣的鹿港經商，但他仍然籍在晉江永寧，隸屬二十都。

　　姑嫂塔、順濟橋與崇武天后宮一樣，都是泉州地區重要的交通路線。尤其是姑嫂塔與崇武天后宮，它們都是船隻出入泉州灣必然要經過或者參照的航海標識，林振嵩作為鹿港郊商的重要商人，經常穿行於海峽兩岸，他回到祖籍地就不斷修橋、修塔，關注崇武天后宮的管理，顯然與他的經歷和身份地位是互為關聯的。

　　在林振嵩之後，鹿港「日茂行」在其三子林文浚的主持下愈加發展，成為當時鹿港行郊中最具影響力的一家商號。其經營範圍除了商業貿易之外，還涉及徵收鹽課、投資土地諸多方面。筆者在臺灣中研院訪問時，曾於臺史所查到三份「林日茂」契約，這些契約儘管都是訂立於道光年間，此時「日茂行」已趨於衰落，但從中仍可以看到林氏家族龐大的商業、土地經營網路，及其與當地社會的各種複雜關係。契約中提到林日茂與鹿港泉郊金長順、廈郊金振順，以及郊商紀盛俊、陳泰卿、王子全、陳宗悅等大佬都有交往關係，而且在道光年間還在彰化縣各地購買了大片田產，總價值銀 1740 大元[23]。

　　綜上可見，本文以崇武天后宮為中心，重點考察了這座位於泉州灣海口的媽祖宮廟其歷史沿革、重修重建歷程，及其在這個過程中反映的

---

[22] 此碑尚存永寧姑嫂塔底層門側，參見《福建宗教碑銘彙編·泉州府分冊》（上），第 300 頁。按，此《彙編》所錄與原碑微有差異。又，《永寧鄉土資料彙編》，永寧鎮鄉土資料編委會編印，1995 年，第 56 頁亦錄有此碑，但文字缺誤較多。

[23] 參見林日茂契約，中研院臺史所藏古契文書，編號 T161D148（4）（9）（10）。

與澎湖、臺灣諸多歷史事件和歷史人物的相互關聯。崇武是泉州灣一個很有代表性的港口，從崇武天后宮就可以折射很多與閩臺相關的史事，進一步顯示崇武在明清時期閩臺區域社會文化史方面的地位。就此而論，加強對港口的研究，注重對現存或者已經湮滅的遺跡史料之搜尋與整理，對於加深和拓寬我們的研究管道與學術視野，無疑是有益、不可忽視的。

清末臺灣東部山地的開發
——以同光之際的招墾為例

清領臺灣的 200 餘年間，臺灣的開發一直是由民間自行推動的。直至同治十三年（1874）日本侵臺事件發生後，清政府才轉為採取積極經營的方針，解除舊禁，開山撫番，從大陸招募移民渡臺墾殖，成為清朝治臺期間第一次有組織的開發後山的活動，這在臺灣歷史上具有重要的意義。為什麼清政府要組織移民開發東部？當時是怎樣實施的？具體政策如何？效果怎樣？這些都是值得探討的問題。以前雖有不少文章和論著都提到這一史事，但由於研究不夠，在論述時亦往往語焉不詳或言之不確，因而有必要作深入探討。

本文所要討論的時間範圍從同治十三年開始，直至光緒五年（1879）各地招墾（撫）局被撤除為止。至於劉銘傳時期又開始的招墾活動，留待以後再作討論。

一、清政府開發臺灣東部的歷史背景

同治十三年三月，日本在事先無外交照會的情況下，悍然出兵臺灣，在琅嶠一帶登陸，這是對中國領土主權的野蠻侵犯。一周以後，同治帝從總理各國事務衙門的奏摺中得知這一消息，當即諭令在福建辦理船政事務的沈葆楨渡臺察看，「不動聲色，相機籌辦。」[1] 幾天以後，有關臺灣事件的消息相續傳來，清廷感到事態嚴重，又正式任命沈葆楨為欽差辦理臺灣等處海防兼理各國事務大臣，東渡臺灣，辦理日本侵臺事件。同時命令所有福建鎮道等官，均歸沈葆楨節制；江蘇、廣東沿海各口輪船，歸沈葆楨隨時調遣；臺灣籌防所需款項，著福州將軍文煜、閩浙總督兼福建巡撫李鶴年「源源接濟，毋任缺乏。」[2]

1   《同治甲戌日兵侵臺始末》第一冊，臺灣文獻叢刊第 38 種，臺北：臺灣銀行經濟研究室，1959 年，第 1 頁。
2   《同治甲戌日兵侵臺始末》第一冊，第 8 頁。

日本此次稱兵臺灣，其藉口是同治十年（1871）有一艘琉球船隻在海上遭風，船上 54 名難民在臺灣南部被牡丹社生番殺害。隨後，又有同治十二年（1873）4 名日本難民在卑南亦險些遇害。因此，他們聲稱此次出兵是要對生番進行報復，「深入番地，招撫酋長」，「殛其凶首，薄示懲戒，使無再蹈前輒」。[3]

臺灣是中國的領土，日本人竟然可以不要通過清朝政府就自己派兵前往，深入番地，耀武揚威，其用心是不言而喻的。當時清政府對此也十分警覺。閩浙總督兼福建巡撫李鶴年在奏摺中說：日本人「心豔富饒，籍口報復生番，意圖覬覦，顯然可睹」。[4]同治帝亦諭云：「日本違約興兵，心懷叵測。」[5]

五月初四日，沈葆楨奉命馳抵臺灣。他到臺後即上奏朝廷，提出眼下要辦的三件事：「一曰理諭，一曰設防，一曰開禁。開禁非旦夕所能猝辦，必外侮稍定，方可節節圖之。」[6]因此，他一方面從大陸抽調精銳部隊，在臺灣南部佈防，又在沿海各地修建炮臺，添設炮位，訓練團勇，以期加強臺島的防衛力量。另一方面，鑒於日本人有窺伺東部的企圖，他亦採取針鋒相對的措施，予以防範。

首先，派人進入番地，招撫生番。如五月十五日，臺防同知袁聞柝奉命由海道馳抵卑南，招撫附近番社，「剴切開導，宣佈皇仁，共到二十五社頭人五十一名，散番二、三百名，均願剃髮歸誠，出具切結。」[7]隨後，臺灣鎮總兵張其光亦在下淡水一帶招撫社番，又有扶里煙六社頭目率領百餘人前來歸順。[8]

其次，規劃開闢山路，對東部地區實行有效控制。在沈葆楨赴臺以前，臺灣東部尚屬生番聚居區。那裡沒有設防，也沒有道路可通。沈葆楨擬從南、北、中三個方向開闢山路。南路由袁聞柝負責，從下淡水的

3 《甲戌公牘鈔存》，臺灣文獻叢刊第 39 種，臺北：臺灣銀行經濟研究室，1959 年，第 6 頁。

4 《同治甲戌日兵侵臺始末》第一冊，第 12 頁。

5 《同治甲戌日兵侵臺始末》第一冊，第 10 頁。

6 《同治甲戌日兵侵臺始末》第一冊，第 27 頁。

7 《甲戌公牘鈔存》，第 85 頁。

8 《甲戌公牘鈔存》，第 111-112 頁。

赤山開始，經崑崙坳、諸也葛抵達東部幹仔崙，再沿海岸北上達到卑南，最後直通璞石閣、水尾。北路由福建陸路提督羅大春擔任，從宜蘭的蘇澳開始，開通大濁水、大清水一帶山路以通新城、花蓮，再往下直達水尾。中路由委署南澳鎮總兵吳光亮負責，由集集鎮入山，經霜山橫排，過八同關，最後出秀姑巒與水尾相通。南、北兩路開山從六、七月間就相續開始，而中路自八月中旬吳光亮抵臺後，亦著手踏勘線路，並於次年正月動工。[9]

由於沈葆楨在臺灣積極備戰，日本人的囂張氣焰得到了遏制。加上臺灣夏季病疫流行，日本人病亡者甚眾。九月二十一日，在英國公使威妥瑪的調停下，中日雙方達成協議，以中方賠償 50 萬兩白銀，日本從臺灣撤軍為條件，結束了這一事件。

日本此次出兵臺灣，對清政府來說是一個沉重打擊。原來在清朝統治者的眼裡，日本僅是一個「蕞爾小國」，而如今竟敢出兵犯臺，清政府則苦於備禦無策，最後不得不以賠款了結此事，而且還要在協議書上寫明中國不指責日本的出兵「為不是」！[10]事件結束後，總理各國事務衙門即上奏清廷，要求趁此機會趕緊籌辦海防。奏摺云：「自庚申之釁，創鉅痛深，當時姑事羈縻，在我可亟圖振作。人人有自強之心，亦人人有自強之言，而迄今仍並無自強之實。」「以（日本）一小國之不馴，而備禦已苦無策」，「今日再不修備，則更不堪設想矣。」[11]九月二十七日，同治帝將總理衙門的奏摺批轉給沿海各邊疆大臣閱看，令他們「詳細籌議，將逐條切實辦法，限於一月內複奏。」[12]一時朝廷內外有關籌辦海防的議論大起。而當時臺灣被視為七省門戶，戰略地位重要，自然也成了這場籌防的重點。

十一月十五日，沈葆楨上奏臺灣善後事宜。他提出此次善後與往時

9　以上參見沈葆楨《福建臺灣奏摺》，臺灣文獻叢刊第 29 種，臺北：臺灣銀行經濟研究室，1959 年。按：除了以上三條外，同治十三年，又有總兵張其光在南路開闢射寮經南崑崙、大鳥萬以迄卑南的山路（見夏獻綸《臺灣輿圖》）。
10　《同治甲戌日兵侵臺始末》第二冊，第 179 頁。
11　《同治甲戌日兵侵臺始末》第二冊，第 178 頁。
12　《同治甲戌日兵侵臺始末》第二冊，第 183 頁。

不同，「臺地之善後，即臺地之創始也，善後難，以創始為善後則尤難。」因此建議將福建巡撫移駐臺灣，辦理開山撫番等項事務。[13]十二月初五日，沈葆楨又奏《請開舊禁折》，進一步提出應該解除舊禁，使大陸人民能夠自由渡臺，開墾東部山地。其奏疏略云：

> 因思全臺後山除番社外，無非曠土。邇來南北各路雖漸開通，而深谷荒埔人跡罕到，有可耕之地，而無可耕之人……日來招集墾戶，應者寥寥。蓋臺灣地廣人稀，山前一帶雖經蕃息百有餘年，戶口尚未充牣。內地人民向來不准偷渡，近雖文法稍弛，而開禁未有明文，地方官思設法招徠，每恐與例不合。今欲開山不先招墾，則路雖通而仍塞；欲招墾不先開禁；則民裹足而不前。[14]

因此呼籲應該將舊禁全部豁除。只有解除禁令，廣為招徠，才能鞏固開山撫番的成果。

值得注意的是，沈葆楨提倡開發後山，是與他整個籌防的策略思想聯繫在一起的。他認為後山尚未設防，屢為外人所窺伺，萬一臺灣後山有失，則山前不保；萬一臺灣有失，則中土危急。因此開發臺灣後山不是為了經濟上的利益，而是為了海防全局的安全。他在光緒元年（1875）的另一份奏摺說：「人第知今日開山之為撫番，固不知今日撫番之實以防海也；人第知預籌防海之關係臺灣安危，而不知預籌防海之關係南、北洋全局也。」「臣等經營後山者，為防患計，非為興利計。為興利，盡可緩圖；為防患，必難中止。」[15]由此可以看出，清末臺灣東部的開發實際上是與當時的國際局勢以及臺灣的戰略地位密切相關的。由於清政府把經營後山看成是關係海防的重要措施，而在日本侵臺事件發生後，籌防備戰又被視為刻不容緩的頭等大事，因此臺灣後山的開發在當時的情況下被逐步推動而開展起來。

---

[13] 沈葆楨《福建臺灣奏摺》，第 1-5 頁。
[14] 沈葆楨《福建臺灣奏摺》，第 11-12 頁。
[15] 引自羅大春《臺灣海防並開山日記》，臺灣文獻叢刊第 308 種，臺北：臺灣銀行經濟研究室，1972 年，第 59-60 頁。

二、清政府開發臺灣東部的實施過程

清政府開發臺灣東部經歷了一個演變和發展過程。從組織機構和招墾政策的角度看，大致可以劃分為兩個階段。

（一）屯墾階段

早在同治十三年日本未撤兵之時，沈葆楨一面下令開山，就已一面籌議招墾事宜。羅大春《臺灣海防並開山日記》云：九月初二日，「沈星使（按，即沈葆楨）書來，以余有招致居民之議，恐窮民力薄拮据曠時，擬就近勸富紳林維讓於已開路處分段屯墾。」[16]初九日又載：「得星使書，以余所論招富民招墾事不謀而合，囑即出示廣招徠，營哨官有願自任者聽。」[17]至同月十八日再載：「星使書至，前請釀賞開墾及造船事，一如所議行；因即示告嘉、彰、蘭、淡所在招徠。」[18]但是，早期的招墾似乎沒有什麼效果。同治十三年十二月，噶瑪蘭廳曾條陳開墾事宜，「綱舉目張，極為周密」，並且四處張貼告示，但「苦久無應者」。[19]早期的招墾之所以成效不佳，主要原因在於舊禁未開，人民裹足不前。另外，山路剛剛開通，番情尚不穩定亦是一個重要因素。

同治十三年十二月初五日，沈葆楨奏請解除舊禁。次年正月間，又發生了獅頭社生番戕殺官軍事件，南部一帶番情騷動，局勢緊張。沈葆楨聞訊後即於二月初重返臺灣，調集清軍進剿，經過幾個月的努力，終將局勢穩定下來。五月十五日，清政府在鳳山縣的刺桐腳設立招撫局，專門從事撫番工作。[20]而後來這個招撫局又同時擔負著招民墾荒的任務，成為清政府在臺灣設置招墾（撫）局之嚆矢。大致在光緒二年（1876）

---

[16]羅大春《臺灣海防並開山日記》，第 26 頁。
[17]羅大春《臺灣海防並開山日記》，第 27 頁。
[18]羅大春《臺灣海防並開山日記》，第 28 頁。
[19]羅大春《臺灣海防並開山日記》，第 42 頁。
[20]沈葆楨《福建臺灣奏摺》，第 54 頁。

三月以前，中路亦成立了招墾局，由侯補知縣何鑾擔任招墾委員。[21]

有一種觀點認為，在光緒元年，臺灣後山的卑南、秀姑巒、歧萊，以及前山的恆春、埔里六社等處，已「各置招墾局，設撫墾委員以理墾務。」[22]其實直至光緒三年（1877）四月間，臺灣仍只有中、南兩路設有招墾（撫）局，其餘各處未設。《臺灣私法物權編》載有一份是年四月十二日由臺灣知府張夢元下發的公文，其開頭就說：「箚發各廳、縣，暨中路招墾局、南路招撫局委員查照」云云，[23]可以為證。而且，這兩個機構的稱呼不一樣，中路稱「招墾局」，南路稱「招撫局」，這是因為它們設立的時間不同，背景也不一樣。

從光緒元年開始，臺灣的招墾工作被逐步推動起來。同年七月，沈葆楨內渡赴任兩江總督，臺灣的招墾事務留給福建巡撫王凱泰主持。九月初十日，王凱泰據臺澎道夏獻綸呈遞的一份詳文批示：「又全臺均系官地，除留歸社番瞻眷外，作何劃界招墾，並應妥定辦法，俾期民番相安。」[24]同年十二月負責在卑南從事撫番的袁聞柝已開始招募墾民，其《日記》並載有「稟准給予經費」等語，[25]可見當時清政府對墾民已有一定的資助。

當時清政府是怎樣資助墾民的？據光緒二年南路招撫委員周有基提供的一個稟呈，是年六月間已頒佈了統一的「屯政章程」，[26]由政府提供給墾民口糧以及耕牛、農具、草厝等費用，規定每個墾民必須墾田一甲，開成後每年向政府交納十分之三的官租。如九月二十日，周有基為

---

[21] 見《臺案彙錄壬集》，臺灣文獻叢刊第 227 種，臺北：臺灣銀行經濟研究室，1966 年，第 107-108 頁。按：當時這個招墾局亦叫做「撫墾局」，兩者並稱，後來統一稱作中路招墾局。參見《臺灣私法物權編》第一冊，臺灣文獻叢刊第 150 種，臺北：臺灣銀行經濟研究室，1963 年，第 1、8 頁。

[22] 盛清沂《清代同光之際開山撫番史事編年》一文引《臺灣文化志》，見《臺灣文獻》，第三十卷，第三期，第 6 頁。

[23] 《臺灣私法物權編》第一冊，第 8-9 頁。

[24] 《臺灣私法物權編》第一冊，第 42 頁。

[25] 引自《臺東州採訪冊》，臺灣文獻叢刊第 81 種，臺北：臺灣銀行經濟研究室，1960 年，第 41 頁。

[26] 見《臺灣私法物權編》第一冊，第 2 頁。

辦理楓港莊總理林廷儀等人請開涼傘埔一案，向臺澎道夏獻綸遞交的報告就開列了如下資助方案：

　　一、奉准十佃給牛四隻、農具四副。擬買水牛四隻，共約估銀一百元；農具四副，約銀二十元，共銀一百二十元，分十佃，每佃領銀十二元。可否給銀，由各佃自置，請示飭遵？

　　一、涼傘埔該處並無碉堡，可住草寮，奉准由官支理，茲擬每佃一名，給銀六元，由其自行搭蓋。

　　一、谷種一項，本未奉有明文准發，准該民等不領口糧，可否加恩，每佃一名，給種子銀二元，以示體恤？

　　一、各佃雖不領口糧，而請給農具、牛隻等項，各名仍令開田一甲，以符定章。

　　一、涼傘埔水圳擬包與民人林桂等，領開工資銀八十元，可否准給領辦？

　　（下略）[27]

由此可以看出，當時的規定是十分具體的。每十佃給牛四隻、農具四副；沒有碉堡的地方每人給草寮費六元；不給種子，發給口糧；每人開田一甲等等。但在實行過程中各地又可以根據實際情況變通。如牛隻、農具可以提供實物也可折銀給發；由於不領口糧，每人「加恩」給了種子費二元；有人擬承包開鑿水圳，政府亦準備提供資助等。除此之外，周有基在報告中還提到林廷儀等人由於不領口糧，希望能降低租率，墾成後每年只向政府交納十分之二的官租，亦提請夏獻綸批准。[28]

除了招民屯墾外，當時也有軍隊自己招工開墾的實例。如光緒三年十一月初二日，臺澎道夏獻綸給周有基的箚飭云：「並據守備郭占鼇招有民人，分段開墾，即經本道點驗，按照前議章程，散給銀米，飭令郭守備帶來安置」云云，[29]即是一例。不過，從總的看來，當時由軍隊自行招墾的實例並不太多。

---

27 《臺灣私法物權編》第一冊，第4頁。
28 《臺灣私法物權編》第一冊，第3頁。
29 《臺灣私法物權編》第一冊，第9頁。

（二）招墾階段

從光緒二年六月起，臺灣實行的是「屯政章程」，其實質仍是沿續沈葆楨提出的招民「屯墾」的主張，[30]以軍隊開闢山路，以民眾開墾荒山，墾民與軍隊住在一起，任其保護。但是到了後來，由於實行屯墾的條件逐漸喪失，臺灣遂改行新的「招墾章程」。而這一改變與丁日昌的推動是有密切關係的。

光緒二年十月，丁日昌作為繼任的福建巡撫到臺灣巡防駐箚。當時臺灣後山的開發雖有進展，但成效仍不顯著。一方面，沈葆楨原來開闢的幾條山路因光緒二年四月的一場大雨被沖壞不少，已經阻塞難通；[31]另一方面，長期駐守後山的勇營疲弱不堪，軍心渙散，官員舞弊事件屢屢發生，很難對墾民實行有效的保護。[32]因此，丁日昌決心加以整頓：首先，放棄以往開闢的山路，由委員周有基在南部另辟一條，從射麻裡經八瑤灣、阿郎壹以通卑南，用以溝通前、後山之間的聯繫。[33]其次，軍隊重新佈防。由吳光亮統率一支進駐後山璞石閣、水尾一帶，居中控制，兼防歧萊、秀姑巒、卑南等處；另外派一營駐紮蘇澳，由總兵孫開華就近調度指揮。[34]

與此同時，丁日昌還準備從大陸直接招募墾民，以推動臺灣墾務、礦務的發展。他在光緒二年十一月的奏摺中說：「臣擬先到北路察看情形，如果礦務、墾務可以同時舉辦，即擬於香江、汕頭、廈門等處設立招墾局，每月派定官輪數次前往招集客民，並准攜帶眷屬，到臺後給與房屋、牛隻、農具。」[35]次年三月，丁日昌調集軍隊鎮壓了率芒等社的反抗後，隨即頒佈撫番開山善後章程二十一條，其中第十七條亦云：

---

[30] 見羅大春《臺灣海防並開山日記》，第 26 頁。

[31] 見丁日昌《臺屬被災情形片》，《丁中丞政書》，撫閩奏稿，卷三。

[32] 見丁日昌《勘臺灣北路後山大略情形疏》、《整頓臺防營務片》，《丁中丞政書》，撫閩奏稿，卷二、卷四。

[33] 丁日昌《開通後山新路擬將委員請獎片》，《丁中丞政書》，撫閩奏稿，卷三。

[34] 《清德宗實錄》，卷四十九，光緒三年三月辛巳（二十五日）。

[35] 丁日昌《臺灣舉辦墾務礦務片》，《丁中丞政書》，撫閩奏稿，卷三。

「前、後山各處曠土正多，應即舉設招墾局，即日由營務處選派委員，前往汕頭、廈門、香港等處招工前來開墾。所有開墾章程，另文擬辦。」[36]至光緒四年（1878）春季，由夏獻綸和道員方稄分別擬定的「招墾章程」及其變通章程正式公佈實施。[37]以此為標誌，臺灣後山的開發進入了一個新階段。

由夏獻綸擬定的「招墾章程」共有二十條，它是針對在臺灣招募的墾民而制定的。而後來由方稄擬定的「變通招墾章程」，則是針對從大陸招徠的墾民。關於這兩份文件的主要內容，《臺灣私法物權編》「第五稟呈」中略有記載，現將它們引錄於下：

夏獻綸所擬招墾章程：「由臺地所招墾民，俟到地開墾起，前六個月，每名每日給銀八分、米一升；其什長每日加銀二分；百長月給銀八兩、米三斗。後六個月，田地漸次開闢，應減為每名每日給銀四分、米半升；一年後概行停止。開墾之地，總以成熟三年後升科，其所領口糧、牛隻、農具等項，或於田畝成熟三年，繳官歸還成本；或不能完繳，即於正供之外，另交官租若干？均由各該處招墾局體察情形辦理。」

方稄所擬變通招墾章程：「（大陸）墾民到臺之日起，前一年，每日每人給銀八分、米一升；什長加銀四分；百長月給銀九兩、米三斗；尾後半年，什長、墾丁每名日減銀三分，予限一年半為期，田園具備，種熟有收，銀米概行截支。開墾之地，總以三年後，委員複勘升科。其前領過口糧、農具、牛隻、籽種等項資本銀兩，分作十成，開耕五年以後，田地概行成熟，每年攤完二成，期限五年繳清成本。或俟三年升科後，於正供之外，另交官租若干？經由開墾委員體察情形辦理。」[38]

由此可以看出，從光緒四年開始實行的新章程，比以往的「屯政章程」明顯前進了一大步。首先，對墾民予以區分，分別大陸墾民和臺灣

---

[36]《臺灣私法物權編》第一冊，第 8 頁。
[37]《臺灣私法物權編》第一冊，第 10 頁。
[38]《臺灣私法物權編》第一冊，第 11 頁。

墾民，給予不同的資助標準。其中對大陸墾民較為優惠，不僅標準較高，而且時間較長，這與當時較注重招徠大陸墾民有密切關係。其次，對事先發給的口糧、耕牛、農具、種子等項，規定到時必須繳還成本，而不是像過去那樣由政府無償資助，只要求墾成後每年交納三成的官租。如果說以往實行的「屯政章程」，墾民耕種的是官地，其身份像是官佃；那麼這時實行的新章程，墾民更像是自耕農了。

除了實行新章程外，這時也在臺灣各處增設招墾機構。以前臺灣只有中、南兩路設有招墾（撫）局，而到了光緒四年，這樣的招墾機構發展到五、六個。即後山的北路歧萊、中路璞石閣、南路卑南，以及前山的中路埔里六社和南路，其中南路招撫局又在枋寮增設了一個分支機構，稱「枋寮招撫局」，它們的名稱、駐地、委員名單開列如下：

表 1　光緒四年臺灣設立招撫局一覽表

名稱	駐地	委員
歧萊招撫局	花蓮	吳鳳笙
璞石閣招撫局	璞石閣	鐘國華
卑南招撫局	卑南	袁聞柝
埔里六社招墾局	埔里	？
南路招撫局	恆春	周有基
枋寮招撫局	枋寮	？

資料來源：《臺灣私法物權編》第一冊，第 14、22 頁；《吳光祿使閩奏稿選錄》，第 27 頁。

由於這一階段採取了一系列新措施，因此臺灣後山的開發較以前有明顯的進展。特別是由政府直接從大陸招募墾民，這在臺灣歷史上還是第一次，曾引起輿論界的關注。光緒四年四月二十七日《申報》報導：「茲聞閩省各大憲已招人往山後開耕，一片荒山將成沃壤。所有農具、耕牛均由官給，每月每人並給工食製錢二千四百文並白米三斗。除雇用土人外，另用船政局第十二號輪船駛往廣東招廣、潮兩屬人民；自去冬至今春，約已招到四、五千矣。聞內有千餘人系在該處防堵，餘俱業農；

俟滿三年後始行起賦，而田畝為開墾者世業云。」[39]又據袁聞柝的《開山日記》：從三年春丁日昌派人在汕頭設立招墾局以來，已招募了「潮民」2000 餘名，用官輪載赴臺灣，其中 800 餘名交給吳光亮安插在大港口及卑南等處開墾，僅卑南一地就安插了 500 餘名。[40]至於南路恆春，據委員周有基稟報，從光緒三年十一月至十二月間，他共安置墾民 340 人，其中有婦女 15 人、小孩 13 人，其餘都是墾丁；共發給口糧（米票）101.55 石。[41]另外，從光緒四年春至第二年秋季，周有基在八瑤灣、牡丹灣、巴郎衛等地共發給墾民耕牛 17 隻，農具數以百計，詳見下表：

表 2　南路招撫局發放耕牛、農具一覽表

墾地	墾首	耕牛（隻）	鐵齒耙（張）	鐵割耙①（副）	犁頭壁②（副）	砍樹刀（把）	新灣刀③（把）	鋤頭（張）	斧頭（把）	木犁（張）
八瑤灣	林國		15	8	41					
牡丹灣	郭泮長		10	13	26					
巴郎衛	廖文彬		10	10	26					
牛勞東港口	古阿昂		8	4	8	33	12	6		
八瑤灣內公所	溫金配	6	8	6	11		25	30		2
新化社	楊福棉	6	9	9	9	26	30	30		
港仔莊灣	張連升	4	4	4	4	14	8	2	2	
茶山	陳資生	1	1		1			5		
合計④		17	65	54	126	73	75	73	2	2

按：①鐵割鈀又作鐵割鈀刀、鐵割砍刀。每副 17 片。

　　②犁頭壁每副 2 件。

　　③新灣刀又作灣刀、鋤頭灣刀。

　　④合計：砍樹刀原作 67 張，新灣刀原作 81 張。表上數字為

[39]《清季申報臺灣紀事輯錄》第六冊，臺灣文獻叢刊第 247 種，臺北：臺灣銀行經濟研究室，1968 年，第 780 頁。

[40]引自《臺東州採訪冊》，第 42 頁。

[41]《劉銘傳撫臺前後檔》第一冊，臺灣文獻叢刊第 276 種，臺北：臺灣銀行經濟研究室，1969 年，第 17-18 頁。

筆者統計。

資料來源：《臺灣私法物權編》第一冊，第 22－24 頁。

自光緒五年十月以後，臺灣後山的招墾工作就逐漸冷卻下來了。據當時臺灣鎮、道的箚飭云：由於招墾章程規定的期限已滿，為「節省經費起見」，決定將所有原設招墾各局一概裁撤。此後由墾民自招自墾；內地富民如有自備工資願來耕作者，亦可稟官領墾，「惟不許附搭洋股，以杜流弊」；外省新來的墾民，如有自備口糧者，仍由官府酌給種子、農具，再試辦一年。[42]但此後有關開墾後山的記載就明顯減少，以至停頓下來。

三、清政府開發臺灣東部的成效檢討

此次臺灣東部山地的開發，以同治十三年開始直至光緒五年結束，前後歷時六年，是有史以來第一次大規模開發後山的活動。這次招墾活動究竟效果如何？為什麼很快就停止了？顯然是需要認真探討的。

從總的看，這次招墾活動雖然時間不長，但還是有一定效果的。尤其是在臺灣南部的恆春以至卑南一帶，由於日本侵臺事件就發生在這裡，清政府較為重視；加上此地有山路相通，墾民來往方便，因此成效也較為顯著。從人口的增長情況看，恆春縣原來係屬番地，漢人很少。可是到了光緒十五年（1889），全縣已有「流寓、番丁」二萬餘人，其中除了番丁幾千人外，大部分都是漢族移民。據《恆春縣誌》載：「恆邑莊民，均系閩之漳、泉，粵之潮、嘉等處渡海而來；最久者，亦不過三、四世。開治以後，來者較多。」[43]可見這二萬多人口，至少有一半是光緒元年設治以後才移入或者繁衍起來的。又如臺東州，剛開闢時到處都是荒山野嶺，人口稀少，較熱鬧的新城亦僅有漢民「三十餘戶耳」。[44]但是到了光緒二十年（1894），全臺東已有漢人 5700 餘人，其中在當

---

[42]《臺灣私法物權編》，第一冊，第 12 頁。

[43]《恆春縣誌》，臺灣文獻叢刊第 75 種，臺北：臺灣銀行經濟研究室，1960 年，第 129 頁。

[44]羅大春《臺灣海防並開山日記》，第 47 頁。

年的主要墾地如卑南、大陂、花蓮、璞石閣等處，人口多在二、三百人以上，而且有些地方還形成了以粵籍移民為主的聚居區。[45]

再從土地開墾的情況看，有些地方的開墾還是有成效的。如袁聞柝於光緒元年以後招「楓港莊民林贊募得農民六十名，承墾卑南之巴郎禦（衛）荒埔，熟番潘琴元募得農民六十名，承墾大陂頭東邊荒埔」，「寶桑莊民陳雲清募農民化番五十名，承墾利基裡吉荒埔。」[46]至光緒三年五月福建船政大臣吳贊誠巡視臺東時，他看到林贊承墾的巴郎衛已「居然村落」；而陳雲清等人承墾的大陂以南地方亦已經開墾成熟，「其可招外來承墾者，地已無多。」[47]可見這一帶的開墾頗有進展。又據袁聞柝《開山日記》載：光緒六年（1880）六月，他派員到各地去丈量，得知「民、番（已）開成田園不下二、三萬畝，稟請頒發執照，按戶填給；並酌收租賦。」胡鐵花認為他這是在「自誇成功」。[48]其實在光緒五年撤銷各地招墾（撫）局後，確實有要求各地招墾委員要報告田園的開墾成果。[49]

當然，這裡說開山取得了一定的效果，主要是從積極方面而言。如果從消極方面來說，它存在的問題也是不少。其中最主要的問題就是，清政府並沒有能夠把開發後山長期堅持下去，而是在開辦幾年之後，就中途停止了。其原因何在？我以為主要有以下幾個方面：

一、缺乏大員主持。這次開山之所以能夠發動起來，與大員渡臺操辦是有密切關係的。首先沈葆楨巡視臺灣，提出開發後山之議；接著有王凱泰駐臺主持；王凱泰於光緒元年十月病故後，又任命丁日昌為福建巡撫，繼續操辦；丁日昌之後再有吳贊誠兩次渡臺。一個接著一個，從同治十三年至光緒四年，先後有四個大員東渡臺灣，這在清代臺灣歷史上是少有的。可是從光緒四年十月署福建巡撫吳贊誠病逝後，就再也沒

---

[45]《臺東州採訪冊》，第 18-21、42 頁。

[46]《臺東州採訪冊》，第 41-42 頁。

[47]《吳光祿使閩奏稿選錄》，臺灣文獻叢刊第 231 種，臺北：臺灣銀行經濟研究室，1966 年，第 10 頁。

[48]《臺東州採訪冊》，第 42 頁。

[49]見《臺灣私法物權編》第一冊，第 12、14 頁。

有巡撫渡臺主持了。福建巡撫兼顧臺灣，這是光緒元年議定的新制。但實行起來問題很多。一撫兼顧兩地，條往忽來，常常造成公文大量積壓，因此丁日昌一再奏請派遣大員專駐臺灣，林拱樞、袁保恒[50]、張佩綸[51]等人亦有類似建議，但清廷卻狃於成議，不願更改，以致後來丁日昌只好奏請恢復舊制，仍由閩浙總督及福州將軍每隔三年輪流赴臺巡視一次，[52]而福建巡撫兼顧臺灣亦因此名存實亡。光緒五年臺灣後山開墾的突然下馬，與清朝政府的腐敗、因循守舊以及制度上的問題實在有密切的關係。

二、經費缺乏。臺灣開發需要有大量經費。剛開辦海防時，沈葆楨奏請「每年開撫經費銀二十萬兩，由閩協臺。」[53]當時尚能充足供應。可是到了後來，經費問題越來越突出。光緒三年二月丁日昌奏云：「閩省欠解臺灣月餉，自上年（光緒二年）正月至今已積至八十餘萬之多，辦理實形棘手。」[54]光緒四年二月又奏：從前沈葆楨巡臺時，「閩省未遭兩次大水（按，指光緒二年六月及三年五月），餉務尚足接濟。」而現在餉項缺乏，「臺灣每月額定月餉銀八萬四千兩，司局自（三年）九月起至十二月止，僅解過餉事五萬兩，核計不及八分之一。」[55]經費緊張必然對招墾工作產生嚴重影響。因此從光緒四年春季起，規定在臺招募的墾民只資助一年，從大陸來的墾民資助一年半。期限一滿，即以「節省經費」為由，將各地招墾（撫）局一概撤銷，由民自招自墾。由此可見，後山開發之所以不能長期堅持下去，經費緊張亦是一個重要的因素。

三、吏治腐敗。清末臺灣吏治的腐敗已達到極點。丁日昌說：「臺灣遠隔重洋，吏治黯無天日」。蠹役橫行，官員舞弊，各種胡作非為的

---

[50] 《清德宗實錄》，卷三十四，光緒二年六月辛卯（初二日）；卷四十五，光緒二年十二月甲辰（十八日）。

[51] 張佩綸《扼要籌邊宜規久遠折》，《清奏疏選彙》，臺灣文獻叢刊第 256 種，臺北：臺灣銀行經濟研究室，1968 年，第 73－77 頁。

[52] 丁日昌《擬遵舊章輪赴臺灣巡查片》，《丁中丞政書》，撫閩奏稿。卷四。

[53] 劉銘傳《劉壯肅公奏議》第一冊，臺灣文獻叢刊第 27 種，臺北：臺灣銀行經濟研究室，1958 年，第 151 頁。

[54] 《清德宗實錄》，卷四十八，光緒三年二月癸丑（二十七日）。

[55] 丁日昌《擬遵舊章輪赴臺灣巡查片》，《丁中丞政書》，撫閩奏稿，卷四。

事件層出不窮。而這種腐敗的吏治也必然給招墾工作帶來不良影響。如光緒二年曾任中路招墾委員的何鑾，在署理嘉義知縣任上「收受書吏稅契陋規」，不久即被革職查辦。[56]在北路管帶福新右營的參將黃得桂，統兵期間鑽營舞弊，他統帶的一營竟缺額多達 123 名，亦因此而被撤查。[57]又據袁聞柝《開山日記》載：光緒三年丁日昌在汕頭設立招撫局，由營務處派人前往募集墾民，可是招徠的「半系遊手好閒之徒，不能力耕」，最後也只好稟請停辦。[58]當時臺灣經費緊張，可是下屬又不悉心辦事，潦草應付，冒濫虛靡，甚至貪污中飽，這就使得本來有限的經費更加緊張。在這種情況下，要繼續經營後山顯然也是不可能的。

　　當然，當時開發後山也有許許多多的困難。山高林密，野獸出沒，生番時常「出草」殺人，加上春、夏兩季瘴疫盛行，致使不少人染病身亡。如當時渡往臺灣的四名大員，除了沈葆楨赴任兩江總督外，其餘三人都是在臺灣「受瘴」而扶病內渡的，其中王凱泰、吳贊誠不久即病死於任上，而丁日昌亦從此一病不起，長期請病假。再看勇營的情況。據丁日昌奏報，他於光緒二年十月二十日抵達蘇澳巡視，「總兵張升楷帶領各弁勇來見，類皆病容滿面。據稱，該鎮新帶兩營來此駐箚，不及月餘病者已二百餘人，死者復十餘人。計該處統領自總兵宋桂芳受疫病故後，提督彭楚漢、羅大春、總兵吳光亮皆先後病幾殆，其將弁兵勇之喪亡者蓋不下二三千人矣。」[59]軍隊尚且如此，更何況一般老百姓！因此當時應招入墾的墾民，有很多都是中途病死或者逃走的。如光緒三年十二月，南路招撫委員周有基在八瑤灣、牡丹灣、巴郎衛、大港口、茶山等地共有墾民 290 人，可是到了光緒五年十月，上述五個地方就只剩下墾民 111 人了，減少了一半以上。[60]臺灣後山的開發需要大量勞動力，而當地惡劣的條件又致使墾民望而生畏，不可能大量遷入，這就決定了

[56]丁日昌《參撤嘉義縣知縣片》，《丁中丞政書》，撫閩奏稿，卷三。
[57]丁日昌《審明參將劣跡分別議擬疏》，《丁中丞政書》，撫閩奏稿，卷三。
[58]引自《臺東州採訪冊》，第 42 頁。
[59]丁日昌《勘臺灣北路後山大略情形疏》，《丁中丞政書》，撫閩奏稿，卷二。
[60]見《劉銘傳統臺前後檔案》第一冊，第 17 頁；《臺灣私法物權編》第一冊，第 13 頁。

開發後山是一項長期而艱巨的任務。但是清政府並沒有能夠真正擔負起這一重任。他們往往在外患的刺激下有所振作，可是過後沒幾年又恢復舊態，苟且偷安。在日本侵臺事件發生後，清政府確實有一段時間頗為振奮，可是四、五年之後又慢慢消沉下來了。他們不再派大員前往臺灣，也就沒有人對已經相當腐敗的吏治進行整頓，臺灣開山所需的大量經費也因此得不到確實解決，在這樣的情況下，臺灣後山開發的下馬，完全是意想之中的事。清末臺灣的開發和建設常常是忽上忽下，忽冷忽熱，從根本上說正是這樣的原因造成的。

許壽裳與臺灣省編譯館

臺灣省編譯館設立的幾個問題

設立臺灣省編譯館是戰後臺灣社會文化重建的一個重要內容，目的是為了在臺灣消除日本殖民統治的影響，重建中華文化，因此它對於戰後臺灣歷史的發展具有積極的意義。可惜這個臺灣省編譯館設立的時間並不長，從 1946 年 6 月許壽裳抵臺，到 1947 年 5 月因「二二八事變」的影響被撤銷，前後不到一年。關於臺灣省編譯館設立的緣起、目的、工作內容及其影響，黃英哲先生已有相當完整的研究。[1] 本文擬根據筆者參與整理臺灣省編譯館檔案所得認識，結合臺灣所藏相關檔案，以及大陸出版的民國檔案、《許壽裳日記》等資料，對以往一些尚未深入討論的重大問題作些探討，主要有三個方面：一、臺灣省編譯館組織規劃的設定，二、人員問題，三、許壽裳與陳儀的關係。

一、臺灣省編譯館組織規劃的設定

臺灣省編譯館的設立是由陳儀提出的。早在 1944 年陳儀受命主持臺灣調查委員會時，就已經在《臺灣接管計畫綱要》中提到要「概予銷毀」日本統治時期一切詆毀歪曲歷史的書刊、影片等，並「專設編譯機關，編輯教科參考及必要之書籍圖表」。[2] 1945 年 8 月 29 日陳儀就任臺灣省行政長官公署行政長官，10 月 24 日赴臺，25 日接收臺灣，此後即著手進行臺灣的政治、經濟、文化建設。1946 年 5 月 1 日陳儀致許壽裳電報說：「為促進臺胞心理建設，擬專設編譯機構編印大量書報，盼兄來此主持。希電複。」[3] 以此為標誌，臺灣省編譯館的籌設正式提到

---

[1] 參見黃英哲《「去日本化」「再中國化」：戰後臺灣文化重建（1945-1947）》第四章，臺北：麥田、城邦文化出版，2007 年。

[2] 《臺灣接管計畫綱要》，中國第二歷史檔案館、海峽兩岸出版交流中心編《館藏民國臺灣檔案匯編》第 28 冊，北京：九州出版社，2007 年，第 374 頁。

[3] 1946 年 5 月 1 日《陳儀致許壽裳電報》，見黃英哲、許雪姬、楊彥杰主編《臺灣省編譯館檔案》，福州：福建教育出版社，2010 年，第 3 頁。以下所引檔案除特別注明之外，均來自此書，簡稱《檔案》，不再詳注。

了議事日程。

　　許壽裳是陳儀留學日本時的同鄉好友，與魯迅關係深厚，在中國文壇享有盛譽。當許壽裳接到陳儀電報時，他在南京的中央考試院考選委員會任專門委員。5月6日，許壽裳經侄幫忙得悉電報內容後即給陳儀回復，表示他願意赴臺，並就編譯館的設置提出一些具體問題希望能得到明示。[4]5月13日，陳儀給許壽裳寫了一封長信，詳細談了編譯館設立的目的、工作任務、隸屬關係、待遇等，其中有關編譯館的工作任務主要有五項：

> 第一要編的是中小學文史教本（國定本、審定本，全不適用）；第二要編的是中小學教師的參考讀物，如中學教師、小學教師等月刊；第三為宣達三民主義與政令，須編適於公務員及民眾閱讀的小冊；第四一般的參考書如辭典等。這是就臺灣的應急工作而言。此外……我常有「譯名著五百部」的志願。我以為中國必須如以前的翻譯佛經一樣，將西洋名著翻譯五六百部過來，使研究任何一科的學生，有該科一二十本名著可讀。

　　他認為上述五項工作「為臺灣，為全國，都有意義」，希望許壽裳「化五年工夫來完成他」。[5]

　　陳儀的回信為編譯館的工作定下了基調，也是許壽裳應邀赴臺前後思考編譯館工作的基本指導思想。

　　5月25日許壽裳收到陳儀回信，此後他就開始了赴臺前的準備。他在《日記》中寫道：5月27日晴熱，「航快複公洽（即陳儀）……照相，為身份證用也。」28日，「信百川，托查示國立編譯館組織及工作」。6月2日，附世瑛三萬元「囑買皮箱」。16日，「得國立編譯館鄭康寧信附組織條例及工作概況」。20日，「得柏如寄來公務員行為要領、婦女

4　1946年5月5日《許壽裳致陳儀電文擬稿》、《許壽裳致陳儀信函擬稿》，《檔案》，第3、4頁。按，此電、信5月6日發出，參見參見黃英哲、秦賢次、陳漱渝、蕭振鳴編校整理《許壽裳日記（1940-1948）》（以下簡稱《日記》），福州：福建教育出版社，2008年，第772頁。

5　1946年5月13日《陳儀致許壽裳信》，《檔案》，第4-5頁。

課本、戰時民眾訓練教材三種」等。[6]由此可見，許壽裳在行前除了準備一些必要的生活用品及其他事務之外，另一個重點是在考慮編譯館的設置以及如何開展工作。6 月 18 日，許壽裳從南京抵達上海，與家人團聚。[7] 25 日，從上海飛抵臺北。

　　許壽裳到臺灣之前，對編譯館的工作已經有了一些設想。我們在整理檔案時發現有一份他攜帶到臺的材料。該材料無題目，主要內容是關於編譯館的「經費及人事」，以及工作安排兩部分。關於經費及人事，重點是經費要充足，人員要精幹，多數人員向館外特約兼任。工作方面提及六項，具體內容如下：

　　一、小學教科書
　　二、中學教科書
　　以上二項各設編輯委員會，決定編輯方針並供給教材資料，或由館內人員編輯，或特約館外人員編輯之。最後經過各該委員會之審查修正，務期適合當地需要。
　　三、中學教師參考用書
　　特約專家編輯或由館內人員編輯之，應分科擔任。暫定：（a）語文、（b）史地、（c）數、理、化、生物、（d）公民、（e）體育、（f）藝術。
　　四、字典
　　斟酌當地需要，暫定中日字典、日華字典及國語字典，以上每種字典之編輯，各設主任一人及助理編輯若干人。
　　五、推行政令及訓練公民之書本
　　組設一委員會以決定編輯方針及內容。
　　六、專門書之譯著
　　搜羅臺灣現有之特殊研究及資料（如語文、史地、政治經濟、教

---

[6]　《日記》，第 774-776 頁。
[7]　按，許壽裳的女兒許世瑋回憶說：「一九四六年初夏，父親從重慶回到上海和家人團聚」（許世瑋《憶先父許壽裳》，載《魯迅研究資料》卷 14，天津：天津人民出版社，1984 年）。可是據《許壽裳日記》1946 年 6 月 18 日載，他是乘火車回到上海的，上車地點在「下關」，途中花了約 7 小時（《日記》，第 776 頁）。可見他是從南京回上海的，許世瑋的回憶有誤。

育、自然科學、農業、工業等）或加整理綜合，或就原著翻譯。
此類書籍之編纂，不獨可供臺灣施政之參考，且必為一般學術界
所需要。[8]

以上一、二兩項其實可以合併，這樣共有五項。這五項任務與5月
13日陳儀的回信相比較，其內容是基本一致的，即包括中小學教材、
教學參考書、社會讀物、字典、名著翻譯等。但值得注意的是，名著翻
譯已經把重點放在臺灣研究方面，要「搜羅臺灣現有之特殊研究及資料」
加以綜合整理或翻譯，並認為「此類書籍之編纂，不獨可供臺灣施政之
參考，且必為一般學術界所需要」。而許壽裳帶往臺灣的這份材料就寫
在上海「合資會社祥昌洋行」用紙的背面，字跡判斷似他人所為。可見
許壽裳在抵達臺灣之前，就已經有了在編譯館開展臺灣研究的設想。而
他的這個思想顯然是通過與友人交談得來的，極有可能在上海形成了書
面意見。[9]

7月2日，臺灣《工商日報》刊登許壽裳抵臺的消息，同時也報導
了他對記者談話的要點：「許氏頃告中央社記者稱，該館工作擬以下列
五種為中心，即①編制中小國語歷史教科書，②編制中小學教師參考
書，③編制一般讀物，④職〔編〕制字典，⑤選譯世界名著。此外並擬
與臺大合作，從事臺灣與其資源之研究，正各方延攬人才中，甚盼本省
賢達通力協助。」[10] 從許壽裳對記者談話的內容看，與上述他在大陸考
慮的五個工作重點沒有區別，而且對臺灣研究的思路更為清晰，首次提
到擬與臺大合作從事此項研究。這是許壽裳剛到臺灣時對編譯館工作的
基本思路。

許壽裳抵達臺灣後，6月27日上午即安排屠健峰、朱際鎰兩人起
草編譯館組織大綱。至7月初，組織大綱及經費預算已編制完成，3日

8　《許壽裳關於編譯館工作的設想》，《檔案》，第6-7頁。

9　許壽裳經常與學界友人通訊或面談，請益編譯館有關工作。如抵達上海後，6月20日下午
　　許壽裳「晤似顏，詳談並留晚餐，餐後又談，不覺時已過九點」。22日下午，「至謝似顏
　　處，又至方光燾處」（《日記》，第777頁）。謝似顏後來任臺灣省編譯館編纂。

10　《許壽裳氏來臺將任編譯館長》，《工商時報》中華民國三十五年七月二日第二版。

托長官公署秘書蔣授謙將這兩份材料呈給陳儀。次日，陳儀給許壽裳回信，表示已經將組織大綱及預算「交法制委員會及會計處審查」。[11]細查此時提交的《臺灣省編譯館組織大綱草案》，在機構設置方面提出「本館設教材、叢書、譯著、臺灣研究、南洋研究五組，及資料、辦公二室」，[12]已經和前面設想的五個工作重點有很大不同，其中最凸顯的是這時將臺灣研究、南洋研究都列入了工作重點，並各自設組，此前陳儀提到的要編制教學參考書、一般讀物、辭典等都沒有專門機構了，只提設立「叢書組」。陳儀對此沒有過多發表意見，只是對許壽裳說「惟叢書組弟意不必單獨成一組」，其餘交給法制委員會考慮。[13]值得注意的是，許壽裳剛到臺灣才一星期，此時他已經把臺灣研究、南洋研究都列入了工作重點。他的這個思想究竟是怎麼形成的？

　　查《許壽裳日記》，在他剛到臺灣的最初幾天，與他密切接觸的有李季谷、沈從九（即沈仲九）、陳達夫、戴伸甫、周憲文、章錫琛、吳克剛、范允臧、馬廷英等人，其中不乏文人並熱心向他建言獻策者。如《日記》6 月 27 日載：「下午季谷來。錫琛偕吳克剛來，邀飲現代週刊社，晤范允臧、陳達夫。」7 月 11 日載：「晚至現代週刊社談，達夫、錫琛、克剛、廷英談臺灣研究，最好與大學合作趁日本專家未回國前。」18 日，「（沈仲九）又云臺灣目錄宜趁早編制，《臺灣研究叢書》至少須有百冊。」[14]陳達夫時任臺灣省博物館館長、吳克剛是省圖書館館長、馬廷英海洋研究所所長、李季谷臺灣師院院長、周憲文法商學院院長、范允臧為長官公署教育處處長、沈仲九當時亦在長官公署任職。這些人大都來自浙江、安徽等省。他們跟隨陳儀到臺灣，任職於文教部門或原先就有文教背景，因此對日據時期的臺灣研究、南洋研究多有瞭解。而臺灣大學在日據時期稱「臺北帝國大學」，自 1928 年創校以來就一直在史學科開設南洋史學講座，成為該大學有名的特色學科，為南洋史、臺

[11]1946 年 7 月 4 日《陳儀致許壽裳信》，《檔案》，第 14 頁。
[12]《臺灣省編譯館組織大綱草案》，《檔案》，第 10-11 頁。
[13]1946 年 7 月 4 日《陳儀致許壽裳信》，《檔案》，第 14 頁。
[14]《日記》，第 778－780 頁。

灣史研究積累了大量資料並培養了人才。[15]因此，許壽裳到臺灣以後很快就受到這些大陸學者的影響，並且準確瞭解了臺灣的學術積累及其特色，從而認為應該有分析地接受日本人留下的文化遺產，並把它們發揚光大。這是許壽裳對編譯館工作第二階段的思考。

　　7月23日，法制委員會將修改後的組織規程送達編譯館。次日，編譯館回復。8月2日，臺灣省行政長官公署正式公佈《臺灣省編譯館組織規程》，有關編譯館的機構設置、工作方針、目標任務等都最後確定下來。[16]這份正式公佈的文件，規定臺灣省編譯館設「四組二室」，即學校教材組、社會讀物組、名著編譯組、臺灣研究組和資料室、秘書室，把此前許壽裳考慮的南洋研究組取消，並把叢書組改成社會讀物組。此後編譯館的機構設置就一直照此延續下來，儘管1947年2月還有一次修訂，但基本架構不變。[17]

　　由此可見，臺灣省編譯館組織架構和工作任務的確定，是經過多方磨合的結果。從陳儀5月13日回信直至最後公佈的《組織規程》，其間經歷了一系列變化。陳儀最早的考慮是編制教科書、教學參考書、社會讀物、辭典、名著翻譯等五個方面，許壽裳在抵臺前已經考慮要把名著翻譯重點放在臺灣方面。而抵臺後組織草擬《大綱》更提出要專設臺灣研究、南洋研究兩個組，最後南洋研究沒有被接受，而臺灣研究成為編譯館的一項任務就此確定下來。戰後，在臺灣開展臺灣研究可以說是從編譯館開始的。而這個研究方向的提出顯然與許壽裳在上海、臺北所接觸的一批大陸學者文人有很密切關係。這是日本殖民統治結束以後，繼續在臺灣開展臺灣研究的轉捩點，對以後影響甚遠。

二、編譯館的人員問題

[15]參見本書《日據時期對荷據臺灣史的研究》。

[16]《臺灣省編譯館組織規程》，《檔案》，第26-27頁。參見中國第二歷史檔案館、海峽兩岸出版交流中心編《館藏民國臺灣檔案匯編》第60冊，第103-105頁。

[17]《臺灣省行政長官公署公報》春字（1947年2月10日），參見黃英哲《「去日本化」「再中國化」：戰後臺灣文化重建（1945-1947）》，第93-94頁。

　　要設立一個學術機構，首先第一位是人才。而當時臺灣剛剛光復，大陸仍在戰亂之中，這對於臺灣省編譯館聚攬人才、開展各項工作是很大的挑戰，也是編譯館存在期間最大的問題。

　　臺灣省編譯館從 1946 年 8 月 2 日長官公署公佈《組織規程》，8 月 7 日正式啟用關防起，可以說宣告正式成立。編譯館早期的人員多數從原來的臺灣省教育處教材編輯委員會和編審室過來。據一份造於 8 月 28 日以前的「臺灣省編譯館職員一覽」表，[18] 上面共有 36 人，其中除了許壽裳之外，有編纂（相當於大學教授）7 人、編審（相當於大學副教授）9 人、幹事（相當於大學講師）4 人、助理幹事（相當於大學助教）2 人，其餘是一般的工作人員。而在七個編纂中，王鶴清、朱文叔、鄭桓來自教育處教材編輯委員會，楊雲萍、姜琦、沈其達則是長官公署參議，僅有謝似顏是從上海邀約來的。而在九個編審中，洪鏊、繆天華、林萬燕、林子青、張遜之、邵元照、楊肅等七人都是來自教材編輯委員會。可見早期編譯館的人員絕大多數都是在臺灣就近調集的，這些人大都於 1945 年底或次年初從浙江等省赴臺。[19]

　　許壽裳到臺灣前後，就一直在邀約大陸學者赴臺，共同參與編譯館的工作。如 6 月 28 日許壽裳抵臺第三天，就致電傅溥、張一清、戴君仁、馬孝焱、鄒謙、何士驥等人，邀請他們任編譯館編纂或編審。[20] 7 月 1 日，又致電羅根澤、吳世昌、唐士毅等人。[21] 而在此前後，許壽裳經常給大陸友人寫信、發電報，相關記載屢見於《日記》中。[22] 至 7 月底，許壽裳一共發了四批邀請，其中編纂、編審共計 24 人，詳見下頁表 1。

---

[18] 1946 年 8 月《臺灣省編譯館職員表》，《檔案》，第 164-165 頁。按，此表未登入 8 月 28 日任職的編審張常惺(臺灣文獻館藏臺灣省行政長官公署檔案,《編譯館編審張常惺派代案》)，可見該表造於張常惺任職之前。

[19] 參見 1946 年 8 月《臺灣省教育處教材編輯委員會職員名冊》，《檔案》，第 160-162 頁。

[20] 1946 年 6 月 28 日《許壽裳致傅溥、張一清、戴君仁、馬孝焱、鄒謙、何士驥電》，《檔案》，第 8 頁。

[21] 1946 年 7 月 1 日《許壽裳致羅根澤、吳世昌、唐士毅電》，《檔案》，第 9 頁。

[22] 參見《日記》，第 778-782 頁。

　　當時，許壽裳邀約的人員以編纂為重點。按照 8 月 2 日長官公署公佈的《組織規程》，臺灣省編譯館設有編纂 10－15 人，而發出邀約的就達 16 人，如果加上已經在臺灣教材編輯委員會或在公署任參事的學者王鶴清、朱文叔、鄭桓、楊雲萍、姜綺、沈其達等 6 人，這樣高達 22 人。這些人大都有留學日本的背景，從戰後設立臺灣省編譯館的目的和任務來說，挑選此類人才為完成當時賦予的任務是有其合理的考慮。

　　至於編審方面，至 7 月底擬邀約的才 8 人，而《組織規程》設定 25－30 人，如果加上原教材編輯委員會還有一些可用人員，差距仍然很大。這些人有的是經過友人推薦的，如謝未之為程柏如所薦、高光遠為莫大元推薦；8 月以後，朱文叔又推薦葉作舟和趙英若、張盟同推薦夏禹勳、吳覺農推薦朱毅如等，這些人也相續被邀約了。[23]但很明顯，許壽裳對編審（副高）這一層人才瞭解較少，因此合適人才的物色需要一段時間，這也是邀約人員時編纂與編審人數倒掛的一個內在因素。

許壽裳邀約大陸學者一覽表（1946 年 6－7 月）

擬任職務	姓名	原單位任職	通訊地
編纂	鄒　謙	湖南大學教授	長沙
	李霽野	國立女師英文系主任	安徽
	傅　溥	中央軍校數理主任	成都
	張一清	中央幹部學校秘書	重慶
	何士驥	西北師範學院教授	蘭州
	吳世昌	中央大學教授	南京
	羅根澤	中央大學教授	南京
	朱雲影	軍委會政治部研究室	南京
	林礪儒	桂林師院教育長	桂林
	顧福漕	軍委會辦公廳機要室秘書	南京
	章微穎	重慶師範學校教授	重慶

---

[23]參見 1946 年 9 月 26 日《臺灣省編譯館職員動態》，《檔案》，第 167-168 頁。

	戴君仁		
	程祥榮		
	方光燾		
	謝似顏		上海
	周學普		
編審	謝末之	中正大學副教授	南昌
	馬禩光	中央研究院院長室文牘	紹興
	周建人	前商務印書館編輯	上海
	楊瓊玖	北平大學圖書館館員	上海
	許志修	福州中學專任教員兼國文學科主任	福州
	高光遠	福建教育廳督學、省教育廣播電臺台長	福州
	齊植朵	四川大學副教授	成都
	陸　易	中央訓練委員會幹訓團專員兼教官	

資料來源：《臺灣省編譯館呈准發放邀約人員安旅費擬稿》、《臺灣省編譯館編纂旅費發放擬稿》、《臺灣省編譯館編審旅費發放擬稿》，《檔案》，第 150-151、156、157 頁；並參照《日記》相關記載整理。

更為重要的，這時邀請赴臺的這些專業人員，有的人因為工作放不下，有的是家庭原因，不能應命的很多。據統計，在表上邀約的 16 個編纂中，最後在編譯館任職的才 8 人；[24]而邀約的 8 個編審中，到館的才 2 人，[25]可見比例之低。有的已經答應，可是因工作關係一拖再拖，至「二二八事變」發生時人還在大陸，最後決定不來。[26]有的是因為工作、家庭拖累等，自夏至冬，行期一再後延，以致無法成行。[27]至於確定要來而且已經成行的，也是由於大陸戰亂、交通困難等因素，輾轉奔波，受盡煎熬，其間的困苦實非筆墨可以形容。如傅溥，他在 7 月間就

[24]他們是鄒謙、李霽野、傅溥、張一清、朱雲影、章微穎、謝似顏、周學普。
[25]他們是謝末之、馬禩光。
[26]如高光遠，參見《臺灣省編譯館檔案‧書信》高光遠、莫大元致許壽裳相關信件。
[27]如李煥彬、彭澤源等，參見《臺灣省編譯館檔案‧書信》相關信件。

從成都啟程，7月底或8月初已到達重慶，可是輪船一等就是三個多星期，8月23日他致許壽裳的信說：

> 晚抵陪都後，曾連上二緘，報告候船情形，想已早邀洞鑒。臺灣工礦處所包定拖輪，第一次試航時將機器燒壞，經十日工夫修好後，再試、三試結果均欠佳。刻聞工礦處決定放棄該輪，另包他輪，大約本月底可以決定開行日期。交通困難至於此極，殊非始料所及……晚抵此已逾三周，社會服務處房租一加再加，為減輕負擔計，刻已移寓青年館307號。[28]

至9月下旬，傅溥經武漢、南京抵達上海，22日又上許壽裳云：

> 晚抵漢後，曾奉上一緘，想已早承察及。其後，換登長清拖駁到京，後乘京滬特快車，業於日昨叨福安全抵滬。臺灣銀行臺省通訊處已去接洽過，據云赴臺工作人員安旅費已奉命停發，須自費前往，俟到達後再由供職機關自行報銷，並出原電作證。上海物價極高，費用過巨，幸有友人通融，否則將進退維谷矣。晚對購票手續如打鼠疫針等均已完成，只待臺灣銀行代購船票，靜候起程。[29]

至10月6日，傅溥才抵達臺北，「行李盡濕透」。[30]這也是較早邀約抵達臺灣的一個編纂。

再如編審謝未之（即謝康），他是從江西啟程的，本來路途不算太遠，可是水上交通一票難求，至10月8日人還在南昌，於是致信許壽裳說他準備改道陸路，攜帶家眷經福建再乘船赴臺：

> 茲奉接廿三日電，致悉種切。江輪委實困難。潯滬兩地，旅用昂貴，候船日期不能預計。茲決取道南城、光澤、建陽、南平，赴福州搭輪前來。車票經已預洽，今午率眷前赴南昌，准雙十節啟程。此行沿途經過八九縣地，亦須候車。到達福州時再電奉聞。

---

[28] 1946年8月23日《傅溥致許壽裳信》，《檔案》，第241-242頁。
[29] 1946年9月22日《傅溥致許壽裳信》，《檔案》，第250頁。
[30] 《日記》，第789頁。

31

　　由於邀約人員遲遲未到，因此編譯館工作實受很大影響。1946 年
10 月，編譯館在編制 1947 年度工作計畫時，一開頭便說：本館成立不
及半年，「其間邀約人員遠道來臺，交通多阻，稽延頗久。是以工作人
員，僅及編制名額之半數，尤其各組室主任及編纂多人，遲未能到，影
響工作進展甚巨。」[32]

　　其實除了人員沒有到齊很難全面開展工作之外，已到任的一些人員
如何穩定盡可能發揮作用也是一個很大問題。我們在檔案中發現，在比
較早到任的七個編纂中，有兩人是長期駐上海的，其中朱文叔兼學校教
材組主任，從 7 月 16 日起就離開臺北，專門在上海購書，至 9 月 22 日
致信許壽裳提出辭職沒有再回來。[33]不過，他為編譯館是盡了很多心力
的。[34]另一個是沈其達，他也是長期「駐滬公幹」。[35]加上有的人身體不
好，如編審張遜之患胃病，自 9 月中旬回上海治療就一直沒有返回。[36]這
樣，編譯館本來很少的人員就更加捉襟見肘了。

　　在有限人員中，很多職位往往需要有人暫兼，有的甚至出現空缺只
好臨時找人替代。如編譯館秘書室主任是個很重要的職位，最早由編纂
王鶴清兼任。至 11 月 5 日，王鶴清由於感到壓力很大難以勝任，向許
壽裳提出擬調往臺糖總公司任職，[37]許慰留後，11 月 11 日又上書請辭，
許壽裳最後只好同意，「複以不能維縶，至悵！當如命准辭，惟留職停
薪，仍盼早日回館。」[38]餘缺由剛抵臺的傅溥兼任。傅溥接手還不到一
個月即誹謗纏身，無奈之下，12 月 6 日他又給許壽裳寫了一封長信請

---

[31]1946 年 10 月 8 日《謝康致許壽裳信》，《檔案》，第 257 頁。

[32]1946 年 10 月《臺灣省編譯館 1947 年度工作計畫》，《檔案》，第 62-64 頁。

[33]1946 年 9 月 22 日《朱文叔致許壽裳信》，《檔案》，第 44-45 頁。

[34]朱文叔在上海購書有大量的書信往來，參見《臺灣省編譯館檔案·書信》。

[35]參見 1946 年 9 月 26 日《臺灣省編譯館職員動態》，《檔案》，第 167-168 頁。

[36]1946 年 10 月 13 日《張遜之致許壽裳信》，《檔案》，第 261 頁。

[37]1946 年 11 月 5 日《王鶴清致許壽裳信》，《檔案》，第 88 頁。

[38]1946 年 11 月 11 日《王鶴清致許壽裳信》，《檔案》，第 88-89 頁。

辭，[39]編譯館秘書室主任只好改由文書股長楊肅編審代理。至 1947 年 3 月編纂章微穎抵臺後，才由章微穎兼任秘書室主任一職。[40]

　　至於其他的行政後勤崗位，出現崗位空缺、不斷換人的現象就更加普遍。如會計一職，最早由周正中擔任，至 9 月 27 日周正中調去當人事管理員，會計由陸偉成接替。至 10 月 7 日才十天，陸偉成又辭職，許壽裳只好給公署會計長寫信，希望趕快物色合適人選。[41]後來陳守榕接任會計，至 1947 年 2 月初又換成葉臯孫。[42]又如庶務股長，最早由編審邵元照兼任，至 10 月間改由幹事廉新生接替，次年 2 月又換成出納李聖堃擔任。人員的更迭就像走馬燈一樣。1947 年 1 月 17 日許壽裳寫信給還在大陸的章微穎說：

> 囑託代覓庶務人員同來，未知已有眉目否？因庶務人員甚需要，又會計人員亦相需甚亟，均請物色……弟因去夏隻身來臺，並未攜帶一人，至今事務方面，還是感到不方便（庶務、會計均嫌不得力，甚以為苦）。不得己，故以此相煩，務希設法，拜託拜託。[43]

　　許壽裳作為館長，要開展編譯館的各項工作需要有一支好隊伍，不僅要有專業人才，而且要有後勤輔助人員，以保證館務工作能正常運轉。尤其是編譯館剛設立的時候，辦公場所、職員宿舍、交通車、傢具……各項工作紛至遝來，在在需要人手辦理。而此時可用的人員缺乏，有的人素質又不高，[44]直至 1947 年 1 月還在因為人的問題「感到不方便」，「甚以為苦」。

---

[39]1946 年 12 月 6 日《傅溥致許壽裳信》，《檔案》，第 102-103 頁。

[40]臺灣文獻館藏臺灣省行政長官公署檔案，《臺灣省編譯館兼任秘書室主任章微穎楊肅派免案》。

[41]1946 年 10 月 8 日《許壽裳致王肇嘉函》，《檔案》，第 60 頁。

[42]《臺灣省編譯館薪金調整及人事變動擬稿》，《檔案》，第 192 頁。

[43]1947 年 1 月 17 日《許壽裳致章微穎信》，《檔案》，第 109 頁。

[44]如資料管理不善，有的人將總督府的書籍私自隱匿於宿舍；有個別編審在公眾場合多次辱罵編纂等，見《日記》1946 年 10 月 23 日、1947 年 2 月 3 日、5 月 3 日，第 791、799、805 頁。

至 4 月間，編譯館又造了一份「職員一覽」表，此時在編的人員已基本滿額，編纂 15 人、編審 20 人，其他編輯、助理編輯、輔助人員近 50 人，各組（室）、課的負責人也都配齊。[45]可見在此前的一段時間內，尤其是 1 月份以後在人員調配方面有了較大進展，可是這時離編譯館被撤銷已經很近了。

三、許壽裳與陳儀的關係

許壽裳是陳儀請來的，而陳儀是臺灣省行政長官。因此，許壽裳與陳儀的關係也是編譯館設立期間的一個重要問題。

從總的說，陳儀對許壽裳的工作是支持的。這不僅因為陳、許兩人原來關係就很好，而且更重要的是，陳儀認為設立編譯館對戰後臺灣民眾的「心理改造」非常重要。5 月 13 日他給許壽裳寫信說：

> 臺灣經過日本五十一年的統治，文化情況與各省兩樣。多數人民說的是日本話，看的是日本文，國語固然不懂，國文一樣不通；對於世界與中國情形，也多茫然。所以治臺的重要工作，是心理改造。而目前最感困難的，是改造心理的工具——語言文字——須先改造。各省所出書籍報紙，因為國文程度的關係，多不適用。臺灣的書報，在二三年內，必須另外編印專適用於臺灣人的。[46]

許壽裳抵達臺灣後，就馬上去晉謁陳儀。此後有關編譯館的機構設置以及工作中的重大問題，許壽裳經常去見陳儀或者給他寫信，兩人時常見面，互動密切。8 月 2 日《臺灣省編譯館組織規程》公佈後，許壽裳立即根據《規程》設定的四組考慮工作，並形成了一份《臺灣省編譯館的設立》呈給陳儀。[47]9 月 3 日陳儀給許壽裳回信，表示看過附來的材料，「設計甚好，請即照此進行。在進行過程中，如發現有需要補充

---

[45]1947 年 4 月《臺灣省編譯館職員名單》，《檔案》，第 196-198 頁。
[46]1946 年 5 月 13 日《陳儀致許壽裳信》，《檔案》，第 4-5 頁。
[47]許壽裳草擬《臺灣省編譯館的設立》，《檔案》，第 38-39 頁。

或修正之處，將來再行斟酌損益可也。」[48]隨後，大約在年底以前，陳儀又針對編譯館的工作做了更具體的指示，其中特別強調編輯教材的重要性：

> 編譯館雖分四組，雖然四組工作都重要，但在明年，尤其在上半年，希望特別注重中小學教科書一類。過去教育處所編中小學教本，據一般試用的結果，多半嫌太深，教學都覺困難，希編譯館就已編各書檢討一下，或修改，或另編，務使適合於國語國文程度尚不及各省學生的本省學生，此種新教本望於暑假前編竣，俾暑假後可以應用。一面望編教本的參考書或教學法以供教員之用。至於編輯人員，各學校教員中如有富有教學經驗及編輯能力的，亦可請其參加。

對於其他組的工作，如社會讀物組，要求「先以本省人為對象，文字須淺顯，字數不要多」。名著翻譯組的工作，「最好先集中力量於一件事，譯述大學生及研究人員必須研讀的專科學術名著，可先請各科專門學者選定各科必讀名著若干種，然後彙編一應譯名著目錄，斟酌人力、財力、有系統的逐漸譯述，但已有譯本的可緩譯」。陳儀的這些指示還用《臺（卅五）字第一四八〇號通知》的文件形式發給編譯館。[49]

此時，雖然編譯館的人員尚未到齊，但是編輯教材以及其他各項工作均已陸續展開。1947 年 1 月，許壽裳又根據陳儀的指示詳細制訂了編譯館四組的工作，尤其是學校教材組擬編的中小學、師範、職校等教材多達 200 多冊，大都擬在 6 月至遲年底前完成，其他各組也都訂有詳細計畫，擬出版「光復文庫」、《臺灣學報》等，並最終形成了《臺灣省編譯館工作概況》。[50]1 月 18 日是許壽裳的農曆生日。這天上午 8 點前許壽裳就到編譯館，「九時陳長官來」。[51]陳儀在許壽裳生日當天到編譯館視察，可見他們兩人的情誼非同一般。而許壽裳也將形成的工作計畫

[48]1946 年 9 月 3 日《陳儀致許壽裳信》，《檔案》，第 40 頁。

[49]以上見 1947 年 1 月 18 日《臺灣省編譯館工作概況》，《檔案》，第 109-123 頁。

[50]1947 年 1 月 18 日《臺灣省編譯館工作概況》，《檔案》，第 109-123 頁。

[51]《日記》，第 798 頁。

（即《臺灣省編譯館工作概況》）簽章呈給陳儀。

　　在人員調集方面，陳儀也給許壽裳盡可能的支援。為了開展臺灣研究，需要把一些日本學者先留下來，以利工作。1946 年 10 月中旬，當許壽裳聽說日籍人員即將遣送回國，即給公署去函，要求暫留編譯館擬用學者：

> 頃聞遣送日籍人員回國，即在本月十四日集中。本館留用人員，系學術研究性質，其工作應令作一結束，至少須有一、二旬方能竣事。擬請將本館留用日籍人員共十人，列第二批遣送，實為公便。[52]

　　在此之前，許壽裳還於 9 月 17 日到公署見陳儀，「以發旅費匯滬及留用淺井二事相商，均得批准。」[53]許壽裳在陳儀支持下一共留用了十餘名日籍人員，其中有語言學家淺井惠倫、考古學家國直分一、民俗學家池田敏雄、畫家立石鐵臣，以及片瀨弘、宮田彌太郎、宮田金彌、白木千鶴子、大崎百百子[54]、竹下律子等。1947 年 3 月 7 日在公署送達的核定職務加給名單中，還有素木得一（昆蟲學）、樋口末廣等人。[55]這些人大都於 1946 年 8 月以後陸續進入編譯館，至次年 4 月已相續離開。[56]不過，在那時編制的最後一份「職員一覽」表中，仍有國直分一、立石鐵臣等四人留在館內。[57]

　　在其他行政事務方面，許壽裳也經常找陳儀，希望他幫助解決一些具體困難。如 1946 年 10 月，由於館舍不足等問題日益突出，25 日，許壽裳即給陳儀寫信，其《日記》載：

---

[52]1946 年 10 月《許壽裳有關留用日籍人員的請示擬稿》，《檔案》，第 60 頁。

[53]《日記》，第 787 頁。

[54]亦作「大崎百合子」（《日記》）、「大崎百白子」（《檔案》）。

[55]《日記》，第 801 頁。

[56]按，這些日籍學者一般都帶有家眷，如檔案載：宮田金彌帶有家眷 5 人、宮田彌太郎帶家眷 3 人，連同他們共計 10 人，列於第四批遣送名單，於 1946 年 12 月中旬被遣送回國。見《臺灣省解征日僑遣送名冊（第四批）》，中國第二歷史檔案館、海峽兩岸出版交流中心編《館藏民國臺灣檔案匯編》第 65 冊，第 310、397-398 頁；《中央警官學校臺幹班簡史》，臺北：中央警官學校臺幹班互助基金會編印，1987 年，第 96 頁。

[57]參見 1947 年 4 月《臺灣省編譯館職員名單》，《檔案》，第 196-199 頁。

夜作上公洽私函，力陳種種困難：（一）本館宿舍、（二）職員宿舍、（三）宿舍傢具、（四）交通車及小汽車、（五）宴會請柬。請其婉告主管人員，對於本館工作之特殊性質加以認識，本館事務現狀之特別困難，加以瞭解，切弗漠視。

第二天早上許壽裳又去見陳儀，並把信呈上。當天「傍晚允臧來，謂奉長官命，商參議會房屋」。[58]可見陳儀很快就著手處理了。

當然，許壽裳主持編譯館工作，他所碰到的各種困難實非陳儀一過問就能解決。有的是當時客觀存在的困難，如房屋、交通等；有的涉及制度、主管人員的作為等，這類問題不僅陳儀難以處理，有時他的看法也不見得與許壽裳一致。1946 年 11 月 4 日，許壽裳在《日記》中寫道：「四日（星一）小雨……訪公洽，為職務加給只限於教育部認可之教授、副教授，為留用谷河事未蒙許可，頗有疑本館組織不健全之意。」[59]當時臺灣省行政長官公署正在考慮各單位的人員職務加給問題，許壽裳希望館內聘任的專業人員都有機會，而陳儀不肯，包括不同意再增聘日籍人員，「頗有疑本館組織不健全之意」。

其實，早在 1946 年 7 月 13 日，朱文叔給許壽裳寫信就提到了學校教材組延聘人員有其特殊性，「因所知國內現編教科書人才，雖積經驗而成專家，而學歷經歷皆不甚高」，因此建議是否能在待遇方面「破格提高」。[60]許壽裳也多次聲明編譯館的編纂等同於大學教授、編審等同於副教授……，對這些專業人員要有足夠的尊重並給予相應待遇。9 月 11 日，[61]他甚至上一份簽呈給公署，希望所有專業人員均由本館遴聘，核定薪額。《簽呈》說：

案查本館為學術研究機關，所有應邀來館之人員，胥屬專門學者，過去大多在國內大學或文化機關擔任重要職務。因非公務人員，故於資歷學歷及離職等各項證件，多半不甚注意。如依本省

---

[58]以上見《日記》，第 791 頁。
[59]《日記》，第 792 頁。
[60]1946 年 7 月 13 日《朱文叔關於編譯館組織及工作意見》，《檔案》，第 20 頁。
[61]按，原件誤書為 10 月 11 日。

一般公務員例嚴格執行，則往往既多周折，又費時間，殊違鈞長愛護學者之至意。且本館組織系仿照國立編譯館成例，編纂相當於大學教授，編審相當於副教授，幹事相當於專職講師，助理幹事相當於助教。在本館預算案中，業有明白說明。茲擬呈請鈞署特准本館比照專科以上學校例，所有編纂、編審、幹事、助理幹事一律由本館遴聘，依照其學術上的地位，核定薪額，以不超過預算規定為限，仍行冊報鈞署備核。是否可行？理合陳述緣由，仰祈鑒核示遵，實為公便。[62]

　　公署人事室對此不敢造次，但有自己的看法，他們給陳儀的簽呈提出了兩條說明：一、臺灣省博物館、圖書館也有研究人員，他們都是執行「本公署人事集中管理辦法」的相關規定，即由本公署審查資格，並核定薪額；二、按照國立編譯館的規定，其編纂、編審亦系由教育部聘任，非由館長自聘。因此，是否仍按原規定由本公署集中管理或者「特准一律由該館長自行遴聘定薪之處」，「簽請鈞核示遵」。最後，陳儀於9月16日批示：「依照『本公署人事集中管理辦法』辦理」。[63]

　　陳儀的意見顯然否定了許壽裳的要求。細察許壽裳之所以希望能自行遴聘、定薪專業人員，問題都在於編譯館人才尤其是教材編輯人才不易物色，他們往往因為經驗積累自成專家，並沒有合符教育部門或人事部門規定的學歷資歷，因此他在《簽呈》中特別強調要「依照其學術上的地位，核定薪額」，即不是看學歷資歷來招攬人才。而人事集中管理制度恰恰是非常刻板的，完全沒有彈性，但這是臺灣省行政長官公署制的一個要點，陳儀是不會輕易退讓的。[64]因而他的所謂「組織不健全」，實指許壽裳沒有按公署規定處理人事問題，包括「職務加給」等薪酬待遇。

　　另一個意見相左的問題是關於編譯館是否自辦出版發行。許壽裳在

[62]臺灣文獻館藏臺灣省行政長官公署檔案，《臺灣省編譯館人事呈核案》。
[63]臺灣文獻館藏臺灣省行政長官公署檔案，《臺灣省編譯館人事呈核案》。
[64]關於臺灣省行政長官公署制的研究，參見鄧孔昭《光復初期臺灣的行政長官公署制》，載《臺灣研究集刊》1994年第1期。

抵臺之初，就有由編譯館自行印刷書籍的設想。他在一份標有「注意」的手稿中，第三條「人才」寫道：「網羅人才，與臺大、臺師合作。加精印刷，以期出售所得，可作一部分的收入。重學術兼重操守。翻譯世界名著，一部分可用特約制。」[65]7月3日，許壽裳將編制完成的《組織大綱》和經費預算呈給陳儀，同時還附了一封信加以說明，信云：「預算以事業費為最大，因包括稿費及印刷費，為中心工作之一。」[66]顯然，他已經把印刷書籍作為編譯館的一項中心工作來安排。而陳儀於7月4日的回信則說：「預算除（1）購圖書費本年先支一百萬元，開辦費酌減；（2）出版印刷由臺灣書店辦理，其費用不必列入；（3）徵求外稿，緩至明年辦理外，其餘大致可以照辦。」[67]顯然，陳儀並不主張由編譯館自行出版印刷書籍，認為此事應由臺灣書店辦理。

許壽裳對編譯館自行印書是有很多期待的。9月間，楊雲萍主持的臺灣研究組擬出版《臺灣通志》，計畫此書列入「臺灣省編譯館叢書」第一種，由臺灣書店負責印刷事務，[68]此計畫並沒有得到許壽裳的批准。10月，許壽裳親擬有關編譯館「須自理出版業務」的八條理由，[69]後來又經過修改，於10月15日形成公文擬正式呈報公署，要求將臺灣書店劃歸編譯館管理。呈文云：

> 為編譯與出版必需聯繫，擬請將臺灣書店劃歸本館管理，請示祗遵由。
> 查本館奉命成立，邀約人員，陸續到達，編譯工作，積極展開，預計不久將來，即有書籍若干種編譯完成。惟查出版事宜，與編譯工作，原如指臂相連，不可分隔，本館出版工作，前蒙指示由臺灣書店辦理，責任既專，自極便利。惟該店現由教育處管轄，隸屬不同，聯絡匪易。為增加效能計，擬請將該店自明年度起劃歸本館管理，茲臚舉理由如下：

---

[65]《許壽裳有關編譯館建制方針擬稿》，《檔案》，第7頁。
[66]1946年7月《許壽裳致陳儀函擬稿》，《檔案》，第12頁。
[67]1946年7月4日《陳儀致許壽裳信》，《檔案》，第14頁。
[68]1946年9月《〈臺灣通志〉付印計畫綱要》，《檔案》，第47-48頁。
[69]《許壽裳致陳儀關於編譯館業務的私函擬稿》，《檔案》，第67-68頁。

（一）編譯機構如與出版機構連絡，則編譯人員，如受銷數之刺激，對於編譯工作，格外努力。同時出版部分因受編譯部分之督促，對於發行方面，亦可增加效率。

（二）本館編譯工作，有整個之計畫，有屬於一般性之讀物，有屬於學術性之讀物，前者獲利，後者則也許會賠錢，但其重要性則初無二致。如出版部分不受節制，易將學術性之著作，揹不出版，影響編譯工作。

（三）現今各書坊及各編譯機關，對於稿酬均採取版稅制，如出版機構不歸本館管理，則此項制度無法實施。

（四）出版部門由本館管理，對於印刷之技術及付印時之校對工作等，均可便利不少。

（五）出版物之印刷發行等，尤其如教科書及雜誌等，首重時效，如連絡失靈，動輒公文往復，則耽誤極大。

（六）臺灣書店原隸於教育處，乃因教科書供應上之便利。現教科書編輯事宜，已改隸本館，則臺灣書店之管理權自亦有轉移之必要。

綜上理由，理合呈請鈞長察核實情，准予將該書店劃歸本館管理，以利工作，實為公便。[70]

　　其實在此之前，許壽裳考慮編譯館「須自理出版業務」時，僅提出「教科書仍擬交臺灣書店出版，其他書籍則由本館發行」。[71]而這時已前進了一大步，提議將臺灣書店從教育處劃歸編譯館管理，以收「指臂相連」之效。

　　這份呈文究竟有無上呈查不到佐證材料，因為目前所見只是公文草稿而非正式文件，[72]亦無公署批復等相關記錄。不過可以確定的是，陳儀對編譯館辦理出版印刷業務一直沒有答應。12 月 16 日《許壽裳日記》載：「至公署商交通車事，允為詢問貿易局及交通處，又商印刷所，公

---

[70]1946 年 10 月 15 日《許壽裳呈請陳儀將臺灣書店劃歸編譯館的呈文》，《檔案》，第 69 頁。

[71]《許壽裳致陳儀關於編譯館業務的私函擬稿》，《臺灣省編譯館出版計畫說明》，《檔案》，第 67-68 頁。

[72]目前所見這份呈文草稿寫於臺灣省行政長官公署公文紙上，上面已有秘書室主任王鶴清蓋章並填寫日期，按常理判斷，如無特殊情況這應是一份擬上呈的公文。

洽堅持臺灣書店。」1947 年 1 月 10 日又載:「訪公洽,關於印刷事有所商討,而公洽堅持本館只負責編譯專責,印刷則歸臺灣書店。」[73]

　　許壽裳對於自辦出版印刷業務是一直很渴求的。一方面,這樣做能夠達到編譯與出版合二為一的效果,不致相互扯皮,影響工作。另一方面,出版的收入對編譯館經費來源也有好處,「以期出售所得,可作一部分的收入」。[74]而陳儀則始終堅持出版印刷是臺灣書店的事,不予同意。從中可見,陳儀對他所堅持的事情是不容易改變的。這固然反映陳儀的個性與行事風格(如有人認為他「剛愎自用」[75]),同時也可以看到此事關係機構職能的調整,各種利益牽扯其中,陳儀深知其難不會鬆口。而從許壽裳處理此事的過程來看,他從 1946 年 6 月下旬抵臺伊始就在考慮這個問題,10 月中旬仍在反復斟酌甚至行文擬報公署,直至 1947 年 1 月上旬還在找陳儀商量此事。顯然他知道陳儀的態度,但又鍥而不捨,耐心以對,一次又一次地找陳儀商量。陳、許兩人的關係由此可見一斑。他們之間情感甚好,但對一些具體事情又是有不同看法的。陳儀對許壽裳的工作既予以關照支持,又不是有求必應,在一些關係制度和機構設置問題上一直沒有退讓。而許壽裳有他對編譯館工作的考慮和要求,希望在他主持下編譯館能有更大空間,可是在得不到支援的情況下仍然會平心應對,調適處理。因此,直至陳儀離開臺灣以後,他們兩人的關係仍然很好。

四、結語

　　臺灣省編譯館從許壽裳抵臺籌辦直至被撤銷,時間短促。正如許壽裳於 1947 年 6 月 25 日抵臺一周年時寫下的感言:「來臺整整一年矣,籌辦館事,初以房屋狹窄,內地交通阻滯,邀者遲遲始到,工作難以展

---

[73]以上見《日記》,第 796、797 頁。

[74]《許壽裳有關編譯館建制方針擬稿》,《檔案》,第 7 頁。

[75]許雪姬訪問、曾金蘭記錄《柯臺山先生訪問記錄》,臺北:中研院近史所,1997 年,第 69 頁。

開。今年一月始得各項開始，而即有二二八之難，停頓一月，而五月十六即受省務會議議決裁撤，如此匆遽，莫解其由，使我表見未遑，曷勝悲憤！館中工作專案移交者近三十件，現款專案移交者百五十餘萬。知我罪我，一切聽之。」[76]

　　平心而論，許壽裳在編譯館期間，工作是很辛苦的。此時一切從零做起，事情又急，而人才難聚，對他來說壓力肯定很大。從 1946 年 8 月至次年初，各種困難接踵而至，好在有陳儀的支持，在館舍、經費、調人等方面都盡可能提供方便，因此不到半年就有了一定的基礎。1947 年 1 月開始詳細制訂工作計畫，按照陳儀的指示重點安排學校教材和參考書的編寫，其他各組也都有了詳細的計畫。至編譯館被撤銷時，已經出版教材、「光復文庫」等書 20 餘種，此外還有 300 餘萬字已成或未完成的手稿。[77]可見編譯館聚合的這批學者工作是有效率的。編譯館被撤銷以後，這批短期聚攏而來的學者有的仍留臺灣，有的返回大陸，很多人都在學術界作出了不小貢獻。[78]而許壽裳提出在編譯館開展臺灣研究也有了初步進展，這對於後來繼續開展這個領域的研究是起到了承上啟下的作用。

　　許壽裳為編譯館竭盡心力，他懷有很高的期許，而一夜之間該館被匆遽解散，「莫解其由」。對於一個年逾花甲又希望幹成一番事業的老人來說，其悲憤之情容易理解。

---

[76]《日記》，第 810 頁。

[77]章微穎《36 年 6 月臺灣省編譯館結束，賦短章呈翁師座》，參見黃英哲《「去日本化」「再中國化」：戰後臺灣文化重建（1945-1947）》，第 116 頁。

[78]參見黃英哲、許雪姬《臺灣省編譯館關係人物簡介》，《檔案》，第 304-314 頁。

臺灣省編譯館的臺灣研究

臺灣光復以後，為了消除日本五十年殖民統治的影響，重建中華文化，當時在臺灣主政的陳儀決定設立臺灣省編譯館，並聘請許壽裳到臺主持此項工作。臺灣省編譯館的設立是光復初期臺灣文化重建的一個重要環節。該館雖然存在的時間不長，但由於它正處於臺灣社會轉型的歷史時期，其意義卻不可忽視。本文擬以編譯館開展臺灣研究為中心，具體觀察這個以重建中華文化為已任的學術機構，如何在此歷史轉折關頭，發揮其承上啟下的作用，從而更深入理解當時臺灣文化重建的思想意義及其對後來的影響。

一、編譯館開展臺灣研究的緣起

在臺灣省編譯館開展臺灣研究，並不是一開始就提出來的任務。1946 年 5 月 1 日，臺灣省行政長官陳儀致電許壽裳說：「為促進臺胞心理建設，擬專設編譯機構編印大量書報，盼兄來此主持。希電複。」[1]許壽裳是魯迅的摯友，與陳儀是同鄉並一起留學日本，在當時中國文化界久負盛名。因此，陳儀請許壽裳到臺灣主持編譯館的工作，實得其人。此後，陳儀又給許壽裳寫了一封長信，詳細介紹了編譯館的工作性質、任務、組織架構和工資待遇等問題。陳儀談了五項具體工作，即 1、編中小學文史教本，2、編中小學教師的參考讀物，3、編適於公務員及民眾閱讀的小冊，4、編一般的參考書如辭典等，5、翻譯西洋名著。[2]陳儀的這些想法都與編譯館的目標聯繫在一起，但是沒有涉及臺灣研究的內容。

許壽裳接到陳儀的電、信以後，就開始做行前的各種準備。當時，許壽裳在南京的中央考試院任職。6 月 18 日許壽裳從南京回到上海，

---

[1]　1946 年 5 月 1 日《陳儀致許壽裳電報》，見黃英哲、許雪姬、楊彥杰主編《臺灣省編譯館檔案》（以下簡稱《檔案》），福州：福建教育出版社，2010 年，第 3 頁。

[2]　1946 年 5 月 13 日《陳儀致許壽裳信》，《檔案》，第 4-5 頁。

25 日飛往臺北。他在上海期間，除了與家人團聚外，還經常找人商談
到臺灣工作的一些打算和設想。此時，就已經有人向他建議要在編譯館
內開展臺灣研究。如今，我們還能看到一份寫於上海「合資會社祥昌洋
行」用紙背面的建議，這是許壽裳的友人為他草擬的，摘引於下：

> 搜羅臺灣現有之特殊研究及資料（如語文、史地、政治經濟、教
> 育、自然科學、農業、工業等）或加整理綜合，或就原著翻譯。
> 此類書籍之編纂，不獨可供臺灣施政之參考，且必為一般學術界
> 所需要。[3]

抵達臺北後，許壽裳對記者談話更加明確提出了他的設想，「並擬
與臺大合作，從事臺灣與其資源之研究，正各方延攬人才中，甚盼本省
賢達通力協助。」[4]這時，許壽裳已經有了在編譯館開展臺灣研究的基
本想法和思路。

6 月 27 日，即許壽裳抵臺的第三天，即安排屠健峰、朱際鎰兩人
負責起草編譯館組織大綱。7 月初，《組織大綱草案》和經費預算都已
編制完成，送給陳儀審閱。此時提交的編譯館《組織大綱草案》計畫設
立「五組二室」，即教材組、叢書組、譯著組、臺灣研究組、南洋研究
組，及資料室和辦公室。[5]在臺灣研究的基礎上又增加了南洋研究。而
這兩項都是日據時期「臺北帝國大學」（臺灣大學前身）的重要研究領
域。[6]許壽裳將這份《組織大綱草案》提交給陳儀以後，陳儀並沒有表
示反對。他給許壽裳的回信說：「惟叢書組弟意不必單獨成一組」，其餘
交給法制委員會考慮。[7]

7 月 23 日，法制委員會將他們修改後的組織規程送給編譯館徵求
意見。次日，編譯館即予回復。8 月 2 日，臺灣省行政長官公署正式公

---

[3]　《許壽裳關於編譯館工作的設想》，《檔案》，第 7 頁。
[4]　《許壽裳氏來臺將任編譯館長》，《工商時報》中華民國三十五年七月二日第二版。
[5]　《臺灣省編譯館組織大綱草案》，《檔案》，第 10-11 頁。
[6]　參見本書《日據時期對荷據臺灣史的研究》。
[7]　1946 年 7 月 4 日《陳儀致許壽裳信》，《檔案》，第 14 頁。

佈《臺灣省編譯館組織規程》。[8]這份正式公佈的文件，規定臺灣省編譯館設立「四組二室」，即學校教材組、社會讀物組、名著編譯組、臺灣研究組和資料室、秘書室，把此前許壽裳考慮的南洋研究組取消，並把叢書組改成社會讀物組。此後，編譯館的機構設置就這樣被確定下來，一直延續到撤銷為止。[9]臺灣研究也因此成為編譯館四項具體工作任務之一。

　　許壽裳之所以一開始就注重臺灣研究，與他在赴臺前後多次與友人交流接觸有密切關係。如抵臺前夕，他在上海就兩次拜訪了謝似顏，與他作長時間的交談。[10]在抵達臺北以後，又多次與在臺友人交流接觸，包括時任臺灣師院院長李季谷、法商學院院長周憲文、臺灣省博物館館長陳達夫、省圖書館館長吳克剛、海洋研究所所長馬廷英，以及在臺灣省行政長官公署任職的范允藏、沈仲九等。這些人大都來自浙江、安徽等省，任職於臺灣的文教部門或原先就有文教背景，因此對日據時期臺灣的學術研究頗有瞭解。如《許壽裳日記》7月11日載：「晚至現代週刊社談，達夫、錫琛、克剛、廷英談臺灣研究，最好與大學合作趁日本專家未回國前。」18日，「（沈仲九）又云臺灣目錄宜趁早編制，《臺灣研究叢書》至少須有百冊。」[11]這些建言獻策對許壽裳思考編譯館的工作頗有影響。

　　許壽裳提出在編譯館開展臺灣研究，更重要的是，他對編譯館設立的旨趣和工作目標有自己的理解。1946年8月27日，許壽裳在寫給葉作舟的信中說：「本館工作，以促進臺胞心理建設，提振全國學術空氣

8　《臺灣省編譯館組織規程》，《檔案》，第26─27頁，參見中國第二歷史檔案館、海峽兩岸出版交流中心編《館藏民國臺灣檔案匯編》第60冊，北京：九州出版社，2007年，第103-105頁。

9　參見《臺灣省行政長官公署公報》春字（1947年2月10日），黃英哲《「去日本化」「再中國化」：戰後臺灣文化重建（1945─1947）》，臺北：麥田、城邦文化出版，2007年，第93-94頁。

10　參見黃英哲、秦賢次、陳漱渝、蕭振鳴編校整理《許壽裳日記（1940-1948）》（以下簡稱《日記》），福州：福建教育出版社，2008年，第777頁。按，許壽裳與謝似顏見面於1946年6月20日和22日，後來謝似顏任臺灣省編譯館編纂。

11　見《日記》，第778-780頁。

為中心，不僅為省當局所重視，亦且為文化界所注目。」[12]而在此之前的 8 月 10 日，他在記者會上更清楚表達了對設立編譯館目的的理解。許壽裳說：三個月前接到陳儀長官電報和長信，擬設一個編譯機構。「長官的志願是很宏大的，一方面要使臺灣同胞普遍的獲得精神食糧，充分的接受祖國文化的教養；一方面更要發揚臺灣文化特殊的造詣，造成孜孜不倦的學術風氣。因此要有晉唐人翻譯佛教經典的那種勇氣和魄力，至少完成五六百本大學讀物，開創我國學術研究的新局面。」因此，他認為設立臺灣省編譯館的要旨不外有兩點：「第一、促進臺胞的心理建設」，「第二、對於全國有協進文化、示範研究的責任」。[13]也就是說，在許壽裳看來，陳儀擬設編譯館的目的不僅是要「促進臺胞的心理建設」，而且要在提振全國學術文化方面起到示範作用。

　　許壽裳對日本統治時期臺灣在學術研究方面的成績有一個理性的認識，認為對於日本殖民統治的影響必須清除，但對於純學術的研究成果應該承續。他在記者會上繼續說：

> 臺灣的學術文化，已經有了很好的基礎，可以有為各省模範的資格。……過去本省在日本統治下的軍閥侵略主義，當然應該根絕，可是純粹學術性的研究，卻也不能抹殺其價值，我們應該接收下來，加以發揚光大。如果把過去數十年間日本專門學者從事臺灣研究的成果，加以翻譯和整理，編成一套臺灣研究叢書，我相信至少有一百大本。[14]

　　9 月 5 日，許壽裳在一次講演中，對日據時期臺灣在學術領域的成績，以及當下應該採取的態度，有一個更加充分的表述。他說：

> 臺灣有研究學術的風氣，可以說是日人的示範作用，也可說是日

---

[12] 1946 年 8 月 27 日《許壽裳致葉作舟信》，見彭小妍、施淑、楊儒賓、北岡正子、黃英哲編校《許壽裳書簡集》上冊，臺北：中研院中國文哲研究所，2010 年，第 583 頁。

[13] 1946 年 8 月 10 日《許壽裳在記者會上談編譯館旨趣與工作的講話稿》，《檔案》，第 32-33 頁。

[14] 1946 年 8 月 10 日《許壽裳在記者會上談編譯館旨趣與工作的講話稿》，《檔案》，第 32-33 頁。

人的功績。日本雖然是侵略國家，但他們專家的學術成績我們需要保留，需要全國學者繼續研究，把它發揚光大，作為我們建國之用……這是我國學術的光彩、世界文化的貢獻，也是臺灣文化的第二點特色。[15]

　　由此可見，許壽裳對設立編譯館的目的有自己清醒的認識：它負有在臺灣重建中華文化的歷史責任，但重建中華文化不僅僅在於加強祖國文化的傳播，同時也要注意發揮臺灣文化的優點，為全國科技文化的進步作貢獻。臺灣在日本統治時期形成的文化有正反兩個方面，應該分別對待：對於日本殖民文化的影響必須摒棄，但對於日本學者取得的學術成果則應該保留並發揚光大。這是一個問題的兩個方面，也是編譯館工作兩個相輔相成的面向。正是有這樣的認識，才有在編譯館開展臺灣研究的提出。而這種思想的形成，應該說，是許壽裳和他的學術界朋友密切交流溝通的結果。這些具有理性價值的認識和看法，在光復初期的歷史條件下能夠提出來並付諸實施，尤為難得。

二、臺灣研究人才的延攬

　　與上節討論相聯繫，是如何在臺灣開展臺灣研究的問題。首先必須有人才。許壽裳網羅臺灣研究的人才主要有本省學者和日籍留用學者兩個方面。

（一）網羅本省學者

1、許壽裳與楊雲萍的關係

　　楊雲萍是編譯館開展臺灣研究最重要的人物，也是許壽裳最早徵聘的臺灣本省學者。許壽裳與楊雲萍的認識，據楊回憶，在北京時許壽裳曾看過楊雲萍的中、日文著作，後來就延攬入編譯館工作。[16]而據許壽

---

[15] 1946 年 9 月 5 日《許壽裳對培訓學員的講話》，《檔案》，第 40-42 頁。
[16] 許雪姬《序：欣見臺灣省編譯館相關檔案出版》，見《檔案》，第 3 頁。

裳的記載，他們在臺灣的見面最早應是 1946 年 7 月 25 日。該《日記》載，「廿五日（星四）上午小雨，下午小雨。……連震東、洪炎秋、楊雲萍來。」[17]楊雲萍當時任臺灣省行政長官公署參議，而他到編譯館任職就在此之後不到 10 天之內。8 月 5 日，臺灣省行政長官公署人事室主任張國健致信許壽裳說：「至楊雲萍參議薪額，俟奉核定後當再奉告」。[18]可見此時楊雲萍剛到編譯館不久。

　　楊雲萍是臺北縣士林人。他到編譯館的時候已 41 歲，此前曾任《民報》社社論委員、《民報》社編輯顧問兼論說委員、臺灣省行政長官公署參議、臺灣文化協進會編輯組主任，著有《臺灣的歷史與文化》（日文）、《關於劉家謀的「海音」》、《陳迂穀的詩與詩集考》、《芝山岩考》、《士林先哲傳記資料初輯》、《伊能嘉矩評傳》、《臺灣語文獻小記》、《臺灣關係文獻解題》等，並輯校有多種臺灣古籍未刊，在臺灣歷史文化界十分有名。[19]許壽裳聘楊雲萍任編譯館編纂兼臺灣研究組主任，這是編譯館四個專業組最早聘任的主任之一，而且一直到該館撤銷從未易人。

　　許壽裳與楊雲萍的關係是相當融洽的。楊雲萍作為臺灣本省徵聘的專才，他對許壽裳很敬重，兩人之間感情甚好。據許壽裳《日記》載，1946 年 8 月 10 日「（星六）晴熱。……楊雲萍為覓得一女工陳桃阿扁，當午領來，至可感。」19 日，許壽裳「邀雲萍午餐同至中山堂觀琉球歌踊。」[20]1947 年 1 月 26 日上午，許壽裳應楊雲萍之邀，冒雨到士林楊家做客，同行的還有王澤民。他們在楊氏習靜樓中「閱書，肴饌豐富，歸時並以文旦、柑橘見贈」。許壽裳為雲萍題冊子：「雙溪風物樂何如，習靜樓中讀異書，奈我遲來春雨惡，梅花老盡綠扶疏。」充分表達了作者此次造訪的心情。[21]2 月 14 日，許壽裳正面臨斷炊之虞，又收到楊雲萍送來的十斤大米，特書「雪中送炭」四字。[22]

---

[17]《日記》，第 781 頁。

[18] 1946 年 8 月 5 日《張國健致許壽裳信》，《檔案》，第 34 頁。

[19]《楊友濂履歷表》，《檔案》，第 171-172 頁。

[20]《日記》，第 783、784 頁。

[21]《日記》，第 798 頁。

[22]《日記》，第 799 頁。

在工作中，許壽裳對楊雲萍一直予以支持。1946 年 11 月初，在上海購書的朱文叔寫信說文海書店有三種舊版的臺灣文獻，詢問是否購買。[23] 11 月 9 日，楊雲萍提出了擬購意見，認為《治臺必告錄》、《欽定平定臺灣紀略》臺灣省圖書館皆有收藏，而索價又太昂，「現在似無購買之必要」。惟乾隆十二年、二十五卷本《臺灣府志》，「則是本當是范志，頗屬稀覯，而可資參考者又甚多」，「如價格肯相讓，似可購置之」。[24] 當天，許壽裳即根據楊雲萍的意見給朱文叔回信。[25] 1947 年 2 月 3 日和 5 月 3 日，編審朱毅如兩次當眾辱罵楊雲萍，許壽裳對此十分氣憤，當即寫信「諷其辭職」。[26]

2、其他本省專才的延攬

除了楊雲萍之外，臺灣省編譯館還聘任了三個本省專才，其中有兩個與臺灣研究有關。

一個是賴子清。他是嘉義縣人，日據時期普通文官考試及格，曾編過《臺灣詩醇》，擔任過《臺灣日日新報》的記者和編輯，光復後任臺北中學國文教員。[27] 1946 年 11 月 13 日，許壽裳寫一張便條交下屬：「由館通知賴子清先生，請於十四日上午十時至十一時來館與楊雲萍一談為盼。」[28] 此後，賴子清很快就被延攬入館任幹事（即編輯）。11 月 17 日，他去拜會了許壽裳。[29] 次年「二二八事變」時，賴子清還為困守在編譯館的同仁「送便當」，次日又去探望許壽裳，許在《日記》中均予記載。[30]

張樑標是另一個被延攬入館的幹事（編輯）。他是彰化縣人，1933 年畢業於臺北帝國大學文政學部，在編譯館主要擔任日本學者著作的中

---

[23] 1946 年 11 月 4 日《朱文叔致許壽裳信》，《檔案》，第 268-269 頁。

[24] 1946 年 11 月 9 日《楊雲萍有關購買臺灣古籍的意見》，《檔案》，第 75 頁。

[25] 1946 年 11 月 9 日《許壽裳致朱文叔信》，《許壽裳書簡集》上冊，第 807 頁。

[26]《日記》，頁 805。

[27] 見許雪姬《序：欣見臺灣省編譯館相關檔案出版》，以及許雪姬、黃英哲《臺灣省編譯館關係人物簡介》，《檔案》，第 4、314 頁。

[28] 1946 年 11 月 13 日《許壽裳有關人事的便條》，《檔案》，第 190 頁。

[29]《日記》，第 793 頁。

[30]《日記》，第 800 頁。

文翻譯。[31]1946 年 10 月編譯館的人員借支薪金一覽表中，就有幹事張樑標的記錄，當月借支薪金 2700 臺幣。[32]

（二）留用日籍學者

留用日本學者在編譯館開展臺灣研究，是許壽裳到臺以後就有的工作思路。許壽裳《日記》1946 年 7 月 11 日載：「晚至現代週刊社談，達夫、錫琛、克剛、廷英談臺灣研究，最好與大學合作趁日本專家未回國前。」[33]8 月 6 日又載：「上午約館中同人開談話會。……（晚）飯後至戴伸甫處談留大學教授事。」[34]也就是說，在許壽裳剛抵達臺灣以及編譯館成立之初，就一直在密集考慮如何留用日本學者的事情。

許壽裳與在臺灣的日本學者有不少接觸。據其《日記》載：1946 年 8 月 10 日，「現代評論社聚餐，晤山中樵、素木得一。」13 日，「國直分一（先史研究）、金關丈夫（人類學研究）來」拜訪。三天后，「晚素木得一邀飲華盛路伯龍」。[35]9 月 11 日，「于景讓薦大崎百合子」，22 日又「偕大倉、其妹大崎百合子」來訪等。[36]因此，許壽裳對當時在臺日本學者的狀況有較多的認識。

許壽裳最早延攬入館的日本學者應該是淺井惠倫。9 月 17 日許壽裳《日記》載：「（星二）晴熱。昨、今出席中等校長會議畢，應宴，回家，即至館又赴公署見公洽長官，以發旅費匯滬及留用淺井二事相商，均得批准」。[37]9 月 30 日，臺灣省編譯館提交的九月份工作報告，此時已有 4 名日本專業學者在編譯館任職，他們是淺井惠倫（南洋及高山族語言學），任編纂；國直分一（臺灣先史學），任編審；遲田敏雄（臺灣

---

[31] 許雪姬前引文，《檔案》，第 4 頁。

[32] 《臺灣省編譯館職員借支金額一覽表》，《檔案》，第 218 頁。按，從表上記載的人員名單判斷，此表當造於 1946 年 10 月。

[33] 《日記》，第 779-780 頁。

[34] 《日記》，第 783 頁。

[35] 《日記》，第 783、784 頁。

[36] 《日記》，第 787-788 頁。

[37] 《日記》，第 787 頁。

民俗學），任幹事；立石鐵臣（繪圖及標本製作），任幹事。[38]如果加上此前從臺灣省教育處教材編委會轉入的片瀨弘、宮田彌太郎、宮田金彌，[39]以及另外調入的白木千鶴子、大崎百百子等，[40]至 10 月中旬，在編譯館任職的「留用日籍人員」已有 10 人。當時，編譯館有份呈長官公署的公函，就提到館內留用的日本學者因工作需要請求暫緩遣送。[41]此後，到編譯館任職的還有素木得一（昆蟲學）、樋口末廣兩位學者。1947 年 3 月 7 日，公署送達的「職務加給」的核定名單中，就有素木、淺井、樋口、國直等人。[42]

　　這些在編譯館留用的日籍人員，有的是學有專攻的研究人才，有的是層級較低的輔助人員。1946 年底，一些相對次要的輔助人員相續被遣送回國，如 12 月中旬，宮田金彌、宮田彌太郎連同他們的家眷共 10 人，被列入第四批遣送名單之內。[43]而淺井惠倫則至 1947 年 4 月底才離開，與他同行的還有素木得一、樋口末廣。4 月 23 日中午，許壽裳偕范允藏等人為素木、淺井、樋口三人餞行。[44] 25 日，許壽裳還專門給淺井惠倫寫信，表示謝意。[45]

　　由此可見，臺灣省編譯館開展臺灣研究，人才的延攬以日本學者為最多，而臺灣本省學者較少。從這些學者入館的時間看，編譯館成立之初，就有楊雲萍和幾個原在教材編委會任職的日籍人員先被延攬進來。9-10 月間，相續進入編譯館任職的本省和日本學者已經至少 10 人以上。這些人大都與臺灣研究有直接或間接關係。

---

[38] 1946 年 9 月 30 日《臺灣省編譯館九月份工作報告》，《檔案》，第 52－53 頁。

[39] 按，片瀨弘等三人在 1946 年 8 月就已轉入編譯館工作，參見《檔案》，第 160-162、164-165 頁。

[40] 參見 1946 年 9 月《臺灣省編譯館職員動態》兩份，《檔案》，第 165-168 頁。按，「大崎百百子」又作「大崎百合子」（《日記》）或「大崎百白子」（《檔案》）。

[41] 1946 年 10 月《許壽裳有關留用日籍人員的請示擬稿》，《檔案》，第 60 頁。

[42]《日記》，第 801 頁。

[43] 見《臺灣省解征日僑遣送名冊（第四批）》，中國第二歷史檔案館、海峽兩岸出版交流中心編《館藏民國臺灣檔案匯編》第 65 冊，第 310、397-398 頁。

[44]《日記》，第 805 頁。

[45] 1947 年 4 月 25 日《許壽裳致淺井惠倫信》，《許壽裳書簡集》上冊，第 952 頁。

三、臺灣研究工作的展開

　　由於在編譯館開展臺灣研究帶有承續日本學者研究成果的目的，因此，此項工作與人才引進相輔相成，從一開始就抓得很緊，而且有較清晰的思路。

　　1946 年 8 月 10 日，許壽裳在記者會上初步提出了臺灣研究組的工作計畫，他說：

> 現在我們初步的計畫：（一）臺灣文獻目錄的編纂，這是臺灣研究的準備工作，必須首先完成。（二）善本書的印行。（三）搜集並刊印日本專家的名作，並且注意於行將被遣返國的專家的著作⋯⋯（四）調查日本統治時代的檔案，加以整理和研究。（五）刊行臺灣學報，發表研究作品。[46]

　　許壽裳談到的這五項「初步的計畫」，其實就是當時的一個基本構想。而楊雲萍此時剛到任不久，他很快就根據上述的五項計畫草擬出更具體的工作方案，詳見下表：

表 1　臺灣省編譯館臺灣研究組工作計畫表

序號	項目	具體內容
1	編纂臺灣關係文獻目錄	調查省圖書館、臺大、楊氏習靜樓藏書，並參考各種已經編著出版的圖書文獻索引、藝文志等，廣為收集，分中、日、西文三種進行編纂，已著手進行。
2	傳抄臺灣善本文獻	傳抄藏於臺大、省圖、楊氏習靜樓的原刊本、稿本等，如朱仕玠《小琉球漫志》、蔣師轍《臺灣通志》、六十七《使署閒情》、連雅堂《劍花室文集》和《劍花室詩集》、孫爾准《婆娑洋集》等。
3	蒐集或刊行日本專家的名作	分人文科學、自然科學兩部分。注意將被遣送回國之日本專家的著作，未完成者囑其完成，已完成的將日文原稿譯成中文。

---

[46] 1946 年 8 月 10 日《許壽裳在記者會上談編譯館旨趣與工作的講話稿》，《檔案》，第 33 頁。

| 4 | 收集日本統治時期的檔案 | 依囑省內各機關調查各機關所接收的日本統治時期的文獻檔案。 |
| 5 | 刊行《臺灣學報》 | 擬為月刊或季刊，內容刊載研究臺灣史地之論文、文獻目錄。 |

資料來源；《臺灣省編譯館臺灣研究組工作計畫》，《檔案》，第61頁。

　　以上這些工作計畫顯然是出自楊雲萍的手筆，而且時間就在 1946年 8 月。表上所列五項前三項是比較具體的，後兩項明顯還需要一定的時間才有可能實施。這些可以開展的工作很快就付諸實踐了。9 月 30日，臺灣省編譯館在報告九月份工作時，提到傳抄臺灣善本文獻已經完成或正在進行的有《臺灣通志》、《小琉球漫志》、《使署閒情》等。而日本專家的著作翻譯，已完成或還在翻譯的共有六種，包括田村利親《臺灣柑橘圖說》上下兩冊未刊稿、岩生成一《明末日本僑寓支那甲必丹李旦與鄭芝龍》等。更值得注意的是，此時新進的四名日本學者淺井惠倫、國直分一、池田敏雄、立石鐵臣，都根據各自的專長提出留用期間的研究計畫，包括平埔和高山若干族群的語言資料整理、臺灣先史遺址考古發掘和整理、臺北民俗調查和臺灣民俗文獻整理、先史遺跡及民俗標本的模寫工作等。另外，《臺灣學報》也在籌備中，已確定為季刊，準備11 月出版創刊號。[47]

　　楊雲萍自己主持的傳抄善本工作抓得很緊。他在 9 月間曾提出一項《臺灣通志》的出版計畫，建議將該書的標點出版列入「臺灣省編譯館叢書」第一種，請陳儀題簽並作序、許壽裳作序，楊雲萍撰寫《通志》來歷等。[48]由於當時許壽裳正在交涉要把出版事務從臺灣書店移交給編譯館，因此這項計畫並沒有被批准實施。

　　1946 年 10 月，編譯館制定下年度的工作計畫。此時其他各組的招聘人員還大都在路上，而臺灣研究組擬聘人員已多數到位，因此提出了

---

[47] 1946 年 9 月 30 日《臺灣省編譯館九月份工作報告》，《檔案》，第 49-54 頁。
[48] 1946 年 9 月《〈臺灣通志〉付印計畫綱要》，《檔案》，第 47-48 頁。

比以前更加宏大的計畫，除了已經開展的工作外，還包括編行「臺灣研究叢書」、編著《臺灣地理》、編著《臺灣史》、編行《臺灣經濟年鑒》等新專案。[49]

大約在 10－11 月間，《臺灣經濟年鑒》（光復後第一號）正式啟動。根據其「約稿說明」等材料，該《年鑒》由編譯館與法商學院合辦，預定全書 22 萬字，「將光復後一年來臺灣經濟發展實況予以綜合的及部門別的記述」，分總論、各論、經濟日誌、統計四部分。稿件徵集至 11 月底止，12 月底編譯完成，明年 1 月底出刊。[50]

至 1947 年 1 月，《臺灣學報》第一期的稿件也得以落實。此時列出的篇目，除了楊雲萍《臺灣志書考》、梁嘉彬《通論澳門、琉球在歷史上、條約上的地位》、謝似顏《體育之起源演進及今後趨勢》外，其餘 7 篇都是日本學者的近作或新作，包括岩生成一《明末旅日華僑甲必丹李旦與鄭芝龍》（鄭桓譯）、金關丈夫《射人》（張樑標譯）、國直分一《後龍底及苑裡先史遺跡發掘預報》、國直分一《臺灣先史時代鞋形石器考》（張樑標譯）、青木文一郎《鼠族驅除論》（張樑標譯）、池田敏雄《福建系臺灣人的產嬰習俗》（張樑標譯）、淺井惠倫《Vtrecht 大學所藏臺灣平埔蕃語彙》（孫建中譯）。[51]許壽裳還為《臺灣學報》寫了發刊詞。[52]1 月 24 日，許壽裳給程時烺寫信說：「《臺灣學報》下月可以出版」。[53]

在編輯《臺灣學報》的同時，「臺灣研究叢書」也在籌備中。根據臺灣研究組的工作安排，此時有多本學術譯著都在進行中，另外還有古籍善本的抄校等，詳見下表：

---

[49] 1946 年 10 月《臺灣省編譯館 1947 年度工作計畫》，《檔案》，第 62-64 頁。

[50]《〈臺灣經濟年鑒〉約稿說明》、《〈臺灣經濟年鑒〉出版經費問題的處理意見》，《檔案》，第 73-74 頁。

[51] 1947 年 1 月 18 日《臺灣省編譯館工作概況》，《檔案》，第 121-122 頁。

[52]《許壽裳撰〈臺灣學報〉發刊詞》，《檔案》，第 126-127 頁。

[53] 1947 年 1 月 24 日，《許壽裳致程時烺信》，《許壽裳書簡集》上冊，第 884 頁。

表 2　臺灣省編譯館臺灣研究組編譯、抄校書籍一覽表

書名	編譯者	字數	完成時間
琉球亡國實錄	梁嘉彬	3 萬	1947 年 1 月
過去日人在臺之科學活動及其成績	張常惺	5 萬	1946 年 12 月
臺灣府縣誌藝文志索引	賴子清	4 萬	已完成
瘧疾特論	森下薰著、廉新生譯	9 萬	1947 年 3 月
臺灣昆蟲志	素木得一		
高山族語言集成	淺井惠倫著、孫建中譯		上篇 1947 年 3 月下篇 10 月
臺灣先史時代之研究	國直分一	15 萬	1947 年 10 月
臺北盆地之農家	國直分一著，張樑標譯		
臺灣民俗研究	池田敏雄著，張樑標譯	20 萬	1947 年 6 月
臺灣通志			借抄，並加校勘及標點。
小琉球漫志			借鈔，已加標校。
使署閒情			借鈔
臺灣三百年史	謝康		1947 年 8 月
劉銘傳與臺灣	楊雲萍		1947 年 5 月

資料來源：1947 年 1 月 18 日《臺灣省編譯館工作概況》，《檔案》，第 118-121 頁。

　　編譯館為出版「臺灣研究叢書」提出了總體設想。該叢書的內容分為人文與自然兩部分，「如臺灣之歷史、經濟、地形、地質、氣象、海洋、人種、動物、植物、礦物等」，以日本學者五十年間積累的學術專

著為對象，「宜求已成之稿，妥為翻譯，公之於世」。臺灣省行政長官任叢書主編，臺灣大學和臺灣省編譯館聯合組成審查委員會，負責審查書稿以決定是否出版和獎勵，收入叢書的專著仍標明作者和譯者姓名。[54]

　　由此可見，臺灣省編譯館對臺灣研究已經有了詳細的計畫，並在積極推進中，整個工作顯然已經走上了正軌。可惜不久臺灣就發生了「二二八事變」，編譯館由於受到事件的影響，在陳儀被解職以後很快就被撤銷了。

四、結論

　　臺灣省編譯館自 1946 年 8 月初成立，至 1947 年 5 月 16 日被撤銷，前後運行 10 個月。這個存在時間不長的編譯機構，在光復初期臺灣的文化建設中卻有著自己獨特的地位。

　　臺灣研究並不是編譯館最重要的工作。許壽裳在編譯館成立之初寫信給趙士卿說：「館中工作，分學校教材、社會讀物、名著編譯、臺灣研究四組，而尤以教育圖書之編輯為重心」。[55]這是因為當時要在臺灣重建中華文化，編譯合適的中小學教材是當務之急。而臺灣研究在當時的歷史條件下則是一件急迫而有意義的工作，它的提出、運作和影響，從各個方面都需要認真加以探討。

　　一、在編譯館開展臺灣研究並不是一開始就有的構想，而是許壽裳及其相關的一批大陸學者提出來的。許壽裳還在上海的時候，就有人向他建議要在臺灣開展臺灣研究，抵達臺北以後有關這方面的建議越來越多，此時與許壽裳有關的江浙文人學者是最積極的獻策者。而他們建議也得到陳儀的認可。事實上陳儀一直有「譯名著五百部」的志願，[56]許壽裳的想法與他的基本思路是完全一致的。

　　二、在編譯館開展臺灣研究的人才主要是來自臺灣本省和留用的日

---

[54]以上見《發印臺灣研究叢書之緣起及辦法》，《檔案》，第 127 頁。

[55] 1946 年 8 月 22 日《許壽裳致趙士卿信》，《許壽裳書簡集》上冊，第 576 頁。

[56] 1946 年 5 月 13 日《陳儀致許壽裳信》，《檔案》，第 5 頁。

本學者。因此，臺灣研究組的人才招聘比其他專業組要快捷一些，至1946 年 10 月，編譯館從大陸徵聘的學者大都還在路上，而臺灣研究組招聘的專才已基本到位了。其中以留用的日本學者為最多，而且主要的學者都工作到編譯館臨撤銷前才回國。人才的迅速調集對臺灣研究組較快開展工作是有利的條件。

　　三、臺灣研究組的工作最主要有兩個方面：一是臺灣研究文獻目錄的收集和古籍善本的抄校，包括日本統治時期檔案資料的收集等，這些都是臺灣研究的基礎工作；另一是日本學者著作的翻譯出版以及留用日籍學者繼續完成研究等。前一項是楊雲萍的專長，除了收集日據檔案外，古籍抄校進展最為迅速。而後一項是當時很急的任務，日本留用學者素木、淺井、國直、池田等都根據各自的專長繼續開展研究，一些很有價值的成果包括岩生成一的論文等都被譯成了中文。這些研究、翻譯的成果最終都要體現在出版物上，《臺灣經濟年鑒》、《臺灣學報》、「臺灣研究叢書」都已在編輯出版中。

　　四、從最終的成果來看，據楊雲萍 1947 年 8 月寫的一篇總結，他列舉了編譯館時期 16 個重要的專案，內容涉及臺灣的先史考古、民俗、語言、歷史、鼠疫、瘧疾、昆蟲、氣象、藝文索引等，確實涵蓋了人文和自然科學兩部分。這些項目，「除一二篇外，餘皆完成的，有的是達數十萬言的巨著」，除此之外還有古籍抄校和《臺灣關係文獻目錄》的編輯。楊雲萍希望已經接受了這絕大部分成果的教育當局，「對於上列的著述的發表和刊行，有了誠意的考慮」，並特別注明「僅將此小節，呈給陳公洽、許季茀兩先生。」[57]楊雲萍作為臺灣研究組的負責人，他對陳儀、許壽裳在工作上的支持深懷感念之心，於此表露無遺。而臺灣研究組在短短幾個月內就能完成如此之多的編譯成果，當年的工作熱情也是完全值得肯定的。

　　五、更重要的，是在編譯館開展臺灣研究的意義。許壽裳等人提出

---

[57]楊雲萍《近世雜記（六）》，《臺灣文化》二卷五期，臺灣文化協進會，1947 年 8 月。參見黃英哲《導讀：臺灣省編譯館設立始末（1946・8～1947・5）》，《檔案》，第 33 頁。

在編譯館開展臺灣研究，是基於對日據時期臺灣文化的清醒認識提出來的。他在多次講話和文章中，反覆強調臺灣經受日本五十年的殖民統治，其殖民主義的文化必須根除，而對於日本學者留下的純學術的研究成果則應該接收，並發揚光大。他認為戰後臺灣文化的建設，不僅僅是中華文化的傳播，消除日本殖民統治影響；同時也要發揮臺灣文化的優點，編譯日本學者的研究成果，貢獻給社會，對提振全國的學術文化水準起引領作用。因此，在編譯館開展臺灣研究，實際上是當時的文化人包括主政者對臺灣文化建設的基本理念：它一方面是重建，另一方面是承續。只是前一方面被反覆強調，而對後一方面卻很少有人提及。其實，如果從臺灣研究的角度看，這方面的意義和價值就很清楚。

許壽裳與臺灣光復初期的民族文化重建

1945 年臺灣光復以後，即面臨著大量社會重建的任務，其中民族文化重建是一項艱巨而具有深遠意義的任務。許壽裳受陳儀之邀來到臺灣，主持編譯館工作，對光復初期的臺灣文化建設傾注了大量心血，可以說這是他一生中最值得人們紀念的一個重要貢獻。筆者曾撰文探討了臺灣省編譯館的設立，以及在館內開展臺灣研究等問題。[1]本文擬以許壽裳為中心，重點考察他渡臺以後，對在臺灣重建中華文化的思考和前後演變，以期從人物思想史的角度進一步呈現當年在臺灣重建中華文化的複雜歷程。

一、許壽裳赴臺的歷史背景

許壽裳（1883—1948），字季黻（或季茀），浙江紹興人。早年留學日本。1909 年歸國後，曾在蔡元培執掌的教育部任職，其後又擔任了江西省教育廳廳長、北平女子高等師範學校校長、中山大學教授、中央研究院幹事兼文書處主任、北平大學女子文理學院院長等職，是當時具有重要影響力的教育家和進步知識份子。他與魯迅、蔡元培在早年就結為摯友，情感特別深厚。

1937 年抗日戰爭爆發後，許壽裳與眾多中國知識份子一樣，四處奔波，顛沛流離。先與數位同仁冒險前往西安，曾任西北聯合大學商學院院長，後來又前往昆明，再轉往成都、重慶，先後擔任中山大學教授、華西協合大學庚款講座教授、國民政府考試院考選委員會專門委員等職。整個抗戰八年期間，許壽裳一直在奔波中度過，妻離子散的困境是他生活的一個寫照。1939 年 10 月底他由重慶飛往昆明，在途中寫下了這樣的詩句：「家寄鴛湖劫火空，流離妻子各西東。無端唱出香山句，一夜鄉心五處同。」並自注云：「內子暨琈、瑒、瑋在滬，瑛在平，琯

---

[1] 參見本書《臺灣省編譯館設立的幾個問題》、《臺灣省編譯館的臺灣研究》。

在九龍，琛在成都，連我亦五處。」[2]許壽裳共有六個子女，全家八口人分成五個地方。戰爭帶來的痛苦，由此可見一斑。抗戰期間的困苦經歷和所見所聞，對許壽裳的思想產生了深刻影響。

抗戰勝利後，許壽裳於 1946 年初從重慶返回南京，繼續在考試院任職。同年 5 月 1 日，時任臺灣省行政長官的陳儀給許壽裳發來了一封電報：「為促進臺胞心理建設，擬專設編譯機構編印大量書報，盼兄來此主持。希電復。」[3]與此為標誌，許壽裳的人生經歷與臺灣發生了直接的聯繫。

陳儀是許壽裳的同鄉，也曾留學日本，兩人很早就有交往並關係密切。陳儀為什麼會邀請許壽裳赴臺？以往的研究幾乎沒有深入涉及。其實如果細讀資料，這與當時的歷史環境以及許壽裳的努力應該都有關係。1945 年 10 月間，當時還在北平的長子許世瑛聽說許壽裳要去臺灣參與接收教育，便寫信詢問。11 月 7 日，許壽裳回信說：「接收臺灣教育之說並無其事，因我不去活動，決不會有枉顧茅廬者。你所聞不確。」[4]此時陳儀已經在臺北主政，接收和重建各項工作均需要人才，如果許壽裳有去「活動」的話自然會有結果。果然此事沒過多久，許壽裳就有行動了。同年 11 月 18 日，許壽裳在《日記》中寫道：「航快寄公洽附履歷」。[5]公洽即陳儀的字。許壽裳將履歷寄給他，顯然是為求職而去的。12 月 27 日，許壽裳在《日記》中又記云：「航快寄公洽，為臺大校長人選」。[6]目前我們無法看到當年許壽裳與陳儀的所有書信往來，也不知道他們討論了什麼，但從這些點滴記錄的前後聯繫來看，所謂「為臺大校長人選」的覆信，很可能就是陳儀最早為許壽裳謀職而許與之進行的

[2]　1939 年 12 月 21 日《致謝似顏》，載彭小妍、施淑、楊儒賓、北岡正子、黃英哲編校《許壽裳書簡集》（以下簡稱《書簡集》）上冊，臺北：中研院中國文史哲所，2010 年，第 151-152 頁。

[3]　1946 年 5 月 1 日《陳儀致許壽裳電報》，見黃英哲、許雪姬、楊彥杰主編《臺灣省編譯館檔案》（以下簡稱《檔案》），福州：福建教育出版社，2010 年，第 3 頁。

[4]　1945 年 11 月 7 日《致許世瑛》，《書簡集》下冊，第 1406 頁。

[5]　參見黃英哲、秦賢次、陳漱渝、蕭振鳴編校整理《許壽裳日記（1940-1948）》（以下簡稱《日記》），福州：福建教育出版社，2008 年，第 752 頁。

[6]　《日記》，第 756 頁。

溝通。[7]

　　許壽裳當時還在重慶的國民政府考試院任職，他之所以想到臺灣去，這與他對國民黨政權的急劇腐敗因而心生不滿是密切相關的。1945年11月，許壽裳在寫給好友章微穎（銳初）的信說：「勝利從天外飛來，弟初亦興奮，以為和平建國，雖苦必成，但三月以來，所見所聞，實與兄同感失望。」[8]在抗戰勝利之初，許壽裳確是很興奮的，認為以後可以重整河山，建設新國家了。他在聞悉日本投降、次子平安抵達華盛頓後寫下了兩首詩，其一為：「居然喜訊聯翩至，黷武倭夷竟乞降。難得八年摧勁虜，從今一德建新邦。」[9]道出了他對民族振興的強烈願望。可是沒過多久，政局的混亂和官僚的腐敗則讓他大失所望。1946年2月22日，他在致長子許世瑛的信中說道：「政局渾沌，物價飛漲，速率驚人，滬上上白米已達三萬，他物稱是，真弄得民不聊生」。「建設無力，岌岌可危！」[10]在這樣糟糕的環境中，許壽裳想離開到臺灣這片新收復的土地上去施展自己的才華是可以理解的。

　　許壽裳的女兒許世瑋在回憶父親之所以願意接受邀請到臺灣的原因時說，當時許壽裳覺得南京的政治氣氛不合他意，而臺灣的狀況比較起來算安定，而且可以實現他長年的願望完成魯迅傳和蔡元培傳的寫作。[11]許世瑋的這個說法是比較客觀的。不過，這裡需要強調的是，至少從1945年11月開始，許壽裳對大陸的政治氣氛就已經很不滿意了，並主動與陳儀聯繫寄履歷，他到臺灣並不只是陳儀發來邀請那麼簡單，這裡面也有許壽裳自己努力的因素。

　　5月2日，許壽裳接到陳儀的電報，但因是密電無法解讀。3日，經過許詩荃的幫忙得悉來電內容後，許壽裳於5月6日給陳儀回了電報

---

[7]　據說許壽裳沒能就任臺灣大學校長與國民黨C.C.派的阻擾有關，參見北岡正子、黃英哲《關於〈許壽裳日記〉的解讀》，載《魯迅研究月刊》，1994年第7期。

[8]　《複銳初》，載黃英哲、陳漱渝、王錫榮主編《許壽裳遺稿》（以下簡稱《遺稿》）第四卷，福州：福建教育出版社，2010年，第880頁。

[9]　《日記》，第743頁。

[10]　1946年2月22日《致許世瑛》，《書簡集》下冊，第1441頁。

[11]　許世瑋《憶先父許壽裳》，載《魯迅研究資料》第14期，1984年。

並寫信，表示願意赴臺，惟機構究竟如何設置、到臺後待遇如何以及怎樣抵臺等問題希望能得到明示。[12]5 月 13 日，陳儀給許壽裳寫了一封長信，詳細解答了許壽裳提出的各種問題，尤其對編譯館設立的目的、任務、隸屬關係以及陳儀的設想等問題都談得十分具體。[13]過了十二天，許壽裳接到陳儀來信，即開始了臨行前的各種準備。[14]

二、許壽裳籌建臺灣省編譯館的思路

在臺灣設立編譯機構是 1945 年初陳儀主持編寫《臺灣接管計畫綱要》時就已經提出來的。10 月 25 日開始接收臺灣的工作，1946 年陳儀在《施政方針》報告中即將設立編譯館列入該年度的工作計畫。[15]陳儀之所以要在臺灣設立編譯館，其目的就是要在臺灣光復以後，儘快清除日本殖民統治的影響，重建中華文化。5 月 13 日，陳儀寫給許壽裳的信中一開始就談到了設立編譯機構的重要性：

> 臺灣經過日本五十一年的統治，文化情況與各省兩樣。多數人民說的是日本話，看的是日本文，國語固然不懂，國文一樣不通；對於世界與中國情形，也多茫然。所以治臺的重要工作，是心理改造。而目前最感困難的，是改造心理的工具——語言文字——須先改造。各省所出書籍報紙，因為國文程度的關係，多不適用。臺灣的書報，在二三年內，必須另外編印專適用於臺灣人的。

為此，陳儀提出了編譯館工作的五項具體任務，即：1、編中小學文史教本，2、編中小學教師的參考讀物，3、編適於公務員及民眾閱讀的小冊，4、編一般的參考書如辭典等，5、翻譯西洋名著。陳儀認為前四點是「臺灣的應急工作」，而最後一點翻譯西洋名著則是他的夙願，

---

[12]以上見《檔案》，第 3、4 頁，《日記》，第 772 頁。

[13] 1946 年 5 月 13 日《陳儀致許壽裳信》，《檔案》，第 4-5 頁。

[14]關於許壽裳赴臺前後的活動，參見本書《臺灣省編譯館設立的幾個問題》。

[15]參見黃英哲《「去日本化」「再中國化」：戰後臺灣文化重建（1945—1947）》，臺北：麥田出版社，2007 年，第 81 頁。

他認為如果能在五年之內譯成西洋名著五六百部，「對於促進學術，幫助很大。在中國，卻是一種偉大的工作，可與大藏經媲美了。」[16]可見陳儀對設立臺灣省編譯館寄託很高的期望。他的設想即著眼於當前，又觀照長遠；即考慮臺灣文化建設的需要，又希望能服務於全國學術文化的發展。

許壽裳對陳儀的這些設想是贊同的。如前所述，許壽裳在戰後最大願望是要尋找一個比較安定的地方去貢獻自己的才智，為振興民族、建設國家出力。陳儀的這些想法正與他的願望相吻合。

6 月 25 日，許壽裳從上海飛抵臺北。臨行前，他已經開始考慮如何在編譯館開展工作。抵臺後又密集地與當地文人、官員交流，工作思路更加明晰。他認為臺灣省編譯館的工作既要服務於當時臺灣的急需，又要服務於全國。8 月 27 日，他在寫給葉作舟的信中說：「本館工作，以促進臺胞心理建設，提振全國學術空氣為中心，不僅為省當局所重視，亦且為文化界所注目。」[17]而在此之前，8 月 10 日許壽裳在一次記者會上清楚地表達了對設立編譯館目的的理解。他說：三個月前接到陳儀長官電報和長信，擬設一個編譯機構。「長官的志願是很宏大的，一方面要使臺灣同胞普遍的獲得精神食糧，充分的接受祖國文化的教養；一方面更要發揚臺灣文化特殊的造詣，造成孜孜不倦的學術風氣……開創我國學術研究的新局面。」因此，他認為設立臺灣省編譯館的要旨不外有兩點：「第一、促進臺胞的心理建設」，「第二、對於全國有協進文化、示範研究的責任」。[18]

其實，陳儀在給許壽裳的信中，並沒有涉及如何「發揚臺灣文化特殊的造詣」的問題，而是強調設立編譯館翻譯西洋名著，對促進全國的學術進步有重要意義。而許壽裳正是抓住陳儀的這個思想，提出要在編譯館開展臺灣研究。他認為光復以後在臺灣進行文化建設並不是單方面

[16] 1946 年 5 月 13 日《陳儀致許壽裳信》，《檔案》，第 4－5 頁。

[17] 1946 年 8 月 27 日《許壽裳致葉作舟信》，《書簡集》上冊，第 583 頁。

[18] 1946 年 8 月 10 日《許壽裳在記者會上談編譯館旨趣與工作的講話稿》，《檔案》，第 32－33 頁。

的，除了向臺灣同胞輸送「精神食糧」，即編譯大量教科書、輔導教材和公眾讀物之外，還要發揮臺灣在學術文化上的優勢，為促進全國的學術研究樹立榜樣。這是一個同時、雙向的過程，是在臺灣進行中華文化建設中一個實事求是、充滿愛國情懷的理性思考。

臺灣在日據時期已經有較好的學術研究基礎。臺北帝國大學（臺灣大學前身）將臺灣研究、南洋研究作為該校兩個特色的學科領域，積累了大量人才和成果。許壽裳認為對日本人積累的學術成果不應該排斥，而應予以接收並發揚光大。他在 8 月 10 日的記者會上說：

> 臺灣的學術文化，已經有了很好的基礎，可以有為各省模範的資格。……過去本省在日本統治下的軍閥侵略主義，當然應該根絕，可是純粹學術性的研究，卻也不能抹殺其價值，我們應該接收下來，加以發揚光大。如果把過去數十年間日本專門學者從事臺灣研究的成果，加以翻譯和整理，編成一套臺灣研究叢書，我相信至少有一百大本。[19]

9 月 5 日，許壽裳在一次講演中，對日據時期臺灣在學術領域的成績，以及當下應該採取的態度，有一個更加充分的表述。他說：

> 諸位都知道抗戰是勝利了，現在是建國的時候，建國第一重要是學術。科學與技術——學術的真義：是為人類造福。過去我國雖然提倡學術，但進步很慢。臺灣有研究學術的風氣，可以說是日人的示範作用，也可說是日人的功績。日本雖然是侵略國家，但他們專家的學術成績我們需要保留，需要全國學者繼續研究，把它發揚光大，作為我們建國之用。日人對臺灣的研究很多，他們的著作也很豐富。……這不但是我國各省所沒有，就是世界各國也很少有。這種寶貴的材料，我們不能不注意的。而且要好好保持，繼續發展，這是我國學術的光彩、世界文化的貢獻，也是臺灣文化的第二點特色。[20]

---

[19] 1946 年 8 月 10 日《許壽裳在記者會上談編譯館旨趣與工作的講話稿》，《檔案》，第 32—33 頁。

[20] 1946 年 9 月 5 日《許壽裳對培訓學員的講話》，《檔案》，第 40—42 頁。

　　十分明顯，許壽裳之所以強調要接收日本人的學術成果，開展臺灣研究，是與他關注戰後國家民族振興的理想抱負聯繫在一起的。因此，他理解的光復以後臺灣文化重建，就不僅僅是消除日本殖民統治的影響、重建中華文化這個方面，而是要同時發揮臺灣的文化優勢，為國家建設服務。他把當時的臺灣文化重建與整個國家的建設聯繫了起來。許壽裳的這些想法和作為，對於我們準確理解光復初期臺灣的文化重建有重要意義。以往很多學者都只強調光復初期臺灣的文化建設就是重建中華文化，對臺灣同胞進行「心理改造」，其實這只是問題的一方面，作為主持編譯館工作、為臺灣文化建設嘔心瀝血的許壽裳來說，他的目光是著眼於整個中國的發展，在輸送祖國文化的同時也關注臺灣學術文化優勢的承續和發展。

　　許壽裳來到臺灣以後，就開始多方延攬人才，包括各門學科的編譯人才和臺灣研究專才。楊雲萍作為臺灣本地的知名學者，很快就進入編譯館工作，並一直擔任臺灣研究組主任。當時一些即將遣返回國的日本學者也被許壽裳延攬進入編譯館，如著名的語言學家淺井惠倫、民俗學家國直分一、昆蟲學家素木得一等。至 1947 年初，臺灣省編譯館的各項工作逐漸走上正軌。許多教材、通俗讀物、名著翻譯等正在編譯中，並擬出版「光復文庫」。臺灣研究發展迅速，古籍整理和研究成果的翻譯都有顯著進展，《臺灣學報》和「臺灣研究叢書」均已計畫出版，即將刊行。[21]可是沒過多久，臺灣發生了「二二八事變」。這個重大事變改變了編譯館的命運，對許壽裳的思想也產生了重要影響。

三、「二二八事變」後許壽裳工作思路的轉變

　　1947 年臺灣發生「二二八事變」，有關此事的緣起及其背後各種原因本文不想作全面討論，只就許壽裳與「二二八事變」的關係及其對此事的看法做些探討。

---

[21]至 1947 年初，臺灣省編譯館各項工作進展的具體情況，參見本書《臺灣省編譯館的臺灣研究》。

　　「二二八事變」發生時，臺灣省編譯館也受到一些衝擊。《許壽裳日記》載：2 月 28 日「下午赴館途中聞槍聲甚多，至館見館門已閉，對面之永安堂、間壁之中和公司均被毀。賴子清送便當，館中同仁皆困守一夜不敢出」。直至第二天早晨六點才「搭交通車回」。館中一名編纂在 3 月 2 日歸途中「被擊數拳」等。[22]事變發生後，許多親朋好友都來信問候，許壽裳也在信中多次提及了編譯館所受的遭遇，其中以 3 月 23 日寫給許世瑾、許世璿的信講得最完整：

> 廿八日下午，本館同人正在辦公，被暴徒攻入三次，責問本省人與外省人（暴徒聲稱打中國人，以中國與臺灣對稱，其悖可推知），待遇有否不公，幸本省同仁告以「公」，始一哄而去，如是者三次。是夜困居一宵，翌晨始送同仁各回其宅，館中同仁打傷者二人，皆在路上，公私損失，要算最小，可請放心，並望轉告親友為要。[23]

　　儘管編譯館所受的衝擊並不大，但此事對許壽裳和編譯館的影響卻不小。事變發生以後，有關此事發生的原因以及應該如何補救立即成為島內外熱議的話題。3 月 26 日，許壽裳致朱文叔的信說：

> 臺省情況，即京滬大報所記所論，亦未詳確。總之臺胞受日本侵略教育之毒太深，補救之功，倍形艱巨。本館同仁職司編譯，亦惟有盡其在我而已。[24]

　　許壽裳感到在這樣的情形之下，編譯館所承擔的社會責任更大，必須加倍努力。4 月 2 日，許壽裳給王澤民覆信，對事件發生的原因及其性質做了更加完整的說明。他說：

> 此次變故，純系奸人有計劃暴動，與普通民變迥殊。溯其遠因，當系受日本侵略教育之遺毒太深，語文隔閡，祖國文化，懵無所知，近因則系昔日為日寇徵用之浪人流氓，悉被遣回，彼輩素無

---

[22] 《日記》，第 800 頁。
[23] 1947 年 3 月 23 日《致許世瑾（詩芹）、許世璿（詩荃）》，《書簡集》下冊，第 1521 頁。
[24] 1947 年 3 月 26 日《致朱文叔》，《書簡集》上冊，第 927 頁。

國家觀念，慣於搗亂，益以日人暗中策動，以致肇此巨變，其愚可憫，其悖可誅。當日情狀，即京滬大報所記所論，亦未詳確，茲已漸次明瞭。此後治本之方，端在教育。弟忝司編譯，自維力薄，亦惟有盡其在我而已。[25]

　　許壽裳的這段話，是針對王澤民的來信而寫的。王是共產黨員，1947年 1、2 月間剛到臺灣，停留將近一個月，受到許壽裳、楊雲萍等人的接待。[26]當時他已看到臺灣經濟、政治情勢不穩，並與許壽裳有多次交流。王澤民寫給許壽裳的原信是：

連日報載臺北各地發生事故，雖語焉不詳，要可想像得之。臺民處特殊環境，抱過奢希望，原不難開誠相與，共謀福利，逐漸消弭其隱患，從事於一切產業之復興，政權之爭執，究不若經濟壓迫為重要。弟留臺不及一月，觀察所得，久已視為隱憂，仍不以為無補救之方，曾與先生一再言之，初不料其變如此之速也。[27]

　　縱觀王澤民與許壽裳之間的交流，不難看出，王澤民更傾向於「二二八事變」是由於百姓深受經濟壓迫之苦而起的（民變），而許壽裳則強調是日本殖民統治的遺毒太深並有日人在暗中策動（奸人有組織的暴動）。

　　事實上，許壽裳的這些看法與陳儀等人都有關係。在事變發生以後，許壽裳即給陳儀寫信，並往長官公署尋求見面，可是因為客人多，連續幾次都「未得見」，直至 3 月 7 日即事變發生以後的第七天才與臺灣商學院院長李季谷一起見到陳儀。而在此前後，許壽裳還經常與他周邊的學者、官員接觸。[28]因此，他給王澤民的回信說對事變發生的原因「茲已漸次明瞭」，即這是經過多方求證的結果。

　　由於許壽裳認為「二二八事變」與日本殖民統治的餘毒遠未肅清有關，因此他對當時臺灣文化建設的當務之急就有了新的看法。1947 年 5

[25] 1947 年 4 月 2 日《致王澤民》，《書簡集》上冊，第 945 頁。
[26] 王澤民在臺北期間受到許壽裳、楊雲萍的接待，參見《日記》第 797-799 頁。
[27] 1947 年 3 月 7 日《王澤民致許壽裳》，《書簡集》下冊，第 981 頁。
[28] 參見《日記》，第 800-803 頁。

月4日，許壽裳在臺灣《新生報》上發表了一篇署名文章——《臺灣需要一個新的五四運動》。在這篇著名的文章中，他提出為了把日本殖民統治的餘毒全部肅清，臺灣需要一個新的五四運動。文章說：

> 誰都知道民國八年的五四運動是掃除我國數千年來的封建餘毒，創造一個提倡民主、發揚科學的新文化運動，可說是我國現代史中最重要的劃時代、開新紀元的時期。雖然它的目標至今還沒有完全達到，可是我國的新生命從此誕生，新建設從此開始，它的價值異常重大。我想我們臺灣也需要有一個新的五四運動，把以往所受的日本毒素全部肅清，同時提倡民主，發揚科學，於五四時代的運動目標以外，還要提倡實踐道德，發揚民族主義。從這幾個要點看來，它的價值和任務是要比從前那個運動更大，更艱巨，更迫切啊！

許壽裳提出的臺灣需要新的五四運動有四個任務，即原來五四時期提出的提倡民主、發揚科學，除此之外還有提倡實踐道德、發揚民族主義。後面這兩個顯然是根據「二二八事變」的教訓，有針對性地提出來的。

所謂「提倡實踐道德」，就是要弘揚中華民族的傳統美德，即孔、孟、墨子等人宣導的仁愛。他認為日本是沒有這種美德的。「他只想自己如何可以有利，怎樣可以獨霸，至於別人的死活，倒不是不管，是一心一意希望對方死掉，才能從中取得利益。所以日本的窮兵黷武，就是因為缺乏利他兼愛的美德而養成的」。現在臺灣既然已重歸祖國，就必須完全消滅「日本那些有己無人、講利忘義的毒素」。

所謂「發揚民族主義」，就是要增強民族意識，熱愛自己的祖國。由於臺灣遭受日本長期的殖民統治，日本人的文化侵略使得臺灣同胞忘記了自己祖國的歷史地理和語言文字，無法瞭解祖國的悠久歷史和燦爛文明。「所以臺灣同胞要加緊語文和史地的訓練，達到能夠自動看懂祖國的名著，然後對祖國起了崇敬之心，愛國心有了源泉，滾滾不絕。於

是民族意識增強，民族主義也自然發揚光大，到了強不可折的地步」。[29]

　　在許壽裳發表這篇文章以後不久，陳儀離臺，新上任的臺灣省主席魏道明在事先未通知的情況下突然將臺灣省編譯館撤銷，許壽裳轉往臺灣大學中文系任教。儘管許壽裳對編譯館突然被撤銷深感不滿，認為這項工作「外露為山才一簣，內潛掘井已多尋」，如今卻「坐看前功付陸沉」，[30]但他仍對臺灣的文化建設傾注很高的熱情。

　　8 月 3 日，許壽裳在《和平日報》上又發表《中國民族精神的中心》一文，再次宣傳臺灣需要新的五四運動所提出的實踐道德和民族主義問題。強調中國民族精神的核心內涵，是從古代孔子、墨子一直到現代孫中山，他們所宣導的仁愛。「中國民族的精神是仁愛」，它是一種美德，因此中國幾千年來雖屢經外患，仍巍然獨立於天地之間。這種民族精神值得很好地繼承和弘揚。[31]

　　許壽裳從一開始就很注意國語、國文的教育問題。他認為臺灣的教育已有基礎，只要加緊進行中國語文和史地的訓練，就能使臺灣同胞儘快看懂中國名著，接受祖國優秀文化的薰陶，擺脫日本侵略教育的影響。1947 年 1 月，他親自到師資講習班去講解「教授國文應注意的幾件事」，並把它整理成文發表。[32]4 月，由許壽裳親自撰寫的通俗讀物《怎樣學習國語和國文》列入「光復文庫」第一種正式出版，這本小冊子的重點是談如何從日語基礎轉入中國語文的學習，顯然很適合臺灣同胞閱讀。[33]當年 12 月 21 日，儘管許壽裳已經到臺大任教，但他仍然在臺灣《新生報》上發表專文，談「對於本省今後語文教育的一點意見」。[34]可見對於在臺灣重建中華文化這樣的大事，許壽裳一直掛念於心，傾注了大量心血。

---

[29]許壽裳《臺灣需要一個新的五四運動》，《檔案》，第 134-136 頁。

[30]《許壽裳詩稿》，《遺稿》第一卷，第 780 頁。

[31]許壽裳《中國民族精神的中心》，載黃英哲編《許壽裳臺灣時代文集》，臺北：臺灣大學出版中心，2010 年，第 240-243 頁。

[32]許壽裳《教授國文應注意的幾件事》，見《許壽裳臺灣時代文集》，第 175-181 頁。

[33]許壽裳《怎樣學習國語和國文》，見《許壽裳臺灣時代文集》，第 121-174 頁。

[34]許壽裳《對於本省今後語文教育的一點意見》，見《許壽裳臺灣時代文集》，第 182-184 頁。

四、結論

　　許壽裳在離開編譯館前夕，為了應和館中同仁的贈詩寫下了這樣的詩句：「難得陳公政見高，教從心理飽同胞。隻身孤篋飛蓬島，故土新臨氣自豪。」[35] 這是許壽裳當年飛抵臺北時的精神狀態。他為能在這片新收復的土地上工作而充滿自豪，有一股積極向上、情感激越的精神力量。而時隔不到一年零八個月，這位為建設新臺灣充滿激情、熱切期盼國家民族復興的知識份子，卻在臺北的宿舍中遭人殺害。可以說，許壽裳的一生，臺灣這段經歷是最值得記憶的一頁。因為它正處於臺灣光復初期的歷史轉捩點上，他的所作所為，為臺灣文化建設傾注的心血，與這段歷史緊密聯繫在一起。

　　本文探討了許壽裳抵臺經過，以及到臺灣以後如何思考編譯館工作和「二二八事變」以後的轉變，主要認識有如下幾點：

　　一、許壽裳到臺灣離不開當時的大環境，與他的理想和抱負是分不開的。抗日戰爭勝利以後，許壽裳原本對重振河山、建設新國家抱有很大期盼，所謂「難得八年摧勁虜，從今一德建新邦」即是指此。可是政局的急劇腐敗讓他大失所望。他想到新光復的臺灣去施展自己的才華，陳儀來電邀請他到臺灣主持編譯館工作只是一個契機。事實上，在臺灣剛光復的不到一個月，許壽裳就把自己的履歷寄給陳儀。他到臺灣既是時代的需要，也是他自己主動選擇的結果。

　　二、許壽裳到臺灣以後，對臺灣省編譯館的工作有自己的思考。他認為在臺灣進行民族文化重建，既要努力為臺灣同胞提供祖國優秀的「精神食糧」，清除日本殖民統治的影響；又要發揮臺灣已有的文化優勢，為祖國的學術文化進步做出貢獻。他把臺灣的文化建設與整個國家的建設與發展聯繫一起。因此，他提出要在編譯館開展臺灣研究，要延攬人才包括即將遣送回國的日本學者，把日本人已經取得的學術成果儘量接收下來，並繼續研究，發揚光大。許壽裳的這些思想和作為讓我

---

[35]《許壽裳詩稿》，《遺稿》第一卷，第 780 頁。

們看到光復初期臺灣的文化重建並不只是單方面的輸送民族文化的問題，而是雙向的過程，即在重建民族文化的同時也在繼續發揚臺灣的文化特色。許壽裳在當時的歷史環境下，能夠提出要接收日本人的學術成果，並對日本人的學術成績予以充分肯定，這是很值得稱道的。這個思想不僅包涵著他的學術良知和理性思考，也飽含著他對民族國家文化振興的強烈願望和使命感。

　　三、「二二八事變」的發生改變了許壽裳對臺灣文化建設的一些思考。如何儘快清除日本殖民統治的餘毒成為他思考文化重建一個最急迫和現實的焦點。「臺灣需要一個新的五四運動」，這是許壽裳在事變發生後提出的最重要的思想。臺灣不僅要繼承五四精神，提倡民主，發揚科學，而且要提倡實踐道德，發揚民族主義。這四個任務都為了一個總目標，即「把以往所受的日本毒素全部肅清」。儘管編譯館已經被撤銷，但許壽裳一直關注著如何在臺灣弘揚中華民族的民族精神的問題，關注著如何教授國語國文，讓臺灣同胞儘快瞭解中華民族的優秀文化遺產。

　　歷史的發展往往不是一帆風順的，尤其在臺灣剛光復初期。許壽裳在這樣的歷史轉捩點來到臺灣，主持編譯館工作，擔負著臺灣文化重建的重要任務。許壽裳在渡臺以後的思考以及「二二八事變」後的演變，向我們呈現了戰後臺灣歷史的曲折發展，以及當時在臺灣重建民族文化的艱巨而複雜的歷程。

1945 年前後許壽裳對日本的認識

許壽裳是 20 世紀上半葉中國一位具有重要影響力的教育家和「知日派」學者。作為一個熟悉日本文化又精通中國文史的現代知識份子，許壽裳在國難深重的歷史關頭以及抗戰勝利後在臺灣重建民族文化的時候，如何看待日本對中國的侵略及其在臺殖民統治的後果，是我們觀察戰中戰後中國歷史曲折發展的一個切入點。近年來，有關許壽裳的各種資料得到了全面的整理和出版，有力促進了許壽裳及其相關歷史人物的研究。[1]本文擬以許壽裳日記、書信、文稿、檔案等為基礎材料，重點考察 1945 年前後許壽裳對日本的認識，以期進一步理解在中國面臨深重危機的歷史時期，作為「知日派」知識份子如何思考一個國家民族的前途命運以及他的所作所為。

一、抗日戰爭期間許壽裳對日本的認識

許壽裳（1883-1948），字季黻（或季茀），浙江紹興人。他出身於一個中等資產的家庭。早年進入浙江求實書院讀書，受教於宋子平。1902 年作為官派留學生赴日本留學，先在弘文學院學習語言等科目，兩年後進入東京高等師範學校，學習「教育、地理、西洋史」，1908 年畢業。在日期間，與魯迅結為摯友，他們曾結伴數人一起去旁聽滯留日本的章太炎講授《說文解字注》，而且兩人還計畫留學德國，後因故未能實現。

1909 年回國以後，許壽裳一直從事與教育有關的工作。曾經與許壽裳邂逅於浙江求實書院的蔡元培在辛亥革命後就任教育總長，即延聘許壽裳入教育部工作，後來許任教育部第一科科長。此後，許壽裳還先後擔任江西省教育廳廳長、北平女子高等師範學校校長、中山大學教

---

[1] 這要感謝許壽裳子女許世瑛、許世瑋以及日本學者黃英哲教授等人的努力，他們保留、傳承了許壽裳資料並將之公諸於世，從 2008 年至 2010 年，經中國大陸、臺灣和日本學者的共同努力，在海峽兩岸先後出版了《許壽裳日記》（1940-1948）、《許壽裳遺稿》（四卷）、《臺灣省編譯館檔案》、《許壽裳書簡集》（上下）、《許壽裳臺灣時代文集》等，具體出版資訊詳見以下註釋。

授、中央研究院幹事兼文書處主任、北平大學女子文理學院院長等職。1937 年抗日戰爭爆發後，許壽裳與數位同仁冒險前往西安，任西安臨時大學史學系主任兼教務委員，後來該校改名西北聯合大學，許壽裳兼任商學院院長。1939 年因不滿教育總長陳立夫的干涉，憤然辭去西北聯大的職務前往雲南，再赴成都、重慶，先後擔任中山大學教授、華西協合大學庚款講座教授、國民政府考試院考選委員會專門委員等職。整個抗戰八年期間，許壽裳一直在顛沛流離中度過，飽受了戰爭帶來的痛苦。

1940 年 9 月 16 日，許壽裳在《日記》中這樣寫道：

> 十六日（週一）舊曆中秋，陰雨，無月光。近年來，南北東西，不遑寧處。民二五此夕在北平，二六在嘉興，時正為安頓眷屬、收拾行裝，終日錄錄，對月黯然，數日後即冒險赴西安。二七在城固，二八在岷江，舟中同行八人，泊傅家場，不久飛滇。今年在此，極感蕭廖，妻子流離，相隔萬里，在蓉者惟瑮兒一人而已。[2]

中秋佳節是中國人十分看重的親人團聚的日子，而許壽裳卻蕭廖寂寞，與他同處成都的只有許世瑮一人而已。在這個沒有月光甚至下著陰雨的中秋之夜，他觸景生情，聯想起從 1936 年開始，連續五年，每年的中秋節都在流離奔波中度過，不免感慨萬千！

許壽裳一家除了妻子外，還有六個子女，其中長女世瑄已經成家。他於 1939 年 10 月底寫的一首詩云：「家寄鴛湖劫火空，流離妻子各西東。無端唱出香山句，一夜鄉心五處同。」並自注：「內子暨瑛、瑒、瑋在滬，瑛在平，瑄在九龍，瑮在成都，連我亦五處。」[3]此時許壽裳正在由成都飛往昆明途中。而他們家在嘉興鴛湖的房子已毀於日本侵略

---

[2]　黃英哲、秦賢次、陳漱渝、蕭振鳴編校整理《許壽裳日記》（1940-1948）》（以下簡稱《日記》），福州：福建教育出版社，2008 年，第 582 頁。

[3]　1939 年 12 月 21 日《致謝似顏》，載彭小妍、施淑、楊儒賓、北岡正子、黃英哲編校《許壽裳書簡集》（以下簡稱《書簡集》）上冊，臺北：中研院中國文史哲所，2010 年，第 151-152 頁。

者的戰火，他的妻子和六個子女在戰爭開始後便分散於上海、北平、香港、成都、昆明五個地方。這種妻離子散、萬里思親的愁苦生活，正是許壽裳在戰爭期間飽受煎熬的一個側影。

　　日本侵華戰爭，給中國人民帶來的災難是普遍而且深重的。許壽裳在《日記》中經常記載日機轟炸以及災民逃難的慘狀。他在成都、重慶期間，有的時段幾乎是每天都要躲避日本飛機，有時一日數次，甚至連晚上都無法休息。1941 年 6 月 5 日「夜八時聞有警報，至九時餘寢，十時餘忽聞空襲警，急披衣起坐，解除已十一時餘矣。」7 月 28 日「晨七時一刻空襲，旋緊急，直至下午三時半後始解除。」29 日「晨八時空襲，旋即緊急，直至下午四時餘解除。」30 日「晨七時一刻，空襲，旋緊急，下午三時半解除。」8 月 8 日「下午一時半警報四時解除，夜十二時三刻又警，近四時解除」，幾乎一夜沒睡。至 8 月 11 日，又「終日夜在警報中。」12 日，還是「終日夜在警報中。」13 日「警報至下午四時解除。」[4] 諸如此類的記載在許壽裳《日記》中俯拾皆是。由此可見，如此密集的空襲警報，這讓身處災區的人們遭受多麼大的災難和痛苦！

　　日本是許壽裳曾經留學、接受高等教育的地方，如今卻成了窮凶極惡的侵略者的淵藪，這對於許壽裳來說是完全不能接受的。他把日本侵略者痛斥為「敵」、「寇」、「暴日」、「倭夷」等，把中國人民反對日本侵略的戰爭稱之為保衛國家民族獨立生存的民族戰爭。他在文稿中寫道：

> 我國抗戰決非如普通歷史上兩國交綏，爭雄圖霸之戰爭，以我國抗戰在敵寇為欲根本吞併我國家與滅亡我民族。[5] 在我國則絕不能容許，我國家與民族之獨立生存有秋毫之危害。故我之抗戰在主義上言，實為民族戰爭。[6]

　　他在 1943 年寫的一篇紀念黃花崗烈士的文章中還說：

---

[4]　《日記》，第 617、624-626 頁。
[5]　按，原文為「滅亡與民族」，當為「滅亡我民族」之誤，引者徑改。
[6]　黃英哲、陳漱渝、王錫榮主編《許壽裳遺稿》（以下簡稱《遺稿》）第三卷，福州：福建教育出版社，2010 年，第 861 頁。

現在六年來對暴日的英勇抗戰，就是黃花崗烈士精神的表現，也
是民族精神的持續，這種精神的存在，民族是永不可侮的。[7]

許壽裳是站在國家民族的立場，對日本的侵略以及中國人民的英勇
抗戰愛憎分明，充滿著民族正義的情感。與此同時，許壽裳還是一名具
有國際眼光的學者，他時刻關注著戰爭動態，對時局的演變以及日本軍
閥「不但要侵略中國，簡直要獨霸全球」的野心有充分的認識，[8]因此，
他把日本侵略者的暴行視為反人類的、欲圖侵犯奴役各國人民的可恥行
為，而把中國人民的抗日戰爭與世界反法西斯戰爭尤其是亞洲各國的獨
立解放緊密聯繫在一起，並賦予積極的意義。他在 1941 年 9 月 5 日的
《日記》中寫下了這樣一段話：

日本已將琉球民族消滅，朝鮮民族奴役，現在又攫據了越南逼伺
著泰民族。中華民族的抗戰是日本奴役東亞諸民族的最有力的阻
礙與打擊，同時也是東亞諸民族解放希望之所繫。[9]

正因為許壽裳有這樣的認識，因此他對中華民族抗戰寄予很高的期
望，充滿著必勝信念，對中國軍民抗日取得的每一個勝利都傾注了滿腔
熱情的關注與支持。1940 年 12 月 2 日許壽裳致好友謝似顏的信說：「弟
堅信我們抗戰是必勝的，上月八日寄南漳一緘，內有『還我河山』之聯
語，亦此意也。」[10]1941 年 10 月 2 日夜讀報得知「湘北我軍大捷，喜
而不寐」。10 月 8 日夜又聞宜昌克服，「喜而不寐，口占一詩。」10 月
11 日在病中，當天夜裡聽到宜昌、鄭州獲捷的消息，即欣然坐起，口
占詩云：「又報江河捷，連天爆竹鳴。火花供慶祝，華族自文明。殘虜
猿奔急，災民喜淚迎。病中欣坐起，致敬朔南營。」[11]其內心的喜悅溢
於言表。

1945 年開春以後，許壽裳的《日記》越來越多記載日本行將敗亡

7　許壽裳《先烈紀念與民族精神的淵源.》，《遺稿》第三卷，第 860 頁。
8　許壽裳《章先生傳稿（下）》，《遺稿》第一卷，第 627 頁。
9　《日記》，第 628 頁。
10　1940 年 12 月 2 日《致謝似顏》，《書簡集》上冊，第 186 頁。
11　以上見《日記》，第 630-631 頁。

的消息，舊金山會議、盟軍攻克柏林、美軍轟炸東京名古屋、蘇聯對日宣戰、美國向廣島投擲原子彈等，8 月 10 日晚許壽裳得知日本已經投降，次日又獲悉赴美留學的次子安抵華盛頓，欣喜之餘賦詩兩首，其一云：「居然喜訊聯翩至，黷武倭夷竟乞降。難得八年摧勁虜，從今一德建新邦。陷區妻子狂歌舞，盟國經綸足駿龐。歸路反愁何所見，瘡痍滿地下長江。」[12]1946 年初，許壽裳從重慶返抵南京，1 月 26 日回到上海，看到闊別九年的妻子、女兒，抗戰勝利後家人團聚的喜悅心情，非語言所能形容。

二、抵臺初期許壽裳對日本文化遺產的理性思考

抗日戰爭勝利後，遭受日本 50 年殖民統治的臺灣和澎湖列島等領土歸還中國。1946 年 6 月，許壽裳受陳儀之邀，來到臺灣主持臺灣省編譯館的工作。

陳儀是許壽裳的同鄉，也是當年留學日本的好友，時任臺灣省行政長官。他邀請許壽裳赴臺的目的是要編譯大量的圖書、教材，給臺灣同胞提供民族文化的精神食糧，以消除日本殖民統治在文化上的影響。而從許壽裳的角度看，他之所以願意接受邀請來到臺灣，與他的政治抱負和理想是有密切關係的。據許壽裳的女兒許世瑋回憶，當時許壽裳覺得南京的政治氣氛不合他意，而臺灣的狀況比較起來算安定，而且可以實現他長年的願望完成魯迅傳和蔡元培傳的寫作。[13]

其實許壽裳在抗戰八年期間一直盼望著中國取得勝利，結束戰爭，目的就是要建設新國家。這是他的一個很大的抱負和理想。他在聞悉日本投降的詩中寫道「難得八年摧勁虜，從今一德建新邦」，即指此意。而抗戰一結束，政局的混亂和官僚腐敗讓他大失所望。1945 年 11 月，

---

[12]《日記》，第 743 頁。
[13]許世瑋《憶先父許壽裳》，載《魯迅研究資料》第 14 期，1984 年。

許壽裳致章微穎的信說：「勝利從天外飛來，弟初亦興奮，以為和平建
國，雖苦必成，但三月以來，所見所聞，實與兄同感失望。」[14]次年 2
月，致長子許世瑛的信又說：「政局渾沌，物價飛漲，速率驚人……真
弄得民不聊生」。[15]在這樣的背景下，許壽裳要尋找一個較好的地方去實
現他的夢想是可以理解的。

　　許壽裳對臺灣的印象比大陸好得多。1946 年 6 月 25 日，許壽裳從
上海飛抵臺北。他在往後數日致家人和朋友的信中都談到對臺灣的良好
印象。「臺灣教育普及，農業發達，工業亦有基礎，女工均至少受過六
年教育，騎自行車，水果大佳」。[16]「此間風景優美，秩序亦佳。惟經日
人統治五十年，教育雖較普及農工，而國語幾瀕於消失。農業發達，工
業亦有基礎，非國內他省所能企及。」[17]他的願望就是在這樣一個地方
去實現自己的抱負，以自己所能貢獻給這個新回歸的土地和人民，建設
新臺灣。

　　建設新臺灣與建設國家的目標是一致的。許壽裳認為臺灣應該成為
戰後國家重建的一個樣板。他在一次講演中提到，臺灣文化至少有兩個
特點，「這是各省所沒有，同時也可為各省作模範的」。其一就是經濟發
達，「有真正實行三民主義的基礎」；其二是豐富的學術研究，可以發揚
光大。[18]而後者，正是許壽裳認為可以發揮自身優勢貢獻給國家民族的
著力點。

　　陳儀為邀請許壽裳到臺主持編譯館工作提出了五項具體任務，即編
中小學文史教本、教師參考書、公眾讀物、辭典、翻譯西洋名著等。[19]許
壽裳抵臺後即提出要在編譯館內設立專門機構開展臺灣研究。他在第一
次對記者談話時就提到了這個設想：「並擬與臺大合作，從事臺灣與其

[14]《複銳初》，《遺稿》第四卷，第 880 頁。

[15] 1946 年 2 月 22 日《致許世瑛》，《書簡集》下冊，第 1441 頁。

[16] 1946 年 7 月《許壽裳家信擬稿》，載黃英哲、許雪姬、楊彥杰主編《臺灣省編譯館檔案》（以
　　下簡稱《檔案》），福州：福建教育出版社，2010 年，第 24 頁。

[17] 1946 年 7 月《許壽裳致陳百年等電函擬稿》，《檔案》，第 15 頁。

[18] 1946 年 9 月 5 日《許壽裳對培訓學員的講話》，《檔案》，第 40 頁。

[19] 1946 年 5 月 13 日《陳儀致許壽裳信》，《檔案》，第 4—5 頁。

資源之研究，正各方延攬人才中，甚盼本省賢達通力協助。」[20]

在日本統治時期，臺灣研究與南洋研究是島內最高學府「臺北帝國大學」兩個很有特色的研究領域，並已積累了大量的人才和成果。許壽裳認為對於日本殖民統治的影響必須清除，但對於純學術的研究成果應該承續。發揮臺灣的文化優勢與編譯弘揚民族文化的課本書籍，是臺灣省編譯館設立的兩個要旨，這兩者相輔相成。1946 年 8 月 10 日他在記者會上說：陳儀長官擬設一個編譯機構，他的志願是很宏大的。設立臺灣省編譯館的要旨不外有兩點：「第一、促進臺胞的心理建設」，「第二、對於全國有協進文化、示範研究的責任」。因此，這就涉及如何在民族文化重建過程批判和繼承日本殖民統治時期留下的文化遺產問題。許壽裳接著說：

> 臺灣的學術文化，已經有了很好的基礎，可以有為各省模範的資格。……過去本省在日本統治下的軍閥侵略主義，當然應該根絕，可是純粹學術性的研究，卻也不能抹殺其價值，我們應該接收下來，加以發揚光大。如果把過去數十年間日本專門學者從事臺灣研究的成果，加以翻譯和整理，編成一套臺灣研究叢書，我相信至少有一百大本。[21]

9 月 5 日，許壽裳在對培訓班學員的一次講演中，對日本統治時期臺灣在學術領域的成績，以及當下應該採取的態度，有一個更加充分的表述，他說：

> 諸位都知道抗戰是勝利了，現在是建國的時候，建國第一重要是學術。科學與技術——學術的真義：是為人類造福。過去我國雖然提倡學術，但進步很慢。臺灣有研究學術的風氣，可以說是日人的示範作用，也可說是日人的功績。日本雖然是侵略國家，但他們專家的學術成績我們需要保留，需要全國學者繼續研究，把它發揚光大，作為我們建國之用。日人對臺灣的研究很多，他們

---

[20] 《許壽裳氏來臺將任編譯館長》，《工商時報》中華民國三十五年七月二日第二版。

[21] 1946 年 8 月 10 日《許壽裳在記者會上談編譯館旨趣與工作的講話稿》，《檔案》，第 32-33 頁。

的著作也很豐富。已經出版的不說，原稿已寫好未出版的還不少，因為不久有一部分日本學者將遣送回國，希望能拿出來，我們把它翻譯付印貢獻給社會。還有材料已找好，但尚未寫出的，也希望能寫出來。他們對臺灣的研究，如地形、植物、動物、氣象、礦產等等，都有分門別類的研究，很有成績。如植物一門，就有三十多種書籍，關於動物的研究著作也很多，如過去發生「鼠疫」，即有老鼠、跳蚤等精密的研究專書出版，這不但是我國各省所沒有，就是世界各國也很少有。這種寶貴的材料，我們不能不注意的。而且要好好保持，繼續發展，這是我國學術的光彩、世界文化的貢獻，也是臺灣文化的第二點特色。[22]

發揮臺灣的文化優勢，本身就是臺灣文化建設的一部分，同時也可以為戰後國家建設乃至世界文化的發展做貢獻。可以顯見，許壽裳之所以強調要重視接收日本統治時期的文化遺產，是與戰後臺灣的文化重建以及國家建設緊密聯繫在一起的。他在主持編譯館工作伊始，心胸相當開闊，目標也極為遠大。

許壽裳為了儘快接收日本留下的文化遺產，提出要延攬尚未回國的日本學者繼續在臺灣開展研究，並努力翻譯已經完成或者發表的學術成果。在他的努力下，臺灣省編譯館共留用了十幾名日本學者，包括知名的語言學家淺井惠倫、考古學家國直分一，以及昆蟲學家素木得一等。

許壽裳不僅重視日本學者的研究成果，甚至對日本人的敬業精神也予以充分肯定。他說：「臺灣有研究學術的風氣，可以說是日人的示範作用，也可說是日人的功績。」[23]「過去日本學者研究的成果，可以利用，日本學者研究的方法和態度，可以效法。日本人的苦幹精神，是值得佩服的。」[24]

---

[22] 1946 年 9 月 5 日《許壽裳對培訓學員的講話》，《檔案》，第 41-42 頁。

[23] 1946 年 9 月 5 日《許壽裳對培訓學員的講話》，《檔案》，第 41 頁。

[24] 許壽裳《臺省編譯事業的拓荒工作》，《檔案》，第 57 頁。

三、「二二八事變」後許壽裳對日本侵略
遺毒的批判

　　1947 年臺灣發生「二二八事變」，徹底改變了光復以後臺灣歷史發展的軌跡，對許壽裳的思想也產生了影響。

　　有關這次事變發生的原因，本文不擬做全面闡述，只想就許壽裳對事變的認識及其往後的作為做一些探討。許壽裳在事變發生以後，多次談及有關事變發生的原因以及臺灣省編譯館當時的情況。1947 年 3 月 26 日，他致朱文叔的信說：

> 臺省情況，即京滬大報所記所論，亦未詳確。總之臺胞受日本侵略教育之毒太深，補救之功，倍形艱巨。本館同仁職司編譯，亦惟有盡其在我而已。[25]

　　其實，「二二八事變」對編譯館的衝擊並不大，而許壽裳看到的是日本殖民者在臺侵略教育的影響甚深，因此倍感自己責任重大。大約在此前後，許壽裳還有一篇文字詳細記述了「二二八事變」發生的原因以及編譯館所受的衝擊，亦引錄於下：

> 上月廿八臺北事變，肇端甚微，轉瞬蔓延全島，氣焰甚惡，擾攘旬日，近始救平。其遠因是受日本五十年侵略教育的遺毒，務使臺灣青年學生忘記祖宗，忘記祖國，蔑視祖國，以致多數青年國語國文隔閡既大，祖國文化懵無所知。其近因則為一般流氓浪人戰時被日寇徵用，遣往打祖國，打南洋，迫後悉數送回，一旦化為自由民，伺機蠢動，肆無忌憚；又有日寇暗中策動，成為有組織有武器的暴動。此類暴徒本無國家觀念，蓄意作亂，其愚可憫，其悖可誅。此後補救方法，還在教育。廿八日下午，本館同仁正在辦公，被暴徒攻入，其勢洶洶，責問館中本省人與外省人（暴

---

[25] 1947 年 3 月 26 日《致朱文叔》，《書簡集》上冊，第 927 頁。

徒竟聲稱打中國人，以中國人與臺灣人對稱，即此一端可推知其悖）待遇有否不公？幸本省同仁告以公，始一哄而去。如是者三次。是夜困居通宵，翌晨始送同仁各回本宅。公私損失，要算最小，可請放心。[26]

由此可見，許壽裳是把日本在臺灣殖民統治的後果視為事變發生的最主要因素。遠因是日本侵略教育的遺毒，近因是戰時被徵用的一般流氓浪人此時被悉數遣回，加上「日寇暗中策動」，由此形成了有組織有武器的暴動。要言之，許壽裳是把這次事變與日本的殖民侵略及其背後的陰謀都聯繫在一起。這就讓他更加痛恨日本對中國人民的侵略和奴役，民族情感又一次迸發出來。

5 月 4 日，許壽裳在《新生報》發表《臺灣需要一個新的五四運動》一文。這篇很有名的文章完全是在「二二八事變」影響下有感而發的。據許壽裳《日記》和手稿記載，此文原由長子許世瑛代擬，許壽裳於 4 月 30 日修改，並自註定稿於 5 月 1 日。[27]他在文章的開頭另紙書寫了一段話並插入全文第二段，對日本侵略者提出了極為尖銳的批評，其語氣之激烈是他到臺灣以後從未有過的：

日本的國民性，不但是微溫、淺薄、妥協、虛偽、小氣、自大、保守，而且簡直是無道德、負恩忘義、有己無人。它的侵略主義的結果，弄得它自己的國家敗亡，人民淪為奴役，真所謂「自作孽，不可活」。臺灣同胞不幸受了日本侵略主義的支配，薰〔熏〕染既久，毒化已深，非努力自拔、徹底自救不可。[28]

鑒於許壽裳對「二二八事變」主因的認識，因此他所提出的臺灣需要一個新的五四運動就不是無的放矢。他強調除了繼續弘揚五四時代的精神即提倡民主、發揚科學之外，「還要提倡實踐道德，發揚民族主義」，總目標是要「把以往所受的日本毒素全部肅清」。

---

[26] 1947 年 3 月《許壽裳有關二二八事變的記述》，《檔案》，第 130 頁。

[27] 參見《日記》，第 805 頁；《檔案》，第 134 頁注。

[28] 許壽裳《臺灣需要一個新的五四運動》，《檔案》，第 134 頁。

　　許壽裳提出的所謂「提倡實踐道德」，就是弘揚中華民族的傳統美德，即孔、孟、墨子等人宣導的仁愛。他認為日本是沒有這種美德的。「他只想自己如何可以有利，怎樣可以獨霸，至於別人的死活，倒不是不管，是一心一意希望對方死掉，才能從中取得利益。所以日本的窮兵黷武，就是因為缺乏利他兼愛的美德而養成的」。現在臺灣既然已重歸祖國，就必須完全消滅「日本那些有己無人、講利忘義的毒素」。

　　所謂「發揚民族主義」，就是要增強民族意識，熱愛自己的祖國。由於臺灣遭受日本長期的殖民統治，日本人的文化侵略使得臺灣同胞忘記了自己祖國的歷史地理和語言文字，無法瞭解祖國的悠久歷史和燦爛文明。「所以臺灣同胞要加緊語文和史地的訓練，達到能夠自動看懂祖國的名著，然後對祖國起了崇敬之心，愛國心有了源泉，滾滾不絕。於是民族意識增強，民族主義也自然發揚光大，到了強不可折的地步」。[29]

　　1947 年 8 月 3 日，許壽裳又在《和平日報》上發表《中國民族精神的中心》一文，再次闡述中國民族精神的核心內涵，強調從古代的孔子、墨子，到現代的孫中山，他們所宣導的都是仁愛，因此中國幾千年來雖屢經外患，仍巍然獨立於天地之間。「中國民族的精神是仁愛」，它是一種美德。[30]

　　於此同時，許壽裳仍然致力於對臺灣同胞進行國語、國文的教育，認為臺灣的教育已經有基礎，只要加緊進行中國語文和史地的訓練，就能使臺灣同胞儘快擺脫日本侵略教育的影響。1947 年 4 月，許壽裳親自撰寫的通俗讀物《怎樣學習國語和國文》列入「光復文庫」第一種正式出版。5 月 16 日，由於受「二二八事變」的影響，臺灣省編譯館被撤銷，許壽裳轉入臺灣大學中文系任教。12 月 21 日，他仍在臺灣《新生報》上發表專文，談「對於本省今後語文教育的一點意見」。[31]可見許壽裳對於在臺灣重建中華文化這件大事仍然掛念於心，傾注了很大的熱

---

[29]以上見許壽裳《臺灣需要一個新的五四運動》，《檔案》，第 134-136 頁。
[30]許壽裳《中國民族精神的中心》，載黃英哲編《許壽裳臺灣時代文集》，臺北：臺灣大學出版中心，2010 年，第 240-243 頁。
[31]見黃英哲編《許壽裳臺灣時代文集》，第 182-184 頁。

情。

四、結束語

1937 年抗日戰爭爆發，到 1948 年 2 月 18 日深夜許壽裳在臺北宿舍遇害，這前後 12 年時間是許壽裳一生最重要的時段，也是中國面臨深重災難、為求民族獨立解放而艱難前行的歷史階段。許壽裳作為一個「知日派」的知識份子，在這樣艱難曲折的歷史背景下，如何看待日本對中國的侵略以及在臺灣的殖民統治及其後果，他的思想和作為是很值得我們思考的。

一個人的命運總與他所處的時代背景密切相連，與他的國家民族的命運息息相關。許壽裳在抗戰八年期間，妻離子散，顛沛流離於中國的西北西南，強烈的民族正義感使他對日本發動的侵略戰爭予以嚴厲的批判和譴責，並指出日本軍閥的野心不僅是要侵佔中國，而且要獨霸世界，中國的抗日戰爭不僅是維護民族獨立生存的正義戰爭，對東亞諸民族的獨立解放也有積極的意義。

抗戰結束後，許壽裳滿懷重建新國家的抱負和理想來到臺灣。在主持臺灣省編譯館期間，他一方面認為日本在臺殖民統治的遺毒必須肅清，另一方面強調要接收日本統治時期留下的文化遺產，開展臺灣研究，以作為建設國家和臺灣的文化重建之用。「二二八事變」之後，許壽裳對日本在臺殖民統治的批判空前嚴厲，認為此事變的發生與日本侵略教育的遺毒遠未肅清有關，因此提出臺灣需要一個新的五四運動，強調提倡實踐道德和發揚民族精神，加緊推行國語國文教育，肅清日本侵略教育的影響。

總而言之，抗戰期間和抗戰勝利後，許壽裳對日本的認識是一貫的，儘管在不同時期表達的內容和側重點並不相同，但其基本思想並沒有改變。一方面，他是一個充滿良知、具有民族氣節的愛國知識份子，在國難深重，人民遭受奴役的歷史關頭，他正義凜然，發出了充滿戰鬥

激情的批判和聲討。另一方面，許壽裳又是一個富有學術眼光、瞭解日本文化的現代知識份子，不管是戰爭期間還是戰後，他都可以從人類文明的高度來審視歷史，尤其在主持臺灣省編譯館工作伊始，他就很理性地提出要開展臺灣研究，接收日本統治時期的文化遺產，並對日本學者的學術成就和敬業精神予以高度的評價。這在當時的歷史背景下，應該說是難能可貴的。

　　所謂「戰後」，對於不同民族、不同國家有著不同的意義，對於每一個具體的個人也有著他們不同的經驗和體會。對於許壽裳而言，戰後意味著建設新國家。所謂「難得八年摧勁虜，從今一德建新邦」，道出了他對戰後的最大期許。這是他的理想與抱負。因此，他在臺灣的所作所為，包括他對日本統治時期文化遺產的批判繼承，都與他這個理想和抱負有密切關連。只可惜，許壽裳的願望未能順利實現，「二二八事變」改變了他的命運和原先的設想。

　　值得說明的是，許壽裳作為一位「知日派」學者，他在臺灣時期提出的一些想法並不僅僅是個人的思考，而是同時代一批學者包括「知日派」學者的共同思想。在許壽裳赴臺前後，就有不少人向他建議要在編譯館開展臺灣研究，趁日本學者未回國前，這其中就包括曾經留學日本的沈仲九、范壽康、李季谷等。[32]1947 年「二二八事變」發生後，許壽裳認為此事變的發生與日本遺毒遠未肅清等因素有關，也是經過一段時間以後才「漸次明瞭」的，[33]這期間他接觸的人中自然包括關係密切的在臺學者和官員。[34]因此，許壽裳在戰中戰後對日本的認識，實際上並不僅指個人，而是代表當時一批中國知識份子包括曾經留學日本的學者之共同看法，它反映的是一個時代中國人的命運以及許壽裳及其身邊好友對國家前途命運的集體思考，部分呈現了現代中國歷史在危難中曲折前行的艱苦歷程。

---

[32]參見《日記》，第 778-780 頁。

[33] 1947 年 4 月 2 日《致王澤民》，《書信集》，第 945 頁。

[34]事變發生後一個多月內，許壽裳多次前往行政長官公署，與陳儀、范壽康、沈仲九、李季谷等人多有聯繫，參見《日記》，第 800-803 頁。

日據時期對荷據臺灣史的研究

　　十七世紀上半葉，荷蘭殖民者佔據臺灣 38 年。過了兩百多年，日本人又對臺灣實行了半個世紀的殖民統治。這是臺灣歷史上兩次殖民地時期。日本人佔據臺灣以後，為了開展有效統治，便指派學術界加強對臺灣各個方面的研究，其中荷蘭人對臺灣的殖民地經營也在探討之列。這對於後來臺灣史的研究產生了重要影響。

　　有關日據時期對荷據臺灣史的研究，臺灣學者已經有過介紹或探討。如曹永和於 1977 年 6 月的一次學術研討會上發表《臺灣荷據時代研究的回顧與展望》，其中就涉及日據時期的研究情況[1]。近年，吳文星發表《日本據臺前對臺灣之調查與研究》和《日治初期日人對臺灣史研究之展開》[2]，以及葉碧苓《村上直次郎的臺灣史研究》[3]等，都對相關問題作了專門的探討。由於日據時期的檔案資料大陸學者尚難以利用，日本學者的早期成果也不易完整收集，本文擬利用前人研究成果以及目前能收集到的資料，對日據時期荷據臺灣史研究的背景、成果、特色及其對後世的影響等問題作一個梳理，不足之處敬請批評指正。

一、時代背景與史料編纂

　　1895 年 5 月底，日本依據與清政府簽訂的《馬關條約》，派兵從臺灣北部登陸，遭到島內民眾的強烈抵抗。日本殖民當局一方面加緊鎮壓，試圖用武力迫使臺灣民眾就範；另一方面在槍炮聲中於 6 月 17 日宣佈總督府「始政」，由此標誌日本在臺灣的殖民統治正式開始。

　　早在 1871 年「牡丹社事件」發生以後，日本政府就顯露出要佔領

---

[1]　曹永和《臺灣荷據時代研究的回顧與展望》，載氏著《臺灣早期歷史研究續集》，臺北：聯經出版事業公司，2000 年。

[2]　吳文星《日本據臺前對臺灣的調查與研究》，載《第一屆臺灣本土文化學術研討會論文集》，臺北：中研院中山人文社科所，1995 年；《日治初期日人對臺灣史研究之展開》，載《中華民國史專題第四屆研討會論文集》，1998 年。

[3]　葉碧苓：《村上直次郎的臺灣史研究》，載《國史館學術集刊》第十七期，2008 年。

臺灣的企圖，多次派人通過各種機會到臺灣收集當地的物產、商況、自然生態、礦產資源、原住民習俗等資料。與此同時，又通過編譯中、西文獻，加強對臺灣的研究，編撰或出版各種調查報告和介紹臺灣的讀物。如 1895 年 1 月，日本參謀本部編撰了《臺灣志》，表明當時對佔領臺灣已經作了相當程度的準備。[4]此時，日本政府已決定出兵臺灣，國內一些人更極力鼓吹要加強「學術探檢」，以期對臺灣有進一步的瞭解進而實現其對外殖民擴張的企圖，這些對當時的日本學界也產生著不可忽視的影響。[5]

日本軍隊在臺灣登陸以後，在面臨民眾強烈抵抗的同時，也面臨著黑死病等風土疾病的威脅，為了開始對「新領地」的統治和經營，亟須各種專門人才前往臺灣調查研究，以便瞭解掌握更加豐富的資訊，提供施政參考。

日本對臺灣的調查主要由拓殖務省和臺灣總督府在合力推動。而參與調查的主要來自日本國內，尤其是東京帝國大學的老師和學生。1896 年 3 月 31 日，臺灣歸拓殖務省管轄。臺灣總督府在成立之初，就在內設有內務、殖產、財務、學務等部，每年編列可觀的調查費用，聘請專家、學者以囑託、雇員、技手、技師等職位參加總督府工作。總督府所需人才，有許多是通過直接徵聘或與大學協商聯繫聘任而來，有的特殊人才則通過拓殖務省去協調解決。如 1896 年 11 月黑死病流行，臺灣總督府就通過拓殖務大臣緊急派遣細菌學、病理學專家各一人赴臺。後來經過拓殖務大臣轉請內務、文部大臣協助，幾經交涉，最終從東京帝國大學派遣兩名著名專家攜帶助手前往調查，幫助解決問題。[6]

日本派遣學者在臺灣的調查涉及面很廣，凡舉動物、植物、地質、地貌、水文、礦產、農業、畜牧、衛生、人種，乃至歷史、民俗、社會問題等，都在調查研究之列。因此，不僅有大量的自然科學家前往臺灣，

---

[4] 參閱吳文星《日本據臺前對臺灣的調查與研究》。

[5] 吳文星《東京帝國大學與臺灣「學術探檢」之展開》，載黃富三、古偉瀛、蔡采秀主編《臺灣史研究一百年回顧與研究》，臺北：中研院臺史所籌備處，1997 年。

[6] 參見吳文星《東京帝國大學與臺灣「學術探檢」之展開》。

人文歷史學者也參與其中,如有名的人類學家鳥居龍藏就於 1896－1897 年初到臺灣東部調查,隨時發表「通訊」報告收穫,回國後又於 1897 年 3 月 7 日在東京人類學會例會上報告《臺灣東部的人類學調查》、4 月 25 日在東京地學協會例會發表演講等。[7]

另一個人類學家伊能嘉矩在日本據臺之初就強烈要求到臺灣做原住民的調查研究,他在給官方的報告開頭說:

> 至界限之下,其地廣袤五千餘里,曾以美麗之島之稱,被介紹為土地肥沃,物產豐富之臺灣,現今納入我國版圖。將來為我武備之關門、及殖產之要區,在政治上、實業上,不但必須為國民所著眼,而應如何對待其固棲已久之蕃民,以治理之,保護之,及誘掖之,亦是我國民之責任,進而不得不講究之處。[8]

可見伊能嘉矩到臺灣做調查研究帶有很強烈的使命感。他在臺灣十年間,不僅對原住民做了詳細的人類學調查,提出臺灣原住民的分類體系,而且進一步把研究領域擴展到臺灣的歷史與漢人方面。1901 年,臺灣總督府設立「臨時臺灣舊慣調查會」,並且組織成立了「臺灣慣習研究會」,伊能嘉矩擔任該會幹事。他經常在機關刊物《臺灣慣習記事》上發表文章,其中《荷蘭時代的理蕃》一文就已經涉及荷蘭人對臺灣原住民的統治。伊能的其他重要著作如《臺灣蕃政志》(臺灣總督府民政部殖產局,1905 年)、《在臺灣的西班牙人》(自印行,1905 年)、《臺灣文化志》(遺稿)等,亦均涉及荷、西在臺灣的殖民統治。[9]儘管這些論著並不是直接利用荷、西原始檔案撰寫而成,但從中可以看出日本學界在據臺初期如何開啟荷據臺灣史研究的時代背景。

日本學界對荷據臺灣史研究最有開拓之功的是村上直次郎。1896 年 5 月即日本據臺第二年,村上直次郎還是東京帝國大學大學院(即研究所)學生的時候,就已被拓殖務省聘為囑託從事臺灣史的調查研究工

---

[7]　吳文星《東京帝國大學與臺灣「學術探檢」之展開》。

[8]　伊能嘉矩《臺灣文化志》(中譯本)上卷,臺北:臺灣省文獻委員會,1985 年,第 16 頁。

[9]　參閱曹永和《臺灣荷據時代研究的回顧與展望》,伊能嘉矩《臺灣文化志》(中譯本)上卷,第 21 頁。

作。同年 10 月初至次年 3 月底，村上直次郎先在長崎、平戶、大村等
地收集鄭成功、濱田彌兵衛等資料。1896 年 11 月初赴臺，又在臺灣西
部沿海做了為期近五個月的調查，其中在新港社發現以羅馬拼音書寫的
「番語」契約文書 41 張。[10]這是荷蘭人在臺灣南部傳教留下的歷史影響
之一。這種用羅馬拼音書寫的「番仔契」一直在當地平埔族中使用，直
至嘉慶末年。村上直次郎首次將這類契約文書命名為「新港文書」，並
經過初步研究後於 1897 年 7 月撰文予以介紹。[11]

　　村上直次郎之所以能在荷據臺灣史領域取得令人注目的開拓性貢
獻，與他的求學經歷和個人稟賦都有密切關係。村上 1868 年出生於大
分縣玖珠郡藩士之家，少年就讀京都同志社英學校、第一高等中學校，
1892 年進入東京帝國大學文科大學史學科學習，1895 年畢業後入大學
院繼續深造，接受坪井九馬三博士和德國人李斯（Ludwig Riess）博士
的指導。李斯是當時很有名的德國歷史學家蘭克（Leopold von Ranke）
的高足，他在東京帝國大學任客座教授時，參與東京帝大文科大學史學
科的建立，將西方的近代歷史研究法引入日本，並鼓勵開展日歐交涉史
研究。坪井九馬三博士則在大學內開設有日歐交涉史講座，因此當時的
東京帝大對日歐交涉史研究已形成風氣。村上直次郎於此時進入大學學
習深造，自然受此風氣影響。加上村上直次郎有很好的語言天賦，入大
學前他的英語水準已是同輩的佼佼者，在老師影響下，以英語為基礎又
擴展學習德、法語以及荷、西、葡、意、拉丁等語言，多國語言才能為
他日後開展荷據臺灣史研究打下了重要基礎。[12]

　　1898 年 1 月，臺灣總督府再度聘村上直次郎為臺灣歷史編纂事務
囑託，往臺灣南部和鹿兒島、沖繩等地收集臺灣史料，為期近半年。次
年 5 月，日本文部省又公費派遣村上直次郎前往西班牙、意大利、荷蘭
留學三年，進行南洋語學和地理歷史學之相關研究。1902 年底回國後，

[10]葉碧苓：《村上直次郎的臺灣史研究》。
[11]村上直次郎：《臺灣新港社文書》，《史學雜誌》，第 8 卷第 7 期，1897 年 7 月。
[12]中村孝志為村上直次郎譯注《バクヴィア城日誌》寫的「跋」，見《バクヴィア城日誌》第
　　三冊，東京：平凡社，1975 年，第 435 頁。

擔任東京外國語學校校長，兼東京帝國大學史料編纂官和講師等職。[13]

　　1922 年，臺灣總督府為宣揚其治臺「政績」，決定成立「臺灣總督府史料編纂委員會」，1923 年 7 月聘村上直次郎為史料編纂事務囑託，主要負責收集荷據時期的資料，但很快此項計畫被擱置下來。1929 年，第十二任臺灣總督川村竹治認為史料編纂事業有其必要性，於是發佈訓令重新起動這項計畫。此時已經在臺北帝國大學任職的村上直次郎被聘為總督府史料編纂會的編纂部部長，由他具體負責《臺灣史料》的編纂工作。村上直次郎由於對日歐交涉史已有很深研究，熟悉臺灣、歐洲史料，又擔任東京帝國大學史料編纂官多年，因此在他領導下這項工作很快有了進展。經過幾年努力編成《臺灣史料》稿本本編 27 冊、綱文 25 冊、《臺灣史料雜纂》7 冊，總共 59 冊。其中《臺灣史料雜纂》共有四卷，除了第四卷是清朝及其以前的資料外，其餘三卷均與荷據臺灣史有關。[14]

　　第一卷，主要為西班牙人佔領基隆以及荷蘭人於 1642 年驅逐西班牙勢力的檔案資料，這些原始檔案是村上直次郎從 1858 年 P.A.Leupe 發表在《荷蘭印度語言地理民族學報》的荷蘭文專題檔案翻譯而來，包括荷蘭駐臺長官對率軍征略基隆的指揮官的指令、攻略基隆報告、荷西協定等。此外，還有村上直次郎翻譯的「1650 年臺灣戶口調查表」等。

　　第二卷，為《巴達維亞城日記》。這是研究荷據臺灣史最基本的材料之一，原藏於戰前的巴達維亞地方檔案館、荷蘭海牙國立總檔案館，另有一冊藏於德國 Karlusruhe 地方圖書館。從 1887 年開始至 1931 年，由巴達維亞和海牙分別整理出版 1624－1682 年的日記共計 31 冊，村上直次郎便中摘譯了與臺灣、日本相關的部分，分成三冊編入《臺灣史料雜纂》。1937 年，在征得總督府同意後，村上又將其中的一、二兩冊於東京「日蘭交通史料研究會」刊行，最後一冊因各種原因直至村上辭世後的 1975 年才刊行於世。

---

[13] 參見許雪姬總策劃《臺灣歷史辭典》「村上直次郎」條目，鐘淑敏撰，臺北：文建會等，2004 年，第 396 頁；以及葉碧苓上引文。

[14] 井出季太和《臺灣治績志》。引自葉碧苓《村上直次郎的臺灣史研究》。

　　第三卷，主要為 1622－1624 年荷蘭人佔領澎湖的檔案翻譯，包括雷約茲（Reijersen）日記、決議錄和宋克（Sonck）的決議錄、宋克呈巴達維亞城總督柯恩（Coen）的報告、來往信件等。這些荷蘭文檔案原載於 1898 年 W.P.Groeneveldt 所撰《在中國的荷蘭人，第一部：1601－1624 年間在中國求市之初次紛擾與澎湖的佔據》之附錄，由村上直次郎把它譯成日文。[15]

　　村上直次郎對《臺灣史料》的編纂，第一次將十七世紀荷蘭、西班牙人與臺灣相關的部分原始檔案翻譯成日文，以利於學術界利用，這是很重要的貢獻。除此之外，村上還與他的學生原徹郎共同翻譯了荷蘭東印度公司在長崎的《出島蘭館日誌》三冊，於 1938 年由東京市「文明協會」出版。雖然這只是荷蘭人在日本的商館記錄，但與臺灣亦有相當密切的關係。

　　在史料收集方面，日本學者的努力是多方面的。1930 年 2 月－1932 年 5 月，另一個日本學者岩生成一奉命到荷、英、意、西、葡等國及荷領東印度作「在外研究員」考察，岩生回國後即發表《荷蘭國立文書館所藏臺灣關係史料》一文予以介紹。[16]與此同時，他開始找人抄錄荷蘭所藏的東印度公司相關檔案，包括日記、決議錄和其他資料。後來由於戰爭爆發經費不足，遂改為拍攝，由另一位教授移川子之藏到荷蘭時請人代辦[17]，每張沖洗放大成原件一半大小，共拍攝 25000 張原檔。這項工作相當浩繁。當這部分檔案陸續寄回臺灣時日本已臨近戰敗，因此無法運回日本，全部留在了臺灣大學。[18]

　　日本學者對荷據臺灣史資料的編譯還應提到平山勳的工作。他將甘

---

[15]以上參見曹永和《臺灣荷據時代研究的回顧與展望》、葉碧苓《村上直次郎的臺灣史研究》，岩生成一《東洋文庫版にあたって》，《バクヴィア城日誌》第一冊，東京：平凡社，1970年，第 9-12 頁。

[16]岩生成一《和蘭國立文書館所藏臺灣關係史料に就いて》，《南方土俗》，第 2 卷第 1 期，1932 年 12 月。

[17]此時移川子之藏發表《和蘭の臺灣關係古文書》一文，載《愛書》第十輯，1938 年 4 月。

[18]參見王家鳳《被遺忘的年代》，《光華雜誌》1989 年 11 月；曹永和《臺灣荷據時代研究的回顧與展望》；《第四十次臺灣研究研討會記錄》（江樹生報告荷據時代臺灣史研究），《臺灣風物》，第 35 卷第 4 期，1985 年 12 月。

為霖（W. Campbell）1903 年出版的《荷蘭人佔據下之臺灣》所譯的荷蘭人傳教史料、包括荷人牧師 Gandidius 所撰《臺灣略述》，以及 C.E.S.《被忽視的福摩薩》等重要資料都翻譯成日文，收於他編輯的《臺灣社會經濟史全集》第 8－14 冊和第 17 冊中，於 1933 年起由「臺灣經濟史學會」出版。甘為霖是一位蘇格蘭籍傳教士，從 1871 年起就在臺灣南部傳教直至 1917 年回英國。因此，他是清末至日據所有在臺傳教士中對荷據臺灣史研究最有成就、貢獻最大的一個。[19]1903 年在倫敦出版他的著作《荷蘭人佔據下的臺灣》，將西方出版的荷蘭人傳教檔案等譯成了英文，而平山勳則是將甘為霖的英文譯本再轉譯成日文，雖屬第二手翻譯，但也可以看出日本學界為此所做的努力。

　　由此可見，日據時期日本學者對荷據臺灣史資料的編纂工作主要在 1930 年以後完成。在此之前雖然已經著手準備，開始培養人才並進行資料調查和收集，但重要的成果都在殖民統治的中後期完成。而這些檔案資料的收集編纂，對於開展荷據臺灣時期的研究是起到了重要的基礎性作用。

二、培養人才與學術研究

　　曹永和把日據時期開展荷據臺灣史研究分為臺北帝國大學創立之前與創立之後兩個時期，[20]可見臺北帝國大學的創立是一個重要轉捩點。

　　臺北帝國大學創立於 1928 年，這是日本在臺灣殖民統治逐步深化的一個結果。創立之初，該大學設有文政學部和理農學部，其中文政學部分為文學科、史學科、哲學科和政學科。由於臺灣正處於日本連接東南亞的重要戰略位置，為了配合日本的南進政策，在臺北帝國大學成立以後，即在文政學部史學科特設有南洋史學講座，輔以土俗人種學講座，以期加強對臺灣、華南以及南洋地區的研究。這是臺北帝國大學最

---

[19]曹永和《臺灣荷據時代研究的回顧與展望》，《臺灣早期歷史研究續集》，第 314 頁。
[20]曹永和《臺灣荷據時代研究的回顧與展望》，《臺灣早期歷史研究續集》，第 318 頁。

具有特色的主要學科之一。首任臺北帝國大學校長幣原坦在任前就強調
要在臺灣開展學術研究的重要性。他在《臺灣時報》上發表文章，從地
形和地理位置出發闡述臺灣的學術價值，進而宣稱即將成立的臺北帝國
大學要扮演協助日本帝國推行南進政策的大學角色。[21]

　　臺北帝國大學成立以後，南洋史學講座教授即由村上直次郎擔任。
由於村上擅長以荷、西史料研究臺灣史、南洋史、日本與南洋關係史、
天主教史等領域，因此南洋史學科的設置成為培養學生、開展荷據臺灣
史研究的重要基地。村上直次郎在臺北帝國大學前後八年（1928－
1935），他所開設的課程除了史學概論、南洋史概說、南洋史講讀等之
外，還有一些特殊的專題，如 1935 年就開設有「南洋史特殊講義」專
門講授十七世紀臺灣史。[22]與此同時，村上還特別重視對學生的外國語
能力的培養。1932　年進入臺北帝大讀書的中村孝志回憶說，當時讀南
洋史學的學生是很忙碌的：

> 要研究殖民地時代的東南亞史，至少必須要修習幾種語言。我們
> 在高等學校時就修了英語和德語，在文學部兩年的法語是必修
> 的，更進一步被要求修習西班牙語及荷蘭語……因村上老師是歐
> 洲語言學大師，學生在大學一年級的後半階段開始利用午休的時
> 間，接受課外的（例如像西班牙語）速成訓練。到二年級時用這
> 樣的西班牙語開始講讀史籍。在此同時，學生被要求修習新的荷
> 蘭語課程。大體隔年西班牙語和荷蘭語交替做為主修，一般說來
> 前者的學生以菲律賓、後者的學生以關於荷屬東印度（印尼）關
> 係的題目作為主修來寫畢業論文。但是學生花時間在學習新的語
> 言，好不容易三年中才寫出像樣的論文。南洋史的學生花費四年
> 乃至於五年的人，大概約占一半。[23]

　　1935 年 11 月村上直次郎回日本以後，南洋史學講座教授一職由岩

---

[21] 幣原坦《臺灣の學術的價值》，載《臺灣時報》第 53 號，1923 年 12 月；參見葉碧苓《村上
　　直次郎的臺灣史研究》。

[22] 參見葉碧苓《村上直次郎的臺灣史研究》。

[23] 中村孝志撰、陳俐甫譯《臺北帝大的日子》，載《臺北帝國大學研究通訊》創刊號，1996 年
　　4 月。

生成一接任。岩生畢業於東京帝國大學，亦擅長以荷、西資料研究東南
亞史，尤其是十七世紀日本人向南洋的移民與發展的歷史。1928 年臺
北帝國大學創立後，岩生於次年被聘為南洋史學講座助教授，隨後於
1930 年 2 月受公費派遣赴歐洲和荷領東印度研究考察。1932 年 5 月返
回臺灣後，即請人從荷蘭海牙國立總檔案館開始抄錄東印度公司的相關
殖民地檔案，後來改為拍攝，因此這項重要成果也是在臺北帝大期間完
成的。岩生成一於 1936 年升任教授，正式擔任南洋史學講座教授的職
務。與此同時，史學科還聘請以南洋史尤其是菲律賓歷史研究為專長的
箭內健次生擔任講師，1938 年改聘為助教授。[24]

　　臺北帝國大學設立期間，南洋史學講座共培養了 13 名學生，這在
史學科的三個專攻講座中是學生數最多的。[25]這些學生在村上、岩生、
箭內的指導下，共有 4 名學生選擇了十七世紀臺灣史研究作為畢業論
文，其中就有後來很著名的中村孝志，他的論文題目是《有關西、荷兩
國人在臺灣的教化事業》。另外有兩名學生的畢業論文研究鄭成功，一
名研究十七世紀與臺灣有關的南洋貿易。[26]

　　臺北帝國大學不僅是人才培養的基地，同時也是開展學術研究的重
要機構。在日本據臺初期，有關荷據臺灣史研究的成果不多，就日本學
者而言，主要就是前面提到的伊能嘉矩《荷蘭時代的理蕃》、《臺灣蕃政
志》、《在臺灣的西班牙人》，以及村上直次郎《臺灣新港社文書》等。
臺北帝國大學成立後，一方面史料編纂工作迅速進展，另一方面直接利
用荷、西檔案從事研究的成果也明顯增多，除了老師之外，他們培養的
學生也參加進來，其中最有代表性的是村上直次郎、岩生成一和中村孝
志三人。

　　村上直次郎的研究成果主要集中在 1930 年以後，一方面是為了上

---

[24]參見陳偉智《文政學部——史學科簡介》附表一，載《臺北帝國大學研究通訊》創刊號，1996
　年 4 月。
[25]這三個專攻講座是東洋史學、國史學和南洋史學，詳情參閱陳偉智《文政學部——史學科簡
　介》。
[26]參見陳偉智《文政學部——史學科簡介》附表三。

課的需要，包括在臺北帝大「歷史讀書會」等場合的演講報告；另一方面是臺北帝國大學對講座教授的學術要求。這些成果都是他在長期史料調查過程中經過研究積累下來的，包括《熱蘭遮城築城史話》、《荷蘭人的番社教化》、《臺灣番語文書》（以上發表於 1930 年）、《基隆的紅毛城址》（1931 年）、《荷蘭人佔據臺灣的目的》（1932 年）、《澎湖島上的荷蘭人》（1933 年）、《西班牙人佔領臺灣》（1934 年）、《鄭氏以前的臺灣》（1935 年），[27]可以說，村上的研究特色主要是從通史的角度，把荷據臺灣 38 年間的主要事件或基本線索予以發表出來。

　　岩生成一在臺北帝大南洋史學講座的時間最久，直至臺灣光復以後還被臺灣大學短暫留用至 1946 年底回國，1961 年在東京大學文學部退休。[28]岩生以研究十七世紀南洋的日本町和日本移民而聞名，他對荷據臺灣時期的歷史也有很深研究，主要體現在專題方面，具體有《荷蘭國立文書館所藏臺灣關係史料》（1932 年）、《三百年前臺灣砂糖與茶對波斯的輸出》（1932 年）、《明末僑寓日本支那人甲必丹李旦考》（1936 年）、《在臺灣的初期日本移民》（1942 年）。其中《明末僑寓日本支那人甲必丹李旦考》一文，將十七世紀活躍於日本、中國廣大海域的李旦事蹟作了詳細考察，同時涉及鄭芝龍的活動，並對李旦和顏思齊是否同屬一人提出了問題。這篇論文後來被學術界廣為引用。[29]

　　中村孝志是村上、岩生的學生。他 1910 年出生於恆春的墾丁附近，後來遷居新竹、臺北，從小在臺灣生活。1935 年從臺北帝大畢業以後，留在文政學部任助教，1939 年 8 月起轉東京任滿鐵東亞經濟調查局調查員，戰後主要在日本天理大學任教。[30]中村孝志有關荷據臺灣史的論著甚多，至 1945 年以前，發表的論文有《西班牙人佔據臺灣及其布教

---

[27]這些論文的發表情況不一一詳注，參閱葉碧苓《村上直次郎的臺灣史研究》所列「村上直次郎與臺灣有關之研究、譯著一覽表」。

[28]參見許雪姬總策劃《臺灣歷史辭典》「岩生成一」條目，鐘淑敏撰，第 445-446 頁。

[29]參見曹永和《臺灣荷據時代研究的回顧與展望》。

[30]關於中村孝志的生平，曹永和為中村孝志《荷蘭時代臺灣史研究》（中譯本）上卷寫了一篇《序》，作了介紹，臺北：稻鄉出版社，1997 年。又，1994 年 6 月《臺灣風物》第 44 卷第 2 期發表一組回憶中村孝志的文章，亦可資參考。

事業》（1936 年）、《荷人時代番社戶口表（一、二、三）》（1936－1938
年）、《荷蘭時代臺灣的地震》（1937 年）、《荷領時代之臺灣農業及其獎
勵》（1937 年）、《關於沈有容諭退紅毛番碑》（1939 年）、《巴達維亞地
方文獻館及其資料》（1942 年）、《關於東印度的歐文文獻書目》（1943
年）等。[31]這些成果大都是專題性的，而且主要在臺北帝國大學期間完
成。

　　除了以上這三個主要學者的成果之外，還有其他一些知名學者也發
表了若干論文，如幣原坦、移川子之藏等，於此不再細述。[32]

　　由此可見，臺北帝國大學成立以後，日本學者對荷據臺灣史研究顯
然出現了重大進展。但是從發表的時間看，主要是在 1930 年以後，尤
其是 1930－1937 年這一段時間最為突出，這與史料編纂取得重大進展
的時間點相吻合。如前面已列出的 21 篇主要成果中，在 1930－1937 年
發表的就有 16 篇，占總數 76% 強，而在 1937 年以後發表的卻只有 5
篇，究其原因顯然與戰爭的影響有密切關係。

三、研究特色及其影響

　　通過以上兩節，我們可以瞭解日本據臺期間學術界開展荷據臺灣史
研究的時代背景、史料編纂、學生培養和研究成果等方面，以下再就該
時期日本學者的研究特色及其對後世的影響等內容做進一步分析。

　　從學術發展歷程的角度看，日據時期開展荷據臺灣史研究是在殖民
統治的背景下展開的，因此，它的產生和發展與日本據臺 50 年的整個
過程息息相關。在日本據臺初期，有關臺灣史料包括荷據臺灣的史料調
查就已經提到日程上來，這時村上直次郎發現「新港社文書」、伊能嘉
矩研究荷、西對原住民的教化等都是在此背景下展開的。另一方面，日
本政府在這個階段也很重視對專門人才的培養，如派遣村上直次郎、岩

---

[31]這些論文的發表情況不一一詳注，請參閱許賢瑤《中村孝志教授著作目錄》，載《臺灣風物》，
　　第 44 卷第 2 期，第 181-190 頁。
[32]參見曹永和《臺灣荷據時代研究的回顧與展望》。

生成一等多次到歐洲、荷領東印度留學或作學術考察，以期提升學術水準、瞭解和掌握歐文史料的收藏情況，這些對後來研究工作的全面展開打下了重要基礎。

1920 年代以後，日本在臺灣的殖民統治已趨穩固，[33]此時臺灣總督府決定成立史料編纂委員會，1928 年又創立了臺北帝國大學，史料編纂與教書育人幾乎同時展開。特別是臺北帝國大學的創立，它是按照日本《大學令》的精神實施的，「大學之目的，是教授並研究國家需要之學術理論及應用，並兼顧人格之陶冶與國家思想之涵養」，[34]因此為了配合其南進政策，新創立的臺北帝國大學在史學科特別開設南洋史學講座，該大學從而成為研究荷據時期歷史、編纂臺灣史料最重要的人才基地。從 1930 年開始，在村上直次郎、岩生成一等人帶領下，研究團隊有所擴大，研究成果相續出現，史料編纂工作也取得了重大進展。

1937 年以後，日本在臺灣的殖民統治進入了最後八年。由於戰爭的影響，經濟困難、社會環境的各個方面越來越不利於學術研究的開展，荷據臺灣史研究也出現了顯著下降，除了荷蘭檔案的收集拍攝仍在繼續堅持之外，研究成果的發表數量已經大不如前了。

由此可見，考察日據時期的荷據臺灣史研究，離不開對當時當地具體環境的分析，亦即必須把它放在整個殖民統治的大背景下進行考察，才能看出它的發生、發展以及階段性演變的客觀歷程。這是需要首先把握的。

其次，從研究成果看，日據時期所取得的成果主要體現在兩個方面：一是荷蘭東印度公司與臺灣相關檔案的收集、整理、翻譯、編纂，尤其是《巴達維亞城日記》的翻譯出版，對於促進荷據臺灣史研究作出了基礎性的貢獻。二是發表研究成果。如果對這些學術成果進行分類統計，我們便可以看出這時期日本學者的研究重點及其基本特色。先見下表：

---

[33] 參閱陳小沖《日本殖民統治臺灣五十年史》，北京：社會科學文獻出版社，2005 年。
[34] 1918 年，日本敕令第 388 號《大學令》第一條，引自葉碧苓《村上直次郎的臺灣史研究》。

1930－1945 年日本三位主要學者發表荷據臺灣史論文分類統計表

類別	篇數	備註
通史性論述	5	包括：據臺目的、過程、西班牙人、據臺前的歷史等
專題研究	7	包括：傳教、農業、地震、貿易、移民、人物
史料介紹與公佈	9	包括：文物史跡的考據介紹、檔案資料的介紹公佈

注：本表以村上直次郎、岩生成一、中村孝志 1930－1945 年發
表的成果作為統計對象，以期從最主要的方面加以把握，其他不
計。

　　從表上統計的情況看，這個時期發表最多的是史料介紹類的成果，
包括中村孝志 1936－1938 年連續發表的三篇《荷人時代原住民番社戶
口表》，這對於發掘新史料推動研究顯然具有重要意義，也是開創階段
必有的學術特色。另一類是屬於通史性的論述，主要是村上直次郎的成
果，包括荷蘭人佔據臺灣的目的、熱蘭遮築城史話、在澎湖的荷蘭人、
西班牙人佔領臺灣等。他作為荷據臺灣史研究的開拓者和領軍人物，於
此時加強對基本線索的梳理和研究也其必要性，這也是開創階段的基本
特色之一。再一類是專題性的，主要是岩生成一、中村孝志的研究成果，
其內容包括荷蘭人對原住民的教化、臺灣的農業、地震、貿易、移民、
相關人物事蹟等。值得注意的是，荷、西對原住民的教化一直是日本學
者關心的課題，從伊能嘉矩開始就一直有成果問世，這顯然與提供殖民
統治參考有關。另外，關於臺灣的農業、貿易、地震、移民等問題也關
乎殖民地的經營，有關人物包括移民的研究則側重於與日本相關的部
分，如鄭芝龍、李旦以及臺灣早期的日本移民等。正如中村孝志後來所
言：「坦白說，日本對十六、十七世紀南洋歷史的研究，是偏向荷蘭東
印度公司的經營，因為這段歷史對日後資本主義的勃興有很重要的意
義。至於我的研究，也是從此出發來看荷據臺灣的經營」。[35]重視荷蘭東
印度公司在臺灣的經營在當時殖民統治的背景下具有現實的意義，這也
決定了日據時期研究荷據臺灣史所帶有的某些時代特徵。

―――――――――

[35]陳淑美《冷門學見真熱情──中村孝志》，載《光華雜誌》，1990 年 7 月。

　　當然，嚴肅學者的研究儘管在選題上具有時代性，但同時也開啟了他不斷前行的探索之路。戰後中村孝志仍繼續從事荷據臺灣史研究成績斐然，在學術界產生了重要影響。

　　其三，從學術的淵源和影響來說，日據時期日本學者開展對荷據臺灣史的研究，在方法上是承繼了西方近代史學的傳統，尤其是十九世紀德國史學重實證研究的學風對村上直次郎、岩生成一、中村孝志等學者都有很深刻的影響。而村上直次郎的老師李斯（Ludwig Riess）於1898年出版《臺灣島史》一書，甘為霖（W. Campbell）牧師又於1903年出版了《荷蘭人佔據下之臺灣》，在此之前還有一些西方人有關荷蘭東印度公司的作品。這些外籍老師和傳教士的著作不僅對日本學者早期開展研究具有裨益作用，[36]而且把日據時期的研究與西方人已有的成果直接聯繫了起來，形成前後關連的學術發展脈絡。

　　日據時期對荷據臺灣史研究的最大貢獻是積累了檔案、造就了專門人才。第二次大戰以後，日本學者回到國內，但仍在繼續從事已經開始的研究，其中最突出的就是中村孝志。他從1947年開始又不斷發表新的研究成果，尤其是1950年代至1960年代前半期發表的成果最多，使之成為日本學界研究荷據臺灣史的翹楚。如有關荷據時期臺灣的鹿皮出產貿易、南部鯔漁業、探金活動、各種賦稅、以及荷蘭人對原住民的統治、地方集會制度、番社戶口表等，經常被人引用或翻譯成中文出版。[37]中村孝志還將他的老師村上直次郎譯注的《巴達維亞城日記》進行了詳細校注，增加未刊的新資料和附錄索引等內容，分成三冊於1970－1975年在東京平凡社出版。[38]其中前兩冊是在1937年版本的基礎上增加了校注，第三冊則是未刊本，除了增加校注之外，還在附錄部分新增

---

[36]中村孝志回憶說，他在寫畢業論文的時候，就曾經得益於W.Campbell《荷蘭人佔據下之臺灣》所載的已譯成英文的荷蘭檔案，使他能夠僅用三年就從南洋史學畢業。參閱中村孝志撰、陳俐甫譯《臺北帝大的日子》。

[37]最新的成果，由吳密察、翁佳音、許賢瑤編輯出版中村孝志的專集。見中村孝志著《荷蘭時代臺灣史研究》上、下卷，臺北：稻鄉出版社，1997、2002年。

[38]村上直次郎譯注、中村孝志校注《バクヴィア城日誌》第一、二、三冊，東京：平凡社，1970-1975年。

了不少未刊資料，使這套《巴達維亞城日記》涵蓋了荷蘭人佔據臺灣，以至被鄭成功驅除以後又捲土重來的全過程，對不懂荷蘭文的學者瞭解研究這段歷史提供了十分有益的幫助。

　　日本學者開啟的荷據臺灣史研究，是在西方學者的影響下結合當時日本注重臺灣研究的背景而形成的。這是一門被稱作「冷門」的學問，由於語言要求高，研究難度大，因此能夠直接利用荷文資料開展研究的學者並不多。然而由於日本學者的努力，積累資料並以師傅帶徒弟的方式用心培養人才（如岩生成一對曹永和的培養[39]），使得原本不容易被認識的這段歷史越來越清晰，相關專門人才的造就也逐漸有了進展。如今，臺灣史研究已經在兩岸學術界受到普遍重視，但是如果回顧日據時期的荷據臺灣史研究，它對後來學術發展的影響恐怕就不是當年所能預料的。從這個意義上講，我們對日據時期的荷據臺灣史研究既要重視對當時的殖民地背景以及研究狀況的分析，又不可忽視它在學術史上的影響。

---

[39] 參見《第四十次臺灣研究研討會記錄》曹永和的發言，載《臺灣風物》，第 35 卷第 4 期，1985 年 12 月，第 108-109 頁。

國家圖書館出版品預行編目資料

楊彥杰臺灣史研究名家論集(二編)/楊彥杰 著者.-- 初版.-
臺北市：蘭臺, 2018.06
面 ; 公分.-- (臺灣史研究名家論集 ; 2)
ISBN 978-986-5633-70-7 (全套：精裝)

1.臺灣研究 2.臺灣史 3.文集
733.09 107002074

臺灣史研究名家論集 2

楊彥杰臺灣史研究名家論集(二編)

著　　者：楊彥杰
主　　編：卓克華
編　　輯：高雅婷、沈彥伶、塗語嫻
封面設計：塗宇樵
出 版 者：蘭臺出版社
發　　行：蘭臺出版社
地　　址：台北市中正區重慶南路 1 段 121 號 8 樓之 14
電　　話：(02)2331-1675 或(02)2331-1691
傳　　真：(02)2382-6225
E—MAIL：books5w@gmail.com 或 books5w@yahoo.com.tw
網路書店：http://bookstv.com.tw/、http://store.pchome.com.tw/yesbooks/、
　　　　　博客來網路書店、博客思網路書店、三民書局
總 經 銷：聯合發行股份有限公司
電　　話：(02) 2917-8022　　　傳　真：(02) 2915-7212
劃撥戶名：蘭臺出版社　帳號：18995335
香港代理：香港聯合零售有限公司
地　　址：香港新界大蒲汀麗路 36 號中華商務印刷大樓
　　　　　C&C Building, 36,Ting, Lai, Road, Tai,Po, New,Territories
電　　話：(852) 2150-2100　　　傳真：(852) 2356-0735
經　　銷：廈門外圖集團有限公司
地　　址：廈門市湖里區悅華路 8 號 4 樓
電　　話：86-592-2230177　　　傳　真：86-592-5365089
出版日期：2018 年 6 月初版
定　　價：新臺幣 30000 元整（套書，不零售）
ISBN：978-986-5633-70-7

《臺灣史研究名家論集》

（共十四冊）卓克華總編，汪毅夫等人著作

王志宇、汪毅夫、卓克華、周宗賢、林仁川、林國平、韋煙灶、
徐亞湘、陳支平、陳哲三、陳進傳、鄭喜夫、鄧孔昭、戴文鋒

ISBN：978-986-5633-47-9

這套叢書是兩岸研究台灣史的必備文獻，解決兩岸問題也可以從中找到契機！

　　這套叢書是十四位兩岸台灣史的權威歷史名家的著述精華，精采可期，將是臺灣史研究的一座豐功碑及里程碑，可以藏諸名山，垂範後世，開啓門徑，臺灣史的未來新方向即孕育在這套叢書中。展視書稿，披卷流連，略綴數語以説明叢刊的成書經過，及對臺灣史的一些想法，期待與焦慮。

臺灣史料研究叢書(套書)定價：28000元

《臺灣史研究名家論集》 共十四冊

陳支平──總序

　　臺灣史研究的興盛，主要是從二十世紀八十年代開始的。臺灣史研究的興起與興盛，一開始便與政治有著密切的聯繫。從大陸方面講，「文化大革命」的結束與「改革開放」政策的實行，使得大陸各界，當然包括政界和學界，把較多的注意力放置在臺灣問題之上。而從臺灣方面講，隨著「本土意識」的增強，以及之後的「臺獨」運動的推進，學界也把較多的精力轉移到對於臺灣歷史文化及其現狀的研究之上。經過二三十年的摸索與磨練，臺灣歷史文化的學術研究，逐漸蔚為大觀，成果喜人。以大陸的習慣性語言來定位，臺灣史研究，可以稱之為「臺灣史研究學科」了。未完待續……

汪毅夫──簡介

1950年3月生，臺灣省臺南市人。曾任福建社會科學院研究員，現任中華全國臺灣同胞聯誼會會長，福建師範大學社會歷史學院兼職教授、博士生導師，享受國務院特殊津貼專家。撰有學術著作《中國文化與閩臺社會》、《閩臺區域社會研究》、《閩臺緣與閩南風》、《閩臺地方史研究》、《閩臺地方史論稿》、《閩臺婦女史研究》等15種，200餘萬字。曾獲福建省社會科學優秀成果獎7項。

汪毅夫名家論集─目次

100 台北市中正區重慶南路1段121號8樓之14　　　　E-mail：books5w@gmail.co
TEL：（8862）2331 1675 FAX：（8862）2382 6225　　　網址：http://bookstv.com.tw